D1753974

Manfred Scharrer
Macht Geschichte von unten
Handbuch für gewerkschaftliche Geschichte vor Ort

Manfred Scharrer

Macht Geschichte von unten

Handbuch
für gewerkschaftliche Geschichte
vor Ort

Bund-Verlag

Ein Projekt des DGB-Bildungswerkes
unterstützt von der Hans-Böckler-Stiftung

Macht Geschichte von unten

Tonkassette zum DGB-Projekt »Geschichte von unten«

Zu den vorliegenden Ergebnissen des zweijährigen Forschungsprojektes »Geschichte von unten« hat das Frankfurter »Archiv erzählter Geschichte und zeitgeschichtlicher Dokumentation« eine ca. 60minütige Tonkassette zusammengestellt. Auf dieser Tonkassette werden u. a. Arbeitsweise, Erfahrungsprozesse und Ergebnisse einiger im Buch beschriebenen Geschichtsprojekte akustisch dokumentiert. In Interviewauszügen kommen Zeitzeugen zu Wort.

Die Tonkassette ist ein wichtiges Begleitmaterial zum vorliegenden Buch und enthält darüber hinaus einige Tips zur aktiven Tonarbeit lokaler Geschichtsprojekte.

Bezug diese Kassette über: Network Medien-Cooperative, Verlag und Medienservice GmbH, Hallgartenstr. 69, 6000 Frankfurt/Main 60.

Preis DM 16,80 plus DM 3,50 Versandkosten.

Auf Postscheckkonto 45 544-609 PGA FFM (Network) überweisen oder V-Scheck der Bestellung beifügen.

CIP-Titelaufnahme der Deutschen Bibliothek
Scharrer, Manfred:
Macht Geschichte von unten: Handbuch für gewerkschaftl. Geschichte vor Ort/Manfred Scharrer. – Köln: Bund-Verl., 1988
    ISBN 3-7663-3140-x

© 1988 by Bund-Verlag GmbH, Köln
Lektorat: Gunther Heyder
Herstellung: Heinz Biermann
Umschlag: Kalle Giese, Overath
Umschlagabbildung: Josef Lada
Satz: Satzbetrieb Schäper, Bonn
Druck: May + Co., Darmstadt
Printed in Germany 1988
ISBN 3-7663-3140-x

Alle Rechte vorbehalten, insbesondere die des öffentlichen Vortrags,
der Rundfunksendung und der Fernsehausstrahlung,
der fotomechanischen Wiedergabe, auch einzelner Teile.

Inhalt

Vorbemerkung
Das DGB-Projekt »Geschichte von unten« 11

Zum Selbstverständnis einer Geschichte von unten 15

Zum Selbstverständnis einer gewerkschaftlichen Geschichte
von unten 25

Organisatorische Voraussetzung einer gewerkschaftlichen
Geschichte von unten 36

Forschen 40

Thema und Themenvorschläge 45

Der Einstieg 60

Spuren suchen, Material sammeln 66

Oral History, erzählte Lebensgeschichte 68

Präsentation 72

Wahrheit, Parteilichkeit, Kritik 77

Ausgewählte Literatur zur gewerkschaftlichen und
gewerkschaftsnahen Geschichte von unten 84
    1. Allgemeine Gewerkschaftsgeschichte 84
    2. Geschichte von Einzelgewerkschaften 86
    3. Allgemeine Arbeiterbewegungsgeschichte 88
    4. NS-Geschichte 90
    5. Historische Stadtrundfahrt 91
    6. Allgemeine Arbeitergeschichte 91

7. Kultur-, Sport- und Umfeldorganisationen	92
8. Betriebsgeschichte	93
9. 1. Mai	95
10. Oral History, erzählte Lebensgeschichte	96
11. Streik	96
12. Frauen	97

Weiterführende Literatur 98
   Leitfäden, Arbeitshilfen, Projektberichte zur Geschichte
   von unten 98
   Ausgewählte Literatur zur Diskussion über Geschichte
   von unten, Alltagsgeschichte, biographische Forschung,
   Oral History.. 99
   Wenige ausgewählte Literaturhinweise auf vorwiegend neuere
   Untersuchungen zur Geschichte der Arbeiterbewegung
   (Zusätzlich zu den Hinweisen in den Anmerkungen) 100

Dokumentation I – Selbstdarstellungen 105

Dok. 1 Arbeitskreis Regionalgeschichte Freiburg e. V.
       (Rundbrief 2) 107

Dok. 2 Geschichtsarbeit mit Zeitzeugen
       Der Arbeitskreis Bremer Arbeiterveteranen
       (Rundbrief 4) 109

Dok. 3 Das andere Hannover
       Projekt Arbeiterbewegung am Institut für
       Politische Wissenschaft der Universität Hannover
       (Rundbrief 6) 116

Dok. 4 Das Göttinger Gewerkschaftshaus
       Göttinger Arbeitergeschichtskreis
       (Rundbrief 7) 123

Dok. 5 Kulturarbeit für und mit Arbeitnehmer(n) in Bremen
       (Rundbrief 8) 132

Dok. 6 100 Jahre 1. Mai in Bremen
       (Rundbrief 6) 154

Dok. 7 Betriebsgeschichte des Bremer Flugzeugbaus
(Rundbrief 5) 162

Dok. 8 Hannoversche Arbeiterbewegung 1930 bis 1955
(Rundbrief 7) 170

Dok. 9 Geschichte der IG Metall-Verwaltungsstelle Rendsburg
(Rundbrief 6) 179

Dok. 10 Die problematische Suche nach der Geschichte der
ÖTV im Kreis Kleve
(Rundbrief 5) 182

Dok. 11 Dokumentation von Gewerkschaftsgeschichte in
Duisburg
(Rundbrief 6) 186

Dok. 12 Historischer Arbeitskreis des DGB Wilhelmshaven
(Rundbriefe 1 und 6) 194

Dok. 13 Arbeitskreis Faschismus der DGB-Jugend Schweinfurt
(Rundbrief 4) 205

Dok. 14 Arbeitsgruppe »Spurensicherung« des DGB-Kreises
Schwalm-Eder
(Rundbrief 4) 210

Dok. 15 Spurensicherung in der Provinz
DGB-Ortskartell Hess.-Lichtenau
(Rundbrief 5) 216

Dok. 16 Geschichtsgruppe ARBEIT UND LEBEN Osnabrück
(Rundbrief 3) 218

Dok. 17 100 Jahre Bosch-Geschichte
(Rundbrief 7) 226

Dok. 18 Geschichtskreis Zeche Ewald
(Rundbrief 8) 230

Dok. 19 Als Einzelkämpfer im Umgang mit der Geschichte von
unten
(Rundbrief 3) 236

Dok. 20 Wie ich zum Schreiben kam
(Rundbrief 6) 243

Dok. 21 Heimatkunde endet nicht mit der Schulzeit
Informationen über das ehemalige Konzentrationslager
Natzweiler-Struthof im Elsaß
(Rundbrief 5) 248

Dok. 22 Wie entsteht aus Meinungsverschiedenheiten über ein
Datum eine Amateur-Dokumentation?
(Rundbrief 4) 253

Dok. 23 Von der Gruppe zu zwei Einzelkämpfern oder wie ein
Student der Geschichte und ein aktiver Gewerkschafter
»Geschichte(n) von unten« schreiben
(Rundbrief 2) 255

Dok. 24 Arbeiterfotografie-Gruppe Ludwigshafen
(Rundbrief 5) 260

Dok. 25 Gesenkschmiede Hendrichs: Außenstelle des
Rheinischen Industriemuseums
(Rundbrief 8) 264

Dok. 26 Solinger Geschichtswerkstatt
(Rundbrief 8) 268

Dok. 27 Frauenprojekt
Projekt »Lebenserfahrungen von Frauen in
Bergarbeiterfamilien am Beispiel der Stadt Herten«
(Rundbrief 8) 272

Dok. 28 Erforschung der Geschichte des ehemaligen KZs
Flossenbürg
Bericht über die Aktivitäten der DGB-Jugendgruppe
Weiden 279

Dokumentation II – Berichte und Thesen 291

Lothar Kamp
Geschichte »von unten« in gewerkschaftlichen Jugendgruppen .. 293

Rolf Bornholdt
Museum der Arbeit – Thesen und Bericht
(Rundbrief 8) 300

Jürgen Dzudzek/Manfred Scharrer
Regionale Gewerkschaftsarchive – Die fehlenden
Voraussetzungen historisch fundierter Gewerkschaftsarbeit
vor Ort
(Rundbrief 8) 318

Geschichtsarbeitskreise 100 Jahre 1. Mai
– Seminarbericht
(Rundbrief 7) 321

Betriebsgeschichte von unten
– Seminarbericht
(Rundbrief 8) 332

Vorbemerkung

Das DGB-Projekt »Geschichte von unten«

Das DGB-Projekt »Geschichte von unten« wurde als zweijähriges Forschungsprojekt beim DGB Bildungswerk für zwei Mitarbeiter eingerichtet und durch die Hans-Böckler-Stiftung finanziert. Es war getrennt in einen Jugend- und Erwachsenenbereich und hatte die Aufgabe: 1. herauszufinden, welche Gruppen und Personen im gewerkschaftlichen Rahmen örtliche Geschichte aufarbeiten oder aufgearbeitet haben; 2. zu versuchen, einen Diskussionszusammenhang der Projekte untereinander herzustellen, einen Erfahrungsaustausch zu organisieren; 3. fachliche Beratung anzubieten und 4. gegebenenfalls neue Geschichtsgruppen zu initiieren.

Das Projekt hatte primär eine gewerkschaftspolitische Seite und wurde überwiegend in diesem Sinne wahrgenommen. Es war nicht angelegt als eine empirisch systematische Untersuchung der Geschichtsinitiativen im Bereich der Gewerkschaften.

Welche Personen und Gruppen uns bekannt wurden, war vor allem anfangs eher zufällig. Gleichwohl erhielten wir einen guten Überblick über die historische Forschung im gewerkschaftlichen bzw. gewerkschaftsnahen Bereich. Die im Anhang gedruckten Selbstdarstellungen sollen dies dokumentieren.

Nach Überwindung der Startschwierigkeiten, deren größte darin bestand, das Projekt bekannt zu machen, entstand eine relative Eigendynamik, die sich darin zeigte, daß Personen und Gruppen von sich aus Interesse äußerten, im DGB-Projekt »Geschichte von unten« mitzuarbeiten.

Hauptsächlich auf diese Weise bekamen wir Kontakt zu ca. 90 aktiven Projekten; nur sehr wenige Projekte ordneten sich dabei dem Jugendbereich zu. Ursprünglich dachten wir, daß die größeren Aktivitäten im

Jugendbereich stattfinden würden. Die Ursachen dafür, warum im Erwachsenenbereich so unverhältnismäßig mehr historisches Interesse besteht, lassen sich nicht genau benennen. Es hängt sicherlich mit dem allgemeinen Zustand der gewerkschaftlichen Jugendarbeit zusammen und sicher auch mit der inhaltlich nicht sinnvollen Trennung des Projektes in einen Jugend- und Ewachsenenschwerpunkt. Vielleicht spielt der simple Generationsunterschied eine Rolle, der eben Jugendlichen Geschichte noch nicht in dem Maße interessant erscheinen läßt wie Erwachsenen.

Durch das Ausscheiden des für den Jugendschwerpunkt zuständigen Projektmitarbeiters (seit 1. Oktober 1986) wurde der Jugendbereich nicht mehr gesondert betreut.

Die bisherige Erfahrung hat gezeigt, daß sich mit dem DGB-Projekt überwiegend Personen und Gruppen in Verbindung setzten, die bereits ein konkretes Projekt begonnen bzw. bereits abgeschlossen hatten. Der erste Gedanke, der sich ihnen verständlicherweise aufdrängte, wenn sie den Namen »DGB-Projekt Geschichte von unten« hörten, war, daß dieses Projekt finanzielle Unterstützung leisten könne. So vermutete man in Düsseldorf einen großen Topf, der bis zum Rand mit Geld gefüllt sei, und Projektmitarbeiter, die nur darauf warteten, es an bedürftige Projekte verteilen zu können. Leider mußten solche Erwartungen immer wieder enttäuscht werden. Das Projekt verfügte über keine Mittel zur freien Unterstützung örtlicher Projekte.

Anfang des Jahres 1986 begannen wir mit der Herausgabe eines Rundbriefes. Er war in erster Linie dazu gedacht, Gruppen und Personen anzuregen, ihre Arbeit und ihre Ergebnisse selbst vorzustellen, um damit wiederum andere zu ermutigen, ähnliche Initiativen zu ergreifen. In den 8 Rundbriefen sind 35 Selbstdarstellungen veröffentlicht, 27 werden im Anhang wiedergegeben. Sie dokumentieren die thematische und methodische Vielfalt der Projekte zur Geschichte von unten in den Gewerkschaften. Ansatzweise sichtbar wird auch, auf welch verschiedene Weise Projekte entstanden sind und unter welchen Voraussetzungen sie durchgeführt wurden und werden. Der Rundbrief erschien in einer Auflage von ca. 1000 Exemplaren und ging an die DGB-Kreise, Zeitungen und Zeitschriften des DGB und der Einzelgewerkschaften, Gewerkschaftsschulen, Geschichtsprojekte, außenstehende Projekte und interessierte Personen.

Vom DGB-Projekt »Geschichte von unten« fühlten sich nicht nur gewerkschaftliche Geschichtsprojekte angesprochen, sondern besonders auch Kollegen, die sich an Universitäten, Volkshochschulen und anderen Institutionen mit dem Thema »Geschichte von unten« befaßten.

Neben dem Rundbrief sollten vor allem verschiedene Seminare dazu dienen, einen direkten Erfahrungsaustausch und eine methodische und inhaltliche Weiterqualifizierung zu ermöglichen. Insgesamt führten wir sechs Seminare an der DGB-Bundesschule in Hattingen durch zu den Themen »mündliche Geschichtsschreibung«, »100 Jahre 1. Mai«, »Museum der Arbeit« und »Betriebsgeschichte von unten«.

Die Gründung bzw. Initiierung neuer Gruppen im Zusammenhang des Projektes war die Ausnahme. Mit den begrenzten personellen und materiellen Mitteln des Projektes ist dies von oben auf direkte Weise in der Regel nicht möglich. Möglich ist und war eine beratende Tätigkeit beim Beginn und Aufbau eines Arbeitskreises oder Projektes. Dies setzte aber immer wenigstens einen Kollegen voraus, der diese örtliche Arbeit auch tragen wollte und der zufällig auch noch von der Existenz des DGB-Projektes wußte. Es zeigte sich in diesem Zusammenhang, welchen besonderen Bedingungen gewerkschaftliche Geschichtsarbeit unterliegt, wenn sie ehren- oder nebenamtlich als Freizeittätigkeit durchgeführt wird. Die Zeitstruktur einer solchen Tätigkeit (die Gruppe trifft sich vielleicht nur 14tägig oder gar nur monatlich) hat einen ganz anderen Rhythmus, als daß sie in den Rahmen eines zweijährigen Projektes passen würde.

Die von uns gesammelten Publikationen zum Thema »Geschichte von unten« (vgl.: das ausgewählte Literaturverzeichnis im Anhang) wurden dem Archiv der Hans-Böckler-Stiftung in Düsseldorf übergeben und können dort unter dem Stichwort »DGB-Projekt Geschichte von unten« eingesehen werden. Vielleicht kann diese Sammlung eine systematische Archivierung der Publikationen örtlicher Gewerkschaftsgeschichtsschreibung anregen und zum Grundstock für ein entsprechendes Archiv dienen. Der auffällige Mangel an regionalen und örtlichen Gewerkschaftsarchiven wird damit nicht behoben (vgl.: Aufruf »Regionale Gewerkschaftsarchive«, Anhang S. 318 ff.).

Der vorliegende Band versucht die Erfahrungen im DGB-Projekt, die Bedeutung einer Geschichte von unten im DGB, einzuschätzen. Diskutiert werden die allgemeinen Bedingungen, die für eine erfolgreiche Arbeit langfristig notwendig wären und die Schwierigkeiten, die auftreten könnten. Es ist dies eine problemorientierte Darstellung, und kein Handbuch im herkömmlichen Sinne. Dafür ist die statistische Basis viel zu gering. Es soll auch nicht der Versuch unternommen werden, bereits vorliegenden »Leitfäden« für eine Geschichte von unten (auf die im Text noch hingewiesen wird) einen weiteren hinzuzufügen, schon alleine deshalb, weil die Vielfalt der bestehenden Projekte ein solches Vorhaben fragwürdig erscheinen läßt. Allerdings wird versucht, über die Diskussion der Grenzen und Möglichkeiten historischer Projekte im DGB einen verallgemeinernden Vorschlag für eine von den Gewerkschaften gestützte Geschichte von unten zu entwickeln.

Ob dieser Vorschlag realistisch und sinnvoll ist, kann an Hand der dokumentierten Projekt-Selbstdarstellungen überprüft werden. Auf diese Selbstdarstellungen wird in der Darstellung gezielt verwiesen, ohne daß das dort Gesagte nochmals kommentierend referiert würde. Diese Berichte gehören jedoch wesentlich mit zu dem Versuch, praktische Hinweise zu geben, wie Projekte angefangen und gemacht werden können, welche Themen möglich sind, welche Schwierigkeiten auftreten und wie sie sich überwinden lassen. Die Auswahl der Berichte aus den Rundbriefen erfolgte nach dem Informationsgehalt für diesen Zweck.

Der Hinweis auf Projekte (Projektergebnisse), die sich in den Rundbriefen nicht dargestellt haben, folgt der gleichen Absicht.

Mit der vorliegenden Darstellung und Dokumentation sollen Gewerkschafter angesprochen werden, die daran interessiert sind, selbst forschend Geschichte aufzuarbeiten, Organisations- und Bildungssekretäre, die örtliche Geschichtsprojekte aufbauen und unterstützen wollen und Mitglieder von DGB-Ortskartellen.

Gleichermaßen sind Hostoriker und Sozialwissenschaftler aus Geschichtswerkstätten, Volkshochschulen, Universitäten angesprochen, da der Zusammenarbeit mit ihnen für eine gewerkschaftliche Geschichte von unten nachdrücklich das Wort geredet wird.

Zum Selbstverständnis
einer Geschichte von unten

Die Zahl der Publikationen über eine neue Art historischer Forschung, die abwechselnd mit Geschichte von unten, andere Geschichte, Alltagsgeschichte bezeichnet wird, ist groß, und kaum mehr zu übersehen ist die Zahl der in Büchern, Broschüren, Heften, Ausstellungen, Ton- und Videokassetten bereits vorliegenden Arbeitsergebnisse, die sich diesem Anspruch verpflichtet fühlen. Als Begleitmusik gibt es eine lebhafte Auseinandersetzung, nicht nur mit den vehement attackierten Vertretern der Geschichtsschreibung von oben, sondern auch zwischen den Verfechtern einer Geschichte von unten. Denn selbst hier existieren die unterschiedlichsten Vorstellungen darüber, was das rechte bzw. linke Verständnis einer Geschichte »von unten« sei.

Obwohl diese Diskussion, in der sich die wissenschaftstheoretischen mit den ideologisch-politischen Argumenten oft auf unentwirrbare Weise vermischen, fast ein Spezialstudium erfordert, lohnt es sich, einen Blick darauf zu werfen. Dies kann der Selbstverständigung dienen und helfen, den Rahmen, die Möglichkeiten und Grenzen einer gewerkschaftlichen Geschichtsschreibung von unten zu erkennen.

In der akademischen Diskussion wird unter Geschichte von unten meist ein veränderter Blickwinkel auf soziale und politische Entwicklungen verstanden. Diese sollen nicht mehr nur aus den Taten der großen Männer an den Spitzen von Regierung, Partei, Armee, Kirche u. a. Institutionen verstanden werden oder aus der politischen, soziologischen und ökonomischen Struktur einer Gesellschaft, sondern es sollen jene Beachtung finden, die von den Entscheidungen der Großen und Herrschenden mehr oder weniger passiv betroffen sind, die in aller Regel auszulöffeln haben, was oben eingebrockt wird. Man will das Leben der »kleinen Leute«, ihr Denken und Handeln, ihre Lebensumstände wissenschaftlich ernst nehmen.

Welche mehr oder weniger edlen Motive auch immer hinter diesem Forschungsinteresse stehen mögen, entscheidend ist letztlich der zusätzliche Erkenntnisgewinn, der durch die neue Sichtweise erhofft wird.

Nachdem die Arbeiterbewegung schon seit einiger Zeit salonfähiges Thema akademischer Forschung geworden ist (anfänglich noch in gewohnter Weise mit Blick nach und von oben), begeistern sich Historiker und Sozialwissenschaftler nun zunehmend auch für die alltäglichsten Lebensäußerungen der unbedeutendsten Menschen selbst in abgelegensten Dörfern und in den finstersten Ecken der Gesellschaft. In diesen Bereichen der Gesellschaft ist die traditionelle Quelle historischer Forschung, das schriftliche Dokument, kaum vorhanden. Nur wenige Informationen können schwarz auf weiß nach Hause getragen werden. Um Licht in das Dunkel dieser Bereiche zu bringen, bedarf es einer speziellen Methode – genannt Oral History. Sie ist jedoch nicht nur eine neue Methode der Informationsbeschaffung, sondern – und dies hat für Historiker einen zusätzlichen Reiz – gleichzeitig die Produktion völlig neuer Quellen. Es verwundert nicht, daß die damit befaßten Wissenschaftler davon sprechen, daß hier besondere Sorgfalt und Verantwortung und deshalb »ein aufwendiger Einsatz hochkomplizierter Quellenkritik« geboten sei[1].

Ein riesiges Feld neuer Forschungsthemen wurde erschlossen. Die abgegraste Weide der traditionellen Themen und der große Überhang an Sozialwissenschaftlern mögen ein Grund für diese überfällige Entdeckung gewesen sein, die in anderen Ländern (Amerika, England, Frankreich) längst vorentdeckt war.

Die Einführung des neuen Forschungsansatzes verlief nicht reibungslos, und die Methode Oral History ist wegen ihrer zwangsläufig subjektiven Unschärfen bis heute umstritten. Selbst Protagonisten dieser Forschungsrichtung sind skeptisch geworden. In den abschließenden Bemerkungen Lutz Niethammers zum Oral-History-Projekt »Lebensgeschichte und Sozialkultur in Ruhrgebiet 1930 bis 1960« drückt bereits

---

1 Gero Fischer, Autobiographische Texte als historische Quelle. Zur Methodik der sprachlichen Analyse, in: Hubert Ch. Ehalt (Hg.), Geschichte von unten. Fragestellungen, Methoden und Projekte einer Geschichte des Alltags, Wien-Köln-Graz 1984, S. 96f.

die Überschrift »Fragen – Antworten – Fragen« die zurückhaltende Tendenz aus[2].

Neben der Auseinandersetzung über die wissenschaftliche Seriosität von Oral History gibt es eine aktualisierte Diskussion über die Möglichkeit einer neuen Bestimmung des Subjekt-Objekt-Verhältnisses sozialwissenschaftlicher Forschung. Besonders Forscher, die sich einer emanzipatorischen Wissenschaft verpflichtet fühlen, quälen sich mit dem Problem, den theoretisch als Subjekt definierten Menschen in der Forschung als Objekt behandeln zu müssen. Gerade die von »Objektivisten« so geschmähte Subjektivität von Oral History weckte große Hoffnungen, diesen Gegensatz mildern zu können. Allerdings drohte der Anstrengung, dem »Akademismus« zu entgehen, die Gefahr, einem »Populismus« anheimzufallen. Wie der goldene Mittelweg aussehen könnte, ist unklar, es sei denn, die »Selbstwahrnehmung des Forschers als ein kritisches Erkenntnisinstrument« wäre ein Wegweiser[3].

Viele durch die akademische Forschung aufgeworfenen methodischen Probleme verschwinden, wenn Oral History als ein pädagogischer Ansatz im schulischen Unterricht und vor allem in außerschulischen Institutionen der Erwachsenenbildung von der Volkshochschule bis zu Rundfunk und Fernsehen verstanden wird. Hier kann tatsächlich das alte Lehrer-Schüler-Verhältnis aufgebrochen, Geschichte auf neue Weise aufgearbeitet (erforscht) und vermittelt werden[4].

Die neue Entwicklung universitärer Forschung (und auch die traditionelle Heimatgeschichtsschreibung) wurde zugespitzt und bewußt politisiert durch außeruniversitäre Geschichtsarbeitskreise und – Initiativen, die schnell als Geschichtswerkstätten relativ feste Gestalt annahmen. Unter der Fahne »Geschichte von unten« wurde der professoralen, universitären Geschichtsschreibung, die man vereinfachend als »Geschichte von oben« bezeichnete, der Kampf angesagt. Es galt, deren Monopol auf Geschichtsschreibung zu brechen. Der Begriff Geschichte von unten ist hier zunächst einmal polemisch gemeint.

---

2 Lutz Niethammer, Fragen – Antworten – Fragen. Methodische Erfahrungen und Erwägungen zur Oral History, in: Lutz Niethammer/Alexander von Plato (Hg.), »Wir kriegen jetzt andere Zeiten«. Auf der Suche nach der Erfahrung des Volkes in nachfaschistischen Ländern, Berlin-Bonn 1985, S. 392.
3 Ebenda, S. 394.
4 Vgl. die Fallbeispiele in: Hubert Ch. Ehalt, a.a.O.

Dieses Zweiklassenmodell stellt eine große Vereinfachung dar und wird der heutigen wirklichen Vielfalt historischer und sozialwissenschaftlicher Forschung sowohl von oben wie von unten nicht gerecht. Dennoch bietet es eine grobe Orientierung auf einem schwer überschaubaren Gebiet.

Im Unterschied zur akademischen Geschichtsschreibung wollen die Mitglieder der Geschichtswerkstätten eine Betrachtungsweise üben, »die die Namenlosen und die Opfer historischer Prozesse als Handelnde hervortreten« läßt. Erforderlich sei dazu die »Überwindung und Veränderung der bisherigen professionellen Geschichtsschreibung«. Mit dem Ziel, »demokratische Selbsttätigkeit zu fördern«, solle eine »zielgerichtete Entprofessionalisierung«, eine »Arbeit für und mit Laien« betrieben werden. Dies könne dazu beitragen, »daß diejenigen, die bislang von der Geschichtsschreibung immer an den Rand gedrängt wurden, ein neues kollektives Gedächtnis entwickeln und sich ihre Geschichte wieder aneignen«[5].

Konsequenterweise wird von den rigorosen Vertretern einer entprofessionalisierten Geschichte von unten auch die Methode der Oral History als eine Methode des »Ausspionierens« und der Materialbeschaffung abgelehnt.

Es war vor allem der ideologisch und moralisch überhöhte Anspruch, die demokratische Variante der Geschichtsschreibung endlich entdeckt zu haben und jene Menschen, »die die Historiker als sprachlose Statisten oder als bloße Objekte übermächtiger gesellschaftlicher Verhältnisse es zu sehen gewohnt waren«, als »Subjekte der Geschichte wieder in ihr Recht«[6] einsetzen zu können, der zu heftigen Gegenreaktionen führte. Angegriffen fühlten sich vor allem Wissenschaftler, die sich im groben Raster einer Geschichte von oben und einer von unten keineswegs zur Kaste der Hofschreiber der Herrschenden rechnen ließen, die auch den Blick nicht nur auf die Haupt- und Staatsaktionen fixiert hatten und die ihre demokratische Gesinnung nicht geringer achteten als die Bannerträger der neuen »Geschichtsbewegung«.

---

5 Grundsatzerklärung, in: Die Geschichtswerkstatt e. V. stellt sich vor, Faltblatt 1984.
6 Hannes Heer, Volker Ullrich, Die »neue Geschichtsbewegung« in der Bundesrepublik. Antriebskräfte, Selbstverständnis, Perspektiven, in: Dies., Geschichte entdecken. Erfahrungen und Projekte der neuen Geschichtsbewegung, Reinbek 1985, S. 9.

Berliner Suppenküche.
Aus: 90 Jahre Industriegewerkschaft Metall 1891–1981.
Hrsg.: IG Metall, Köln 1981, S. 15.

Der polemische Angriff von Hans-Ulrich Wehler gegen die Geschichte von unten, gegen die »alternativkulturellen«, »volkstümelnden«, »gefühlsstarken Barfußhistoriker«, die sich im Irrationalismus des »biederen Hirsebrei der Alltagsgeschichte von unten und von innen« tummeln[7], ist auch in diesem Zusammenhang zu sehen.

Mit seiner Polemik reibt Wehler sich allerdings an tatsächlich fragwürdigen ideologischen Begründungen einer Geschichte von unten. Der wirklichen Arbeit in den Geschichtswerkstätten und anderen außeruniversitären Geschichtsarbeitskreisen wird er damit kaum gerecht. Weder seine Polemik noch seine Würdigung, Geschichte von unten könne eine »nützliche Korrektivfunktion ... gegenüber der weiterhin bevorzugten Perspektive ›von oben‹ ausüben«, waren dazu angetan, Begeisterungsstürme bei den Angesprochenen zu entfesseln. Sie verwahrten sich besonders gegen seine Wüdigung ihrer Arbeit mit Schärfe: »Herr Wehler hat nichts begriffen, aber auch gar nichts«[8].

Jenseits aller Polemik bleibt als harter Kern der Auseinandersetzung das wirkliche Problem, wie regionale, lokale, örtliche Alltagsforschung rückvermittelt werden kann zu übergreifenden Strukturen, Ereignissen, Entscheidungen, die letztlich auch den Menschen im kleinsten Dorf, den Arbeiter in der kleinsten Hinterhof-Klitsche noch berühren, ohne daß vom Dorfe oder Betriebe aus diese Entscheidungen analysiert und begriffen werden könnten. Damit ist ein ähnliches Problem benannt wie bei der Konzeption des »exemplarischen Lernens«.

Umgekehrt wäre es abwegig, z. B. den Anspruch zu erheben, ein spontaner Streik in einem Kleinbetrieb auf dem Lande müsse aus dem Doppelcharakter der Ware und dem tendenziellen Fall der Profitrate auf dem Weltmarkt abgeleitet werden. Die Einzigartigkeit kleiner lokaler Ereignisse läßt sich nicht unbedingt in größere Zusammenhänge einordnen und kann trotzdem Lehrstückcharakter haben. So kann es sein, daß in einem Streik zwar nicht das Wesen des Kapitals im allgemeinen

---

[7] Zitate aus: Hans-Ulrich Wehler, Geschichte – von unten gesehen, in: »Die Zeit«, Nr. 19, 3. Mai 1985. Vgl. dazu jüngere Diskussionsbeiträge: Alf Lüdtke, »Das genaue Nachzeichnen von Mythen des Alltags schärft den Blick«, in: »Frankfurter Rundschau«, 2. März 1988, S. 14, und Jürgen Kocka, Geschichtswerkstätten und Historikerstreit, in: »taz«, 26. Januar 1988, S. 14.
[8] Eine Stellungnahme der Geschichtswerkstatt Dortmund zu dem Beitrag von Hans-Ulrich Wehler in »Die Zeit« vom 3. Mai 1985, von dem viele überzeugt sind, daß er es nicht wert ist, in: »Geschichtswerkstatt« Nr. 7, September 1985, S. 42.

sichtbar wird, dafür jedoch beispielhaftes mutiges Handeln, Zivilcourage, gegenseitige Hilfe (Solidarität).

Der im allgemeinen richtige Anspruch, lokale und alltägliche Besonderheiten müßten in größere Zusammenhänge eingeordnet werden, wird von den Kritikern einer Geschichte von unten oft überzogen. Fast scheint es, als hätten sich die Alltagsgeschichtler durch diese Kritik einschüchtern lassen: So wollen sie »die wirtschaftlichen, sozialen und ökologischen Veränderungen mit ihren regionalen, nationalen und internationalen Ursachen und Wechselwirkungen untersuchen, um so auch die bisherige Trennung zwischen lokaler und Makro-Geschichte zu überwinden«[9]. Damit wird ein wissenschaftliches Programm aufgestellt, das – falls es eingelöst werden könnte – selbst die Bielefelder historische Sozialforschung als recht bescheidene Veranstaltung erscheinen ließe.

Ob damit der Wunsch nach einer Entprofessionalisierung der Geschichtsschreibung im Sinne der Einbeziehung von Laien-Historikern in Erfüllung gehen kann, scheint fraglich.

Bei der Unterscheidung von Wissenschaftlern und Laien wird häufig übersehen, daß diese Trennung für die Geschichtsschreibung der Arbeiterbewegung besonders vor 1914 fast keine Rolle spielte. In den Reihen der Arbeiterbewegung gab es einen hohen Anteil von Autodidakten, von Laien-Historikern, die sich aus Spaß und Interesse an Geschichte und historischer Forschung selbst derart umfassend qualifiziert hatten, daß sie keinen Vergleich mit akademisch Ausgebildeten zu scheuen brauchten, sowohl was Fakten- und Methodenkenntnisse betraf als auch die Schreibfähigkeit. Gerade deutsche Wissenschaftler zeichnen sich ja nicht selten durch eine langweilige und schwer lesbare Darstellung und Sprache aus. Diese Schwäche ist natürlich nicht nur unter Wissenschaftlern verbreitet.

Die Formel Geschichte von unten heißt streng genommen, daß die Menschen, die unten leben, auch selbst ihre Geschichte schreiben. Die »Grabe-wo-du-stehst«-Bewegung in Schweden, auf die sich Anhänger einer Geschichte von unten vielfach berufen, beabsichtigte ja gerade dies, jedenfalls im ursprünglichen Verständis ihres Initiators und Theo-

---

9 Grundsatzerklärung, a.a.O.

retikers. Sven Linqvist ging nicht davon aus, daß der Arbeiter sich in seiner Freizeit zum Historiker oder Sozialwissenschaftler qualifizieren solle oder könne, sondern daß Arbeiter dort, wo sie kompetent sind – und zwar mehr als universitäre Forscher es sein können –, ihre Geschichte schreiben, nämlich auf dem Gebiet ihrer Arbeit, der konkreten Klassenauseinandersetzung in und außerhalb der Fabrik[10]. Diese auf den ersten Blick einleuchtende These sagt nichts aus über die teilweise großen Schwierigkeiten, die es bereitet, Erfahrung, Kenntnis und Wissen anderen in Form einer Broschüre, eines Buches oder einer Ausstellung zu vermitteln. Dazu bedarf es jener formalen Fähigkeiten, die speziell auf Gymnasien und Universitäten gelehrt und gelernt werden bzw. werden sollten. Eine autodidaktische Qualifizierung ist sehr viel schwieriger. So spielerisch leicht, wie Linqvist in seinem nun endlich ins Deutsche übersetzten Buch mit dem Titel »Grabe, wo du stehst!« einen Forschungsprozeß beschreibt, ist die Sache nicht. Die zwingende Logik seiner Darstellung, die, ausgehend von der konkreten Arbeit eines Zementarbeiters, schließlich in umfassenden historisch-soziologischen Erkenntnissen der schwedischen Klassengesellschaft mündet, ist ermutigend, und der Erfolg in Schweden scheint diese Art der Anregung zu bestätigen. Wieweit allerdings das Urteil, die Resultate der schwedischen Laienforschung stellten »auch wertvolle Vorarbeiten für wissenschaftliche Arbeiten dar«, den Resultaten, der Tätigkeit und den Absichten der schwedischen Laienforscher gerecht wird, scheint fraglich[11].

In der Bundesrepublik wurde vor allem durch die Bildungsvereinigung Arbeit und Leben Niedersachsen e. V. versucht, die schwedische Erfahrung aufzugreifen[12]. Nach anfänglichen Erfolgen, scheint diese Arbeit nun ihren Schwung verloren zu haben[13]. Der Funke »Grabe, wo du stehst«, der in Schweden offenbar ein Feuer entfachen konnte, sprang in der Bundesrepublik – im Sinne einer Laienforschung – bislang nicht über. In den Geschichtswerkstätten haben sich überwiegend Historiker

---

10 Vgl.: Sven Linqvist, Grabe, wo du stehst! – wie man Arbeit erkundet –, aus dem Schwedischen übersetzt von Manfred Dammeyer, Manuskript, erscheint 1989.
11 Helmut Konrad, Neue Wege in Forschung und Vermittlung von Geschichte, in: Hubert Ch. Ehalt (Hg.), Geschichte von unten, a.a.O., S. 55.
12 Vgl.: Arbeiter erforschen ihre Geschichte. Handreichungen für Arbeitskreise. »Geschichte und Kulturarbeit« Heft 1, Hg. Bildungsvereinigung Arbeit und Leben Niedersachsen e. V.
13 Vgl.: Referat Klaus Dera, in: Bericht der Tagung »Betriebsgeschichte von unten«, Rundbrief 8, S. 14.

Berlin, Kampf in der Brüderstraße am 18. März 1848.
Aus: 90 Jahre Industriegewerkschaft, a.a.O, S. 27.

und Sozialwissenschaftler zusammengefunden. Diese favorisieren eher ein Bündnis-Modell zwischen professionellen und Laien-Historikern.

Eine solche Zusammenarbeit bietet sich aus vielerlei (noch zu nennenden) Gründen geradezu an. Bedenklich wird es nur dann, wenn sie die Berufshistoriker zu einem volkstümelnden, d.h. im Grunde elitären Gestus verführt. Dieser breitet sich vor allem in Schriften *über* die Geschichte von unten aus und findet Ausdruck in Formulierungen wie »Eine Entdeckungsreise ins eigene Volk« (Heer/Ulrich). Daß solchen Reiseabsichten von Intellektuellen widersprochen wird, braucht nicht zu verwundern. Der Einspruch kommt dabei nicht nur von etablierten Akademikern, sondern auch von linken »Freibeutern«, die sich über die »Liebhaber des kleinen Mannes« lustig machen[14].

Unabhängig von der ideologischen Selbsteinschätzung einer Geschichtsschreibung von unten zeigen viele der bislang vorgelegten Ergebnisse dieser Forschung, daß sie besser als Geschichte über unten zu bezeichnen wäre; ob sie auch eine für unten ist, muß sich erst noch erweisen.

---

14 Vgl.: Ernst Köhler, Der kleine Mann und seine Liebhaber, in: »Freibeuter« 24, Berlin 1985, S. 88ff., und die Anti-Kritik: Alfred G. Frei, Michael Wildt, Hirsebrei und Seifenblasen. Die Geschichtswerkstätten und ihre Kritiker, in: »L'80«, Heft 39, 1986.

Zum Selbstverständnis einer gewerkschaftlichen Geschichte von unten

Wird der Begriff Geschichte von unten nur soziologisch verstanden, d. h. als die Geschichte von Menschen, die zur arbeitenden Klasse gehören – um diesen etwas altmodischen Begriff zu verwenden, der in der »neuen Geschichtsbewegung« weitgehend durch einen völlig unbestimmten Volksbegriff ersetzt wurde –, dann läßt sich für jenen Teil der Klasse, der sich der sozialistischen Richtung angeschlossen hat, eine lange Tradition eigener, nichtakademischer Geschichtsschreibung nachweisen. Besonders Verbands- und Vereinsjubiläen, Gedenk- und Festtage gaben Anlaß zur historischen Rückbesinnung.

Christoph Stamm hat sich die Mühe gemacht, ein Verzeichnis dieser Fest- und Gedenkschriften zusammenzustellen. 3122 Titel hat er aufgestöbert. Davon entfällt ein Großteil auf die sozialistische Arbeiterbewegung in ihrer alten Vielfalt von politischem Verein, gewerkschaftlicher und genossenschaftlicher Organisation, kultureller und sportlicher Vereinigung[15].

Diese Geschichtsschreibung hat trotz der überwiegend unkritischen Haltung gegenüber der eigenen Organisation, zu deren Glanz und Gloria geschrieben wurde, ausgezeichnete Resultate hervorgebracht. Die Geschichte der Berliner Arbeiterbewegung von Eduard Bernstein als Beispiel einer umfassenden – also nicht nur auf die Partei- oder Gewerkschaftsorganisation bezogenen – Geschichte hat bis heute Vorbildcharakter[16].

Im Grunde gehören zur proletarischen Geschichtsschreibung (von un-

---

15 Christoph Stamm, Regionale Fest- und Gedenkschriften der deutschen Arbeiterbewegung, Bonn 1987.
16 Eduard Bernstein, Die Geschichte der Berliner Arbeiterbewegung, 3 Bände, Berlin 1910.

ten) auch die wenigen Autobiographien von Arbeitern und Arbeiterinnen[17], für die Namen wie Adelheid Popp[18] und Moritz Th. W. Bromme[19] stehen. Häufiger sind Autobiographien von Personen, die es in der Arbeiterbewegung, besonders in der sozialdemokratischen Partei, zu etwas gebracht haben. Diese Werke haben oft einen ausgesprochenen Rechtfertigungscharakter. August Bebels Erinnerungen eröffnen diesen Reigen, gleichwohl hier auch viele wichtige und interessante Informationen gegeben werden[20].

Zu den eindrucksvollen Erinnerungen eines Gewerkschaftsführers, der zugleich auch SPD-Reichstagsabgeordneter war, gehört die kürzlich, 40 Jahre nach seinem Tod veröffentlichte Schilderung von Josef Simon, dem langjährigen Vorsitzenden der Schuhmacher Gewerkschaft[21].

Für die eigene Verbands-Geschichtsschreibung der Gewerkschaften sei hier, obwohl es sich um Gesamtdarstellungen handelt, auf die Geschichte des Bergarbeiterverbandes von Otto Hue[22], die Geschichte der Lithographen, Steindrucker und verwandten Berufe von Herrmann Müller[23] und die Geschichte der Zimmerer von August Bringmann[24] hingewiesen.

Noch 1968 konnte dieser Geschichtsschreibung kritisch etwas vorgehalten werden, was heute durch die Aufwertung des Alltäglichen und Besonderen als großer Vorzug erscheinen müßte, nämlich »die aufdringliche berufsgewerkschaftliche Orientierung«[25]. Diese Orientierung

---

17 Vgl.: Wolfgang Emmerich (Hg.), Proletarische Lebensläufe. Autobiographische Dokumente zur Entstehung der Zweiten Kultur in Deutschland, Bd. 1, Anfänge bis 1914, Reinbek 1974 und Bd. 2, 1914 bis 1945, Reinbek 1975.
18 Moritz Th. W. Bromme, Lebensgeschichte eines modernen Fabrikarbeiters, Nachdruck der Ausgabe von 1905, Frankfurt/M. 1971.
19 Adelheid Popp, Jugendgeschichte einer Arbeiterin, München 1919, Reprint, Bonn 1983.
20 August Bebel, Aus meinem Leben, 3 Teile, Stuttgart/Berlin 1910–1914, Neuauflage Berlin (DDR) 1961.
21 Josef Simon, Schuhmacher, Gewerkschafter, Sozialist mit Ecken und Kanten, Adolf Mirkes (Hrsg.), Köln 1985.
22 Otto Hue, Die Bergarbeiter. Historische Darstellung der Bergarbeiter-Verhältnisse von der ältesten bis in die neueste Zeit, Bd. 1, Stuttgart 1910, Bd. 2, Stuttgart 1913, Reprint, Bonn 1981.
23 Hermann Müller, Die Organisation der Lithographen, Steindrucker und verwandten Berufe, Bd. 1, Berlin 1917, Reprint, Bonn 1978.
24 August Bringmann, Die Geschichte der deutschen Zimmerer-Bewegung, Bd. 1, Stuttgart 1903, Bd. 2, Stuttgart 1905, Reprint, Bonn 1981.
25 Gerhard Beier, Glanz und Elend der Jubiläumsliteratur. Kritische Bestandsaufnahme bisheriger Historiographie der Berufs- und Industriegewerkschaften, in: »Gewerkschaftliche Monatshefte« 10, Okt. 1968.

verschwand mit der Entwicklung von Berufsverbänden zu Industriegewerkschaften weitgehend. Jüngeres Beispiel einer Industrieverbandsgeschichte ist die Geschichte der Metallarbeiter-Gewerkschaft[26].

Eine herausragende Quelle für das Studium der Entstehungsgeschichte eines Industrieverbandes sind die ersten drei Jahrgänge der Mitgliederzeitung des Gasarbeiterverbandes (einer Vorläuferorganisation der ÖTV) »Die Gewerkschaft«, die anläßlich des 90jährigen Jubiläums im Reprint erschienen sind[27].

Der im gleichen Zusammenhang erhobene Vorwurf hingegen, die lokalen und regionalen Schriften lebten »von der menschlichen Illusion lokaler Ein- und Erstmaligkeit«, klingt ganz aktuell. Um dem »Elend« dieser Geschichtsschreibung abzuhelfen, schlug Gerhard Beier vor, die Gewerkschaften sollten die Zusammenarbeit mit »Organisationshistorikern« suchen[28].

Dieser Ruf verhallte nicht ungehört. Der Rufer selbst konnte mit Unterstützung der IG Druck und Papier einen umfangreichen ersten Band der Geschichte des Buchdrucker-Verbandes verfassen[29]. Immer mehr Einzelgewerkschaften folgen diesem Beispiel und lassen sich ihre Geschichte von unabhängigen Wissenschaftlern schreiben. Erwähnt sei das auf zehn Bände (Gesamt- und Einzeldarstellungen, Bildbände) angelegte und ganz aus dem Rahmen einer traditionellen Organisationsgeschichte fallende Ausnahme-Projekt der IG Bergbau und Energie anläßlich des 100jährigen Bestehens der Bergarbeiter-Gewerkschaft[30], die

---

26 75 Jahre Industriegewerkschaft 1891 bis 1966. Vom Deutschen Metallarbeiter-Verband zur Industriegewerkschaft Metall, Dokumentation, Text und Redaktion: Fritz Opel, Dieter Schneider, Frankfurt/M. 1966. Anläßlich des 90jährigen Jubiläums neu aufgelegt unter dem Titel 90 Jahre Industriegewerkschaft 1891 bis 1981, Text der Fortschreibung: Kurt Thomas Schmitz, Frankfurt/M. 1981.
27 Die Gewerkschaft. Organ für die Interessen der Arbeiter in städtischen Betrieben (Gasanstalten, Straßenreinigung, Kanalisations- Wasserwerke etc.), auf Holz- und Kohlenplätzen und sonstige Arbeitsleute. Probenummer und Jahrgänge 1897 bis 1899. Originalgetreuer Nachdruck. Mit einleitenden Beiträgen von Dieter Schneider und Manfred Scharrer, Stuttgart 1986.
28 Gerhard Beier, a.a.O.
29 Gerhard Beier, Schwarze Kunst und Klassenkampf. Geschichte der Industriegewerkschaft Druck und Papier und ihrer Vorläufer seit dem Beginn der modernen Arbeiterbewegung, Bd. 1: Vom Geheimbund zum königlich-preußischen Gewerkverein (1830–1890), Frankfurt/M. 1966.
30 6 Bände der Reihe »Bergbau und Bergarbeit« sind bereits erschienen: Franz-Josef Brüggemeier, Leben vor Ort. Ruhrbergleute und Ruhrbergbau 1889–1919, München 1983; Werner Abelshauser, Der Ruhrkohlenbergbau seit 1945, München 1984; Ulrich Borsdorf/Ute Eskildsen (Hg.), Untertage-Übertage. Bergarbeiterleben heute, München 1985 (Fotoband); K. Tenfelde/H. Trischler (Hrsg.), Bis vor die Stufen des Throns. Bittschriften und Beschwerden von Bergarbei-

Geschichte der NGG[31] und die laufenden, von der Hans-Böckler-Stiftung und den entsprechenden Einzelgewerkschaften geförderten Projekte zur Geschichte des Fabrikarbeiterverbandes, der Holzarbeiter, der Bauarbeiter und der Gewerkschaft HBV.

Die früheren Organisationsgeschichten sind überwiegend geschrieben mit Blick auf das Handeln der Männer oben in den Vorständen und auf den zentralen Verbandskongressen (Frauen waren dort selten anzutreffen). Es ist dies wesentlich eine Geschichte von oben innerhalb der Arbeiterbewegung.

Besonders die professionelle (universitäre) Forschung zur Geschichte der Arbeiter und der Arbeiterbewegung hat teilweise schon vor Jahren einen sozialgeschichtlich orientierten Perspektivenwechsel vollzogen, der zwar nicht erfahrungsbezogen aus der Sicht der Menschen (der »Betroffenen«) analysiert, doch die Lebensumstände und -Zusammenhänge, die diese Erfahrungen prägen. Selbst die reine Organisationsgeschichte hat die Ebene der Vorstandssitzungen, der Verbands- und Parteikongresse längst verlassen und sich zunehmend den unteren Ebenen der Organisation und dem Wirken der Mitglieder dort zugewandt; und selbst die klassische ideengeschichtliche Betrachtung ist keineswegs so veraltet, wie es alltagsgeschichtliche Theoretiker oft glauben machen wollen. Umgekehrt gilt natürlich, daß ohne Struktur- und Organisationsgeschichte, die oft als Gegensatz zur Alltagsgeschichte gesehen wird, gewerkschaftliche Geschichte von unten nicht geschrieben werden kann (vergleiche dazu die ausgewählten Literaturhinweise S. 100 ff.).

Jedoch hat erst die universitäre und außeruniversitäre Aufwertung einer Alltagsgeschichte auch die Bedeutung der örtlichen Gewerkschaftsgeschichte in einer neuen Weise bewußt gemacht. Es sind längst nicht mehr nur die bekannten Jubiläumsbroschüren mit wenig Geschichte, viel Vor- und Grußworten, mehr oder weniger hilfreichen Inseraten wohlwollender Unternehmer und keinem Verfasser, sondern teilweise ausgezeichnete, wissenschaftlichen Maßstäben standhaltende Regio-

---

tern, München 1986; Martin H. Geyer, Die Reichsknappschaft. Versicherungsreformen und Sozialpolitik im Bergbau 1900–1945, München 1987; Detlef J. K. Peukert/Frank Bajohr, Spuren des Widerstands. Die Bergarbeiterbewegung im Dritten Reich und im Exil, München 1987.

31 Willy Buschak, Von Menschen, die wie Menschen leben wollen. Die Geschichte der Gewerkschaft Nahrung-Genuss-Gaststätten und ihrer Vorläufer, Köln 1985.

Martin-Stahlwerk von Krupp in Essen.
Aus: 90 Jahre Industriegewerkschaft, a.a.O., S. 59.

nal- und Lokalstudien. Bedeutsam ist dabei, daß diese Arbeit getragen wird von Initiativen, die in der Regel ohne Zutun der Gewerkschaften entstanden sind, z. B. in VHS-Kursen oder Universitätsseminaren. Das Interesse an der Aufarbeitung der örtlichen Arbeitergeschichte oder der Geschichte der Arbeiterbewegung geht meist von Wissenschaftlern aus, die mit den Gewerkschaften zusammenarbeiten wollen.

Der »Arbeitskreis Regionalgeschichte Freiburg e. V.« (Dok. 1), der »Arbeitskreis Bremer Arbeiterveteranen« (Dok. 2), das »Projekt Arbeiterbewegung« am Institut für Politische Wissenschaft der Universität Hannover (Dok. 3) und der »Göttinger Arbeitergeschichtskreis« (Dok. 4) können hier genannt werden.

Einmalig dürfte das Bremer Modell sein, das über den Senator für Bildung, Wissenschaft und Kunst Geschichtsprojekte von unten in Zusammenarbeit mit Wissenschaftlern, die im Rahmen von ABM beschäftigt werden, initiiert und fördert (Dok. 5). Kenntnisse, die bei Diplomarbeiten oder Dissertationen erworben wurden, können zur Grundlage solcher Projekte werden. Das Projekt »100 Jahre 1. Mai in Bremen« (Dok. 6) und »Betriebsgeschichte des Bremer Flugzeugbaus« (Dok. 7) sind Beispiele dafür.

Relativ häufig ist auch, daß die Verwaltungsstelle einer Einzelgewerkschaft oder das DGB-Bildungswerk – ebenfalls im Rahmen von ABM – örtliche Geschichte durch Wissenschaftler aufarbeiten läßt. So entstanden in Hannover das Oral-History-Projekt zur »Hannoverschen Arbeiterbewegung 1930–1955« (Dok. 8) und die Geschichte der IGM-Ortsverwaltung Rendsburg (Dok. 9).

Viel zu wenig wird die Möglichkeit genutzt, Hans-Böckler Stipendiaten während ihres dreimonatigen Praktikums für erste Vorarbeiten eines Geschichtsprojektes heranzuziehen. Die ÖTV im Kreis Kleve ist die Ausnahme (Dok. 10).

Eine Ausnahme ganz anderer Art ist Duisburg: Die dortige Verwaltungsstelle der IG Metall hat einen Historiker eingestellt, nicht nur zum Zweck, die eigene Geschichte aufarbeiten und dokumentieren zu lassen, sondern zur kontinuierlichen »historischen Fundierung« ihrer aktuellen gewerkschaftlichen Arbeit (Dok. 11).

Gewerkschaftliche Gruppen im engeren Sinne sind der »Historische Arbeitskreis des DGB Wilhelmshaven« (Dok. 12), der »Arbeitskreis

Faschismus der DGB-Jugend Schweinfurt« (Dok. 13), die Arbeitsgruppe »Spurensicherung« des DGB-Kreises Schwalm-Eder (Dok. 14) und der Kollegenkreis des Ortskartells Hess.-Lichtenau (Dok. 15). Ebenfalls dazugerechnet werden kann die »Geschichtsgruppe Arbeit und Leben Osnabrück« (Dok. 16).

Obwohl ohne gewerkschaftliches Firmenschild und ohne formelle Unterstützung eines gewerkschaftlichen Gremiums definieren viele Projekte und Gruppen – auch viele der oben bereits genannten – ihre Arbeit im Interessen- und Solidarzusammenhang der Gewerkschafts- und Arbeiterbewegung, d. h. ihre Mitglieder engagieren sich auch als Gewerkschafter. Das betriebsgeschichtliche Projekt »100 Jahre Bosch« (Dok. 17) oder der »Geschichtskreis Zeche Ewald« (Dok. 18) gehören dazu. Ebenso »Gruppen«, die nur aus einer Person bestehen. Manfred Hundt (Dok. 19), Adolf Mirkes (Dok. 20), Jürgen Ziegler (Dok. 21), Heinz Raabe (Dok. 22) und Peter Nied (Dok. 23) forschen und publizieren nicht im offiziellen Auftrag der Gewerkschaften, sondern aus eigenem Antrieb, auf eigene Faust und notfalls aus eigener Tasche.

Häufig gibt es eine Zusammenarbeit von Kommunalbehörde, Universität (Wissenschaftlern) sowie Gewerkschaften, und zwar sowohl bei kulturpolitischen Aktivitäten als auch bei Geschichts- und Publikationsprojekten[32]. Eine ähnliche Zusammenarbeit hat es auch – ausgehend von einem VHS-Kurs – beim Hochlarmarker-Stadtteilprojekt gegeben, das als Paradebeispiel einer Geschichte von unten durch das »Hochlarmarker Lesebuch«[33] weit über die Grenzen des Stadtteils hinaus bekannt geworden ist.

Die bisher genannten Projekte versuchen überwiegend in Form von Büchern, Broschüren und Ausstellungen ihre Ergebnisse zu vermitteln. Andere Formen, Geschichte zu vermitteln, sind die Arbeiterfotografie (vgl.: Gruppe Ludwigshafen, Dok. 24) und das Museum. Kieler Gewerkschafter beteiligen sich am Aufbau eines Kieler Stadtmuseums für Industrie- und Alltagskultur, Mitarbeiter des Hamburger Museums der

---

32 Vgl.: Gert Zang (Hrsg.), Arbeiterleben in einer Randregion. Die allmähliche Entstehung der Arbeiterbewegung in einer rasch wachsenden Industriestadt. Singen a. H. 1895–1933, Konstanz 1987.
33 Hochlarmarker Lesebuch. Kohle war nicht alles. 100 Jahre Ruhrgebietsgeschichte. Bergarbeiter und ihre Frauen aus Recklinghausen-Hochlarmark haben in Zusammenarbeit mit dem kommunalen Stadtteilkulturreferat ihre Geschichte aufgeschrieben, Oberhausen 1981.

Arbeit versuchen, ausgehend vom Anspruch einer Geschichte von unten, ihre Vorstellungen zu verwirklichen[34]. Ein interessantes Museum in diesem Zusammenhang ist die »Gesenkschmiede Hendrichs« (Dok. 25).

In gewerkschaftlichen oder gewerkschaftsnahen Projekten – und dies wird durch viele, hier nicht erwähnte Projekte bestätigt – ist die reine Laienforschung die Ausnahme. Sowohl Forschungsgegenstand als auch Methode unterscheiden sich häufig nicht von den Arbeiten einer Geschichtswerkstatt[35], dem Projekt einer Volkshochschule[36], einer Universität[37], eines Beirats für Geschichte der Arbeiterbewegung und der Demokratie[38], eines Vereins für Sozialgeschichte[39], eines Vereins zur Erforschung der Geschichte der Arbeiterbewegung[39a], eines Stadtteil-Archivs[40], eines Forschungsinstituts für Arbeiterbildung[41] usw. Einige der genannten Projekte fühlen sich sowohl den Geschichtswerkstätten als auch dem DGB-Projekt zugehörig, d. h. viele andere Projekte könnten mehr als bisher die Zusammenarbeit mit den Gewerkschaften suchen bzw. umgekehrt.

Wenn im folgenden einer von den Gewerkschaften direkt geförderten örtlichen historischen Forschung das Wort geredet wird, dann ist dies nicht gegen die bunte Vielfalt der existierenden und die Spontaneität (Selbsttätigkeit) zukünftiger Projekte gerichtet, sondern es wird versucht, ausgehend von den Erfahrungen im DGB-Projekt »Geschichte

---

34 Vgl.: Rolf Bornholdt, Museum der Arbeit – Thesen und Berichte (Anhang, S. 300 ff.).
35 Vgl.: Geschichtswerkstatt Solingen, Selbstdarstellung Nr. 26.
36 Vgl.: Leben und Arbeiten in der Fabrik. Ravensberger Spinnerei 1850–1972. Eine Ausstellung der Volkshochschule Bielefeld, Hg.: VHS-Bielefeld, Bielefeld 1986 (Katalog).
37 Vgl.: Streiflichter. Stadtteilgeschichtliche Ausstellung in Duisburg-Bruckhausen, Oktober 1984, Projekt Stadtteilgeschichte Bruckhausen an der Universität-GH-Duisburg, Duisburg 1985 (Broschüre zur Ausstellung).
38 Vgl.: Demokratische Geschichte. Jahrbuch zur Arbeiterbewegung und Demokratie in Schleswig-Holstein I, Veröffentlichung des Beirats für Geschichte der Arbeiterbewegung und Demokratie in Schleswig-Holstein, Kiel 1986.
39 Vgl.: »Mainzer Geschichtsblätter«, Heft 1, April 1985, Hg.: Verein für Sozialgeschichte Mainz e. V., Mainz 1984.
39a Vgl.: »Museum der Arbeit« in Münden – ein Verein stellt sich vor, Hg.: Verein zur Erforschung der Geschichte der Arbeiterbewegung in Hann. Münden, o. J.
40 Vgl.: Ausstellungsgruppe Ottensen – Altonaer Museum, Ottensen. Zur Geschichte eines Stadtteils, 3. 11. 1982 bis 7. 8. 1983, Hamburg (Ausstellungskatalog).
41 Vgl.: »Beiträge – Informationen – Kommentare«, Nr. 6/1987, Hg.: Forschungsinstitut für Arbeiterbildung e. V. Recklinghausen. Außerdem: Bericht der Tagung »Betriebsgeschichte von unten« (Anhang S. 322 ff.).

von unten«, Argumente für eine systematische gewerkschaftliche Geschichtsarbeit zu entwickeln:

1. Gewerkschaftliche »Geschichte von unten« kann sich nicht als ein Konkurrenzunternehmen zur wissenschaftlichen Forschung verstehen.

2. Wenn der Anspruch erhoben wird, daß Kollegen, die keine Historiker oder Sozialwissenschaftler sind, ihre eigene Geschichte aufarbeiten sollen (nicht unbedingt im biographischen Sinne), dann kann es nicht nur um das Forschungsergebnis gehen.

   Steht im Vordergrund nur die möglichst schnelle und gründliche Erstellung der Geschichte einer Ortsverwaltung, eines DGB-Kreises oder -Bezirkes, dann ist es besser, Wissenschaftler dafür zu gewinnen. Angesichts der hohen Zahl arbeitsloser Historiker und Sozialwissenschaftler ist dies möglich und zudem eine arbeitsmarkt- und sozialpolitisch gute Tat.

3. Für eine gewerkschaftliche Geschichte von unten ist neben dem Forschungs-Ergebnis der Prozeß einer selbstorganisierten politischen Bildung entscheidend, der sich ergibt, wenn forschend an einem historischen oder soziologischen Thema gearbeitet wird. Das Suchen von Dokumenten, die Anstrengung der Interpretation und Einordnung, die Gespräche mit älteren Kollegen und gar noch der Versuch, die gewonnenen Erkenntnisse niederzuschreiben und zu veröffentlichen, fördern die Fähigkeit zu kritischem historischen und politischen Denken – vorausgesetzt, man ist nicht vor Beginn einer solchen Arbeit alten Interpretationsschablonen verpflichtet, weiß im Grunde schon alles bzw. alles besser.

   Durch dieses aktive Lernen kann eine solche Fähigkeit besser entwickelt werden als in noch so guten traditionellen gewerkschaftlichen Seminaren zur Gesellschaftspolitik oder Geschichte, in denen die Erzählungen von Referenten im Mittelpunkt stehen. Damit ist nichts gegen diese Seminare gesagt. Im Gegenteil. Sie erhalten gerade in Verbindung mit örtlicher Geschichtsforschung eine zusätzliche Funktion, indem sie Gelegenheit bieten, übergreifende Zusammenhänge und Fragestellungen kennenzulernen und zu diskutieren.

4. Eine gewerkschaftliche Geschichte von unten kann keine enge Organisationsgeschichte sein. Selbst wenn sie möglich wäre, so ist eine

solche Begrenzung nicht wünschenswert, da der Blick und die Lernmöglichkeiten viel zu sehr eingeschränkt würden. Viele der gewerkschaftlichen Geschichtsprojekte haben naturwüchsig ganz andere Themen aufgegriffen, sei es verdrängte örtliche KZ-Geschichte, Geschichte des Arbeitersports, Geschichte der Juden im »Dritten Reich« etc. Diese Themenwahl zeigt, daß das Verständnis von »eigener« Geschichte weit über eine Organisationsgeschichte hinausgeht.

5. Die Einordnung gewerkschaftlicher Geschichte von unten als Teil der politischen Bildungsarbeit verkennt nicht das motivierende und dem Lernen allgemeiner Fähigkeiten übergeordnete Interesse der Teilnehmer am Ergebnis historischer Forschungsarbeit. Das Aufarbeiten verdrängter, vergessener, unbeachteter oder unterdrückter Geschichte – und dies sind die selbstgewählten Themen einer Geschichte von unten – wird nicht als Selbstzweck verstanden. Es geht vorrangig um das Ergebnis und um die Möglichkeit, mit diesem Ergebnis öffentlich zu wirken.

Ideal wäre es, wenn das Interesse an einer geschriebenen oder dokumentierten Geschichte der lokalen Arbeiter- oder Gewerkschaftsbewegung, eines Streiks, einer Fabrik, eines Stadtteils, einer Region etc. gekoppelt werden könnte mit gewerkschaftlicher Bildungsarbeit.

Eine solche Verbindung war bislang eher die Ausnahme. Viele von den Gewerkschaften auf örtlicher Ebene angeregte und unterstützte Projekte wurden an Wissenschaftler vergeben, ohne daß versucht wurde, daraus ein Projekt gewerkschaftlicher Geschichte von unten zu machen, d. h. ohne daß versucht wurde, historisch interessierte Kollegen mit einzubeziehen.

Gerade wenn eine Verwaltungsstelle – und sei es im Zusammenhang eines Jubiläums – örtliche Geschichte aufarbeiten lassen will, könnte ein entsprechender Auftrag an Wissenschaftler verbunden werden mit dem Aufbau eines gewerkschaftlichen Geschichtsarbeitskreises. Dieses Modell einer gewerkschaftlichen Geschichte von unten ist keine Kopfgeburt, sondern bereits Praxis von Projekten, die sich einer Geschichte von unten verpflichtet fühlen.

Aussperrung.
Aus: 90 Jahre Industriegewerkschaft, a.a.O., S. 72.

Organisatorische Voraussetzung einer gewerkschaftlichen Geschichte von unten

Die meisten Projekte, die sich im eigenen Selbstverständnis dem DGB-Projekt zuordneten bzw. zugehörig fühlten, hatten eine grundsätzliche Anfangsschwierigkeit bereits gemeistert, nämlich die Beantwortung der Frage: Wie finde ich Kollegen, die Lust, Interesse und Zeit haben, einen Geschichtsarbeitskreis zu gründen und ein lokales historisches Forschungsprojekt anzugehen?

Wie überaus groß diese Schwierigkeit ist, zeigt sich erst dann, wenn umgekehrt von der Organisation, d. h. von Organisationssekretären, von Ortskartell- oder Kreisvorsitzenden Kollegen für solch ein Projekt gesucht werden.

Allgemeine Aufrufe in Mitgliederzeitungen, Rundschreiben, Aufrufe in der lokalen Presse versprechen erst dann Erfolg, wenn ein oder mehrere Kollegen schon gewonnen sind und eine relativ klare Vorstellung über das Thema existiert.

Der Versuch gar, von ganz oben, z. B. durch den Aufruf eines Gewerkschaftskongresses, eines -vorstandes oder eines DGB-Landesbezirksvorsitzenden, Geschichte von unten zu organisieren, scheint wenig erfolgversprechend. Gleichwohl hat die resolutionsmäßige Unterstützung solcher Gremien nach den Spielregeln gewerkschaftlicher (Beschlußlagen-)Demokratie ihre Bedeutung, weil sie eine Legitimation für potentielles Handeln in den unteren Organisationsgliederungen schafft.

Die Suche nach Kollegen hat am ehesten dann Erfolg, wenn eine persönliche Ansprache möglich ist.

Eine von den Gewerkschaften ausgehende Initiative für eine Geschichte von unten hat mit einer Reihe von Schwierigkeiten zu rechnen, falls ein solches Vorhaben im oben beschriebenen Sinne begonnen wird. Oft wird mit dem zur Zeit so populären Begriff Geschichte von unten nur traditionelle Gewerkschaftsgeschichtsschreibung geschmückt, die bevorzugt zu festlichen Gelegenheiten eine Chronik, eine Dokumentation, eine Darstellung örtlicher oder zentraler Geschichte hervorbringt. Eine solche Publikation mag in vielen Fällen eine ausgezeichnete Arbeit darstellen, mit einer Geschichte von unten als einer nicht akademischen und nicht professionellen und möglichst auch nicht einzelkämpferischen historischen Forschung muß sie jedoch wenig zu tun haben.

Diese neue Art politischer Bildungsarbeit ist in Gewerkschaftskreisen noch viel zu wenig er- und bekannt. Sollte sie ernsthafter Bestandteil gewerkschaftlicher Bildung werden, dann müßte ein entsprechendes Aufgabenfeld »Geschichte von unten« geschaffen werden.

Die hauptamtlichen DGB-Mitarbeiter auf der örtlichen Ebene haben vielleicht noch die Möglichkeit, einen Geschichtsarbeitskreis anzuregen, kaum mehr jedoch die Zeit, mit der notwendigen Hartnäckigkeit den oft schwierigen Aufbau einer Gruppe zu betreiben, ihre Arbeit inhaltlich zu unterstützen, d.h. den Motor eines solchen Unternehmens zu bilden. Wenn von diesem Personenkreis Initiativen ausgingen, dann war dies mehr persönlichem Interesse geschuldet. Vereinzelt haben auch geschichtsbegeisterte Autodidakten aus ihrer Leidenschaft eine Profession gemacht.

Gefragt werden muß also, wo in den gewerkschaftlichen Organisationen ein Ort wäre, wo sich Geschichtsprojekte aufhalten und entwickeln könnten. Es gibt Geschichtsprojekte, die aus einem Angestelltenausschuß, einer Jugendgruppe, einem Seniorenkreis oder aus einer Betriebsgruppe heraus entstanden sind, dies jedoch meistens zufällig – wenn man von der IG Metall einmal absieht.

Idealtypisch gesehen wären im DGB-Bereich die Ortskartelle bestens geeignet, sich der Geschichte von unten systematisch anzunehmen. Sie könnten das institutionelle Rückgrat bilden, ohne das eine langfristige und kontinuierliche Arbeit undenkbar ist. Ortskartelle, in denen Geschichtsarbeit betrieben wird, bilden bislang jedoch die große Ausnahme.

Vielleicht würde es helfen, die Ortskartelle mit zweckgebundenen Mitteln zur Unterstützung einer gewerkschaftlichen Geschichte von unten auszustatten. Notwendige Ausgaben eines Projektes wie für Büromaterial, Telefon, Fotokopierer etc. könnten damit gedeckt werden. Sie müßten auch helfen, die minimale Infrastruktur eines Projektes bereitzustellen: Besonders einen Raum (im Gewerkschaftshaus), der als Tagungs-, Büro- und Archivraum genutzt werden kann und dem Projekt eine feste Adresse schafft.

Bei der anfänglichen Suche nach Kollegen für ein gewerkschaftliches Geschichtspojekt sollte von vornherein versucht werden, wenigstens einen Kollegen zu gewinnen, der schon einige Erfahrung auf dem Gebiete historischer Forschung besitzt, damit nicht die ursprüngliche Akkumulation handwerklichen Könnens und Wissens im mühseligen und langwierigen Selbststudium erworben werden muß. Dabei bietet sich an, Kollegen anzusprechen, die in einer Geschichtswerkstatt, einem Arbeitskreis für SPD-Ortsvereinsgeschichte, einem Heimatverein, die an Schulen, Volkshochschulen, Universitäten im Bereich Geschichte oder Sozialwissenschaft arbeiten oder gearbeitet haben. Dies bedeutet nur, jenen Prozeß auch offensiv von seiten der Gewerkschaften aufzugreifen, der umgekehrt in vielen bestehenden Projekten stattgefunden hat, daß nämlich die Initiative von Kollegen aus diesen Institutionen ausgegangen ist, daß sie an die Gewerkschaften um Unterstützung und Anerkennung ihrer Arbeit herangetreten sind. Eine fachliche Unterstützung von Historikern und Sozialwissenschaftlern würde einmal den gewünschten Prozeß »kommunikativer Forschung« und gleichzeitig eine Pädagogik des »forschenden Lernens« ermöglichen.

Schöne Begriffe für eine gewerkschaftliche Geschichte von unten sind also vorhanden, es kommt nur noch – mehr als bisher – darauf an, sie mit Leben zu füllen.

Proletariers Umzug.
Gezeichnet von T. Kolb.

Aus: *Der Wahre Jacob, Nr. 282/1897, S. 2445.*

Forschen

Historisches Forschen heißt wesentlich, daß ein historisches Ereignis, die Geschichte eines Ortes, eines Vereins, einer Partei, einer Gewerkschaft, einer Fabrik, eines Menschen etc. anhand von Quellen aufgearbeitet wird. Quellen sind dabei alle schriftlichen Zeugnisse (Bücher, Broschüren, Flugblätter, Zeitungen, Akten, Briefe, Geschäftsberichte, Protokolle), Fotos, Filme, Gegenstände aller Art (von Haushaltsgeräten bis zu Werkzeugen und Maschinen, vom Kaninchenstall bis zur Fabrikhalle), mündliche Berichte und Erzählungen.

Quellen historischer Erkenntnis unterscheiden sich jedoch erheblich von der Vorstellung, die mit einer Quelle gemeinhin verbunden ist: Historische Quellen sprudeln nicht von selbst, diese Quellen sind zunächst stumm. Sie müssen erst zum Reden gebracht werden, und dies gelingt nur, wenn sie in ihren zeitlichen und inhaltlichen Zusammenhang eingeordnet werden können. Es wäre ein großer Irrtum zu glauben, die am wenigsten subjektive Darstellung einer Geschichte ließe sich am besten durch eine chronologisch aufgebaute Quellensammlung bewerkstelligen, da der Leser sich sein eigenes, von den Unzulänglichkeiten und Meinungen eines Geschichtsschreibers unabhängiges Bild machen könne. Eine solche pädagogische Konzeption, der z. B. das großangelegte Unternehmen der IG Metall »Verwaltungsstellen erforschen ihre Geschichte« teilweise anhängt[42], vergißt, daß durch die unvermeidlich selektive Auswahl und Zusammenstellung von Quellenmaterial minde-

---

42 Vgl.: Peter Scherer, Editorisches Vorwort, in: Das Rote Nürnberg. Organisiert Euch! Vom Fall des Sozialistengesetzes bis zur Novemberrevolution 1890–1918, herausgegeben im Auftrag der Verwaltungsstelle Nürnberg der IG Metall, Kösching 1984.

stens genausoviel Subjektivität zum Tragen kommt wie bei einer Darstellung.

Wie subjektiv eine Dokumentation sein kann, demonstriert hervorragend gerade die Dokumentation zur Geschichte der Nürnberger Arbeiterbewegung. Dies betrifft vor allem die Auswahl allgemeiner, bekannter und unterschiedlich oft publizierter Dokumente aus der Geschichte der Sozialdemokratie, die zwischen die lokalen, zum großen Teil aus der Metallarbeiterzeitung entnommenen Artikeln und Nachrichten eingestreut sind: Welchen Sinn macht es, zwischen dem Bericht des Streikkomitees der Nürnberger Zündhütchenfabrik (1894), einem Auszug aus Meyers Konversationslexikon (1895) und dem Nachruf auf Karl Grillenberger (1897) ausgerechnet die Entschließung des Internationalen Sozialistenkongresses in London zur Kriegsfrage (1896) zu montieren? Was soll der Auszug aus der Parteitagsrede von Bebel zum Marokko-Konflikt 1911, der mißverstanden werden muß, wenn nicht gleichzeitig deutlich gemacht wird, daß Bebel sich besonders gegen die Angriffe von Rosa Luxemburg verteidigte, die den Parteivorstand massiv wegen seiner abwieglerischen Haltung in diesem Konflikt kritisiert hatte? Wer soll, ohne Kenntnis der Abläufe in den letzten Tagen vor Kriegsausbruch 1914, anhand der Dokumente, den Widerspruch erklären können, daß die Führung der Sozialdemokratie erst gegen den Krieg protestiert und dann die Reichstagsfraktion geschlossen den Kriegskrediten zugestimmt hatte?

Die Kritik richtet sich nicht dagegen, daß versucht wird, mit ausgewählten Dokumenten auf über Nürnberg hinausweisende Zusammenhänge hinzuweisen; sie richtet sich gegen die inhaltlich zusammenhangslose und nicht ansatzweise begründete Art der Auswahl der Dokumente[43].

Der Anspruch einer Forschung zur Geschichte von unten heißt nicht, daß das Rad noch einmal erfunden werden muß, sondern in erster Linie, daß Quellen gesucht, entdeckt und erschlossen werden, die der bisherigen Forschung unbekannt waren bzw. für die sich diese Forschung nicht interessiert hatte. Eine solche Dokumentation sichert Spuren für

---

43 Das Rote Nürnberg. Organisiert Euch! Ebenda.

eine lokale Alltags- oder Organisationsgeschichte und hat eine eigenständige Bedeutung.

Jedoch, so wichtig eine Quellenedition für zukünftige Geschichtsschreibung sein mag und so ehrenwert es ist, Entdeckungen uneigennützig zur Verfügung zu stellen – wie es Heinz Raabe z. B. tut[44] –, so sicher verzichtet man auf den interessantesten Teil eines Forschungsprozesses, wenn das gesammelte Material nicht selbst ausgewertet wird.

Wenigstens sollte versucht werden, eine Dokumentation mit quellenkritischen Angaben zu versehen. Dies könnte dann die Mühe der Quellensuche lohnen.

Zur Orientierung, wie eine solche Quellenedition aussehen könnte, gibt es viele gute Beispiele. Ein aktuelles dafür sind die »Quellen zur Geschichte der deutschen Gewerkschaftsbewegung im 20. Jahrhundert«[44a].

Der erste Schritt, neue Quellen zu suchen, kann anstrengend sein, doch trotzdem viel Spaß bereiten, und er kann schon neue Informationen und Einsichten vermitteln. Zwar hat Tucholsky einmal geschrieben: »Es gibt keinen Neuschnee«, doch stellt sich beim Quellen- und Spurensuchen immer wieder das Neuschnee-Erlebnis ein.

Entscheidend für den eigenen Lernprozeß – und auf diesen sollte es erst einmal ankommen – ist jedoch die Anstrengung, die Quellen zu ordnen, auf ihrer Grundlage eine Geschichte zu rekonstruieren, zu beschreiben, sie zu erklären und zu verstehen versuchen (was nicht heißt, zu billigen, zu akzeptieren oder zu verzeihen), und schließlich zu werten, zu beurteilen. Ohne diese Kopfarbeit muß die vielstrapazierte Parole »Aus der Geschichte lernen« zu einem hohlen Spruch verkommen bzw. zu einer Wahrheit aus zweiter Hand.

Erst der Versuch der Analyse, des Erklärens, macht ein Forschungsprojekt spannend, gerade weil hier die größten Schwierigkeiten auftre-

---

44 »Die Dokumentation soll zum Verständnis, inbesondere der Jugend, für den schwierigen, mitunter halb legalen Aufbau der Gewerkschaften beitragen. Sie bietet für Vorträge, Schulungen, Unterrichte, Abschluß- und Diplomarbeiten, Dissertationen u. ä. eine Basis.« (Heinz Raabe, Dokumentation zur Gewerkschaftsgeschichte in Freising im Bayerischen Gewerkschaftsbund 1945–1949. Vorwort, Freising 1987 (Manuskript).

44a Quellen zur Geschichte der deutschen Gewerkschaftsbewegung im 20. Jahrhundert, begründet von Erich Matthias, hg. die Bde. 1–4 von Hermann Weber/Klaus Schönhoven/Klaus Tenfelde, die Bde. 5–8 von Hermann Weber/Siegfried Mielke; bislang erschienen die Bde. 1, 2, 3/I, 3/II, 4 und 6, Köln 1985, 1986, 1987, 1988.

Der Arbeitsmarkt.

Alltäglich ist's dasselbe Bild, — ich eile
Beklommen fast daran vorüber ...
In Massen wird ein Zeitungsblatt vertheilt,
Das eng bedruckt. Ein Haufen Männer, Weiber,
Halbwüchs'ger Kinder mit gereckten Hälsen,
Starrt auf die Blätter, als ob eine neue
Heilsbotschaft aus dem Buchstabengewirre
Zu ihnen spräche. Und dann stiehlt sich dieser
Und der hinweg — flog nicht ein Hoffnungsschimmer
Ihm übers sorgenbleiche Antlitz? — Wird
Er glücklich finden, was er sucht? Wird er
Nicht morgen an der gleichen Ecke stehn? M. R.

Erste Beilage zum „Wahren Jacob" Nr. 408a, 1902.

Aus: Der Wahre Jacob, Nr. 498/1902, S. 66.

ten. Es mag sogar sein, daß dabei mehr Fragen aufgeworfen als beantwortet werden können. Doch besteht vor allem in dieser Schwierigkeit die Chance, Neues zu erfahren und lernen zu können. Fragen nach den Fehlern und Alternativen können nur begründet gestellt werden.

Ob auch Lehren aus der Geschichte gezogen werden können, darf auf der Grundlage der bisherigen historischen Erfahrung bezweifelt werden. Wenigstens sollte dabei folgende Äußerung de Gaulles bedacht werden: »Zu Beginn des Zweiten Weltkrieges waren die Franzosen glänzend auf den Ersten vorbereitet.«

Beim ernsthaften Versuch, eine Alltagsgeschichte, eine Geschichte von unten zu beschreiben, wird sich sehr schnell zeigen, wie widersprüchlich das Verhalten der Menschen im »richtigen Leben« ist, und je näher die Untersuchung der alltäglichen Erfahrung kommt, um so größer wird die Spannung zu theoretischen Erklärungsmustern. Die Gefahr, daß lokale Kuriositäten und Exotismen unzulässig verallgemeinert werden, scheint dabei geringer als umgekehrt die Gefahr, daß bei theoretischen Konstruktionen großzügig über jede Empirie hinweggesehen wird. Die Möglichkeit, mit diesem Ansatz historischer Forschung die Geschichte in ihrer lebensnahen Buntheit und Vielfalt beschreiben zu können, wird entgegen der Befürchtung vieler Kritiker der Alltagsgeschichte nicht zu einer untheoretischen Faktenhuberei führen. Umgekehrt können die Befunde einer alltagsgeschichtlichen, empirischen Forschung sehr wohl als Nagelprobe für die Tragweite theoretischer Modelle dienen.

Doch diese Fragen stellen sich erst am Ende eines Projektes. Bevor die Quellensuche beginnen kann, muß klar sein, wonach gesucht werden soll.

Ohne das Thema – und zwar so genau wie nur irgend möglich – festgelegt zu haben, wäre es sinnlos, die Quellensuche und -sammlung beginnen zu wollen.

Thema und Themenvorschläge

Von der Wahl des Themas, seiner möglichst genauen Eingrenzung und Benennung, hängt das Gelingen eines Projektes entscheidend ab. Ausgehend von der Vorstellung, daß sich ein Kollegenkreis gebildet hat, der nebenberuflich örtliche Geschichte erforschen will, heißt dies, daß nur relativ begrenzte Zeit aufgewendet werden kann, und daß sich deshalb ein Ziel gesteckt werden muß, das in einem überschaubaren Zeitraum zu erreichen ist. Wenn der historische Lern- und Arbeitsprozeß nicht bloß Selbstzweck der Teilnehmer sein soll, sondern auch den Zweck hat, durch die Veröffentlichung eines Ergebnisses nach außen wirken zu wollen, sei es in Form einer Broschüre, eines Buches, einer Ausstellung, einer historischen Stadtrundfahrt etc., dann ergeben sich verschiedene Konsequenzen: Bezogen auf die Absicht, das Ergebnis zu veröffentlichen, bedeutet dies, daß die vorgelegte Geschichte Hand und Fuß haben muß. Für den Leser einer Broschüre oder den Betrachter einer Ausstellung ist es uninteressant, wer mit welch guten Absichten das Produkt erstellt hat oder unter welch widrigen Umständen es vielleicht entstanden ist. Allein die Qualität des Produktes ist hier entscheidend, diese steht dann zur Diskussion. Ein Beispiel dafür, was es heißen kann, handwerklich vielleicht nicht genau genug gearbeitet zu haben, ist die Betriebsgeschichte einer Bremer Woll-Kämmerei von Volkmar Leohold[45]. Sein Versuch, der offiziellen Betriebsgeschichte eine Geschichte von unten entgegenzustellen, stieß erwartungsgemäß auf nicht allzu große Freude der Firmenleitung. Der Grund dafür scheint dabei nicht wirklichen oder vermeintlichen Fehlern des Buches geschuldet zu

---

45 Volkar Leohold, Die Kämmeristen. Arbeitsleben auf der Bremer Woll-Kämmerei, Schriftenreihe der Arbeiterkammer Bremen, Hamburg 1986.

sein, sondern eher einer ideologie- und interessengebundenen Abneigung gegen eine Geschichte von unten. Die Firma gab jedenfalls ein wissenschaftliches Gutachten zu diesem Buch – ausgerechnet – beim Autor ihrer offiziellen Unternehmensgeschichte in Auftrag[46]. In diesem Gutachten[47], dessen Verfasser sicher ein Kenner der Materie ist, doch deshalb nicht notwendig unbefangen, wird in einer peniblen Analyse versucht, die Ungenauigkeiten und Fehler aufzulisten, die Volkmar Leohold und der Kollegengruppe unterlaufen sind, um damit die Aussage des ganzen Buches in Frage zu stellen. Ob die Kritik berechtigt ist, soll hier nicht diskutiert werden, dies kann jeder Leser selbst entscheiden. Es geht darum, nachdrücklich darauf hinzuweisen, daß Buch und Gegengutachten zusammen hervorragend geeignet sind, am konkreten Beispiel zu lernen, was quellenkritische Methode, genaue Beschreibung, genaue Analyse und begründete Wertung und Beurteilung sind, und in welchem Maße die unterschiedliche soziale Stellung und unterschiedliches politisches Denken der Autoren Wertung und Interpretation beeinflussen. Beide Texte bilden ein Lehrstück zur selbständigen kritischen Meinungsbildung über einen strittigen Gegenstand und über methodische Fragen historischer Forschung.

Der Zeitrahmen, der Qualitätsanspruch und die anderen genannten Überlegungen führen dazu, sich von vornherein an der Faustformel »Weniger ist mehr« zu orientieren. Das heißt je kleiner, je begrenzter das Thema, um so größer ist die Chance, das selbstgesteckte Ziel zu erreichen. Diese Binsenweisheit ist in der Praxis der Gruppen so selbstverständlich nicht. Die Bereitschaft, sich an einem historischen Arbeitskreis zu beteiligen, erfolgt oft über subjektive Betroffenheit, die durch die Konfrontation mit einem bestimmten Thema entsteht. Fragen arbeitstechnischer Art spielen hier keine Rolle. Die Freude am Thema aufrechtzuerhalten und ein realistisches Arbeitsprogramm aufzustellen ist dann oft nicht einfach. Die Freude und der Eifer beginnen jedoch sicher zu schwinden, wenn man sich Aufgaben stellt, die nicht zu lösen sind. Es wäre ein fast hoffnungsloses Unterfangen, eine örtliche Geschichte der Arbeiterbewegung bei Adam und Eva beginnen zu lassen,

---

46 Friedrich Jerchow, Die Geschichte der Bremer Woll-Kämmerei zu Blumenthal 1883–1983, Bremen 1983.
47 Friedrich Jerchow, Zerrbild und Wirklichkeit des Arbeitslebens auf der Bremer Woll-Kämmerei. Ein Kommentar zu V. Leoholds »Die Kämmeristen«, Bremen 1987.

sie bis zur Gegenwart zu führen und dabei den Zusammenhang zwischen ihren politischen, gewerkschaftlichen, genossenschaftlichen und kulturellen Organisationen und Aktivitäten umfassend darstellen zu wollen. Selbst eine reine Organisationsgeschichte, und diese nur auf die Gewerkschaften begrenzt, wäre ein Riesenprojekt. Unter den genannten Bedingungen könnte allenfalls ein Organisationsabriß entstehen, der zwar viele wissenswerte Informationen erbringen, jedoch kaum zentrale Ereignisse, Streitfragen und Probleme hinreichend genau untersuchen könnte. Zwar gibt es Versuche, eine örtliche Geschichte umfassend aufzuarbeiten, doch dies geschieht unter besonderen Bedingungen. So wurde eine materialreiche, im Manuskript über 300 Seiten starke Geschichte der Hildesheimer Arbeiterbewegung von den Anfängen bis heute erstellt. Ausgangspunkt war ein VHS-Kurs, fortgeführt wurde das Projekt mit Hilfe einer für zwei Jahre im Rahmen von ABM angestellten Wissenschaftlerin[48].

Mit geringeren Mitteln und ausgehend von dem Konzept der politischen Bildung ist es legitim, sich auf möglichst nur ein spannendes und interessantes Ereignis zu konzentrieren.

Organisationsgeschichtlich war die Zerschlagung der Gewerkschaften am 2. Mai 1933 ein solches Ereignis. Im Zusammenhang mit der großen öffentlichen Aufmerksamkeit, die der 50. Jahrestag der Machtübertragung an Hitler gefunden hat, entstanden hierzu Ausstellungen, Broschüren und Bücher (oft in Form von Katalogen zur Ausstellung). Dieses Thema weist weit über die Grenzen einer örtlichen Organisationsgeschichte hinaus, erzwingt eine Auseinandersetzung mit den sozialen und politischen Verhältnissen der Zeit und dem Handeln der eigenen Organisationen. Es ist zudem geeignet, ältere Kollegen und ihre Erfahrungen einzubeziehen.

Herausragendes Beispiel war die Ausstellung und der nachträglich erstellte Katalog der Geschichtsgruppe Arbeit und Leben Osnabrück zur Zerschlagung der Gewerkschaften in Osnabrück 1933. Der 400 Seiten umfassende, aufwendig gestaltete Katalog (Reproduktion der Dokumente auf Glanzpapier, teilweise vierfarbig, bester Druck, in Leinen gebunden), der Dokumentation und analytische Texte verbindet, setzt

---

[48] Die Geschichte der Hildesheimer Arbeiterbewegung. Geschichte von unten, Hildesheim 1987 (Manuskript).

inhaltlich und formal einen Maßstab, der für andere Projekte fast schon wieder entmutigend wirken könnte[49].

Die 100seitige, ebenfalls sorgfältig reproduzierte und gedruckte Broschüre der IG Metall, Verwaltungsstelle Duisburg, zur ›Gleichschaltung‹ der Gewerkschaften[50], können sich Geschichtsprojekte leichter zum Vorbild für eine gelungene Dokumentation und Präsentation nehmen.

Das gleiche gilt für die Broschüre zur Geschichte der Groß-Gerauer Arbeiterbewegung[51].

Ein Thema, das durch seine zeitliche Begrenzung, einen ähnlichen guten Forschungsansatz bietet wie der 2. Mai 1933, ist die Wiedergründung der Gewerkschaften nach der Zerschlagung der nationalsozialistischen Herrschaft. Aus Anlaß des 40. Jahrestages der Entstehung von Einheitsgewerkschaften sind eine Reihe von Darstellungen und Dokumentationen entstanden. Je nach Anlage, ob nur der formale organisatorische Gründungsakt betrachtet wird oder ob die sozialen und politischen Verhältnisse mit einbezogen werden, sind sehr unterschiedliche Publikationen entstanden (Anzahl und Qualität der Quellen, Art der Aufarbeitung und Präsentation spielen mit eine Rolle). Das reicht von klassischen Festschriften[52], anspruchsvollen kleinen, aber feinen Darstellungen und Dokumentationen[53] bis zu wissenschaftlichen Arbeiten[54].

Einen guten Zugang zur örtlichen Geschichte der Arbeiterbewegung bietet die Geschichte eines Gewerkschaftshauses. An diesem Ort bündelte sich das Leben der örtlichen Arbeiterbewegung in ihren unterschiedlichen Organisationen und Aktivitäten und erlaubt einen umfas-

---

49 Geschichtsgruppe Arbeit und Leben Osnabrück, Freiheit – Krise – Diktatur. Zur Zerschlagung der Gewerkschaften in Osnabrück 1933, Osnabrück 1985.
50 Die »Gleichschaltung« der Gewerkschaften. Die Ereignisse um den 2. Mai 1933 in Duisburg – Berichte und Dokumente. Herausgegeben von der IG Metall, Verwaltungsstelle Duisburg zum 50. Jahrestag der Besetzung der Gewerkschaftshäuser und der Ermordung von 4 Gewerkschaftern durch die Nationalsozialisten in Duisburg, Duisburg 1983.
51 Spuren der Groß-Gerauer Arbeiterbewegung. Bilder – Erinnerungen – Dokumente. Hg.: DGB-Ortskartell Groß-Gerau, Groß-Gerau 1985.
52 Vgl.: 40 Jahre IGBE Ortsgruppe Werne 1946–1986. Hg.: IGBE Ortsgruppe Werne, Werne 1986.
53 Vgl.: ». . . hätten wir viele Dinge anders angefaßt . . .«. 40 Jahre Einheitsgewerkschaft – DGB im Kreis Neuss/Grevenbroich 16. 12. 1945–16. 12. 1985. Hg.: DGB-Kreis Neuss.
54 Vgl.: Heinz Thüer, Von der Einheitsgewerkschaft Deutsche Arbeitnehmer Groß-Duisburg zum Deutschen Gewerkschaftsbund Ortsausschuß Duisburg. Der gewerkschaftliche Wiederaufbau in Duisburg von 1945–1947. Hg.: DGB-Kreis Duisburg und IG Metall Verwaltungsstelle Duisburg, Duisburg 1985.

Nummer 22 Stuttgart, 3. Juni 1911 29. Jahrgang

Metallarbeiter-Zeitung
Organ für die Interessen der Metallarbeiter

500000

Vorwärts ging's seit zwanzig Jahren,
Aufwärts ohne Rast und Ruh',
Täglich flossen euren Scharen
Neue Bataillone zu.

Eure Front ward breit und breiter,
Stark und stärker ward die Wehr:
Fünfmalhunderttausend Streiter
Mustert heute euer Heer!

Sicher, klug und ohne Bangen,
Wurde Schritt für Schritt getan
Und wie ihr bisher gegangen
Schreitet weiter eure Bahn!

Bis ihr an das Ziel gedrungen,
Wo der Preis des Kampfes winkt,
Bis der große Sieg errungen,
Der den ew'gen Frieden bringt!

Aus: 90 Jahre Industriegewerkschaft, a.a.O., S. 147.

senden Blick, nicht nur auf die ernste, sondern auch auf die vergnügliche Seite des proletarischen Alltags[55].

Eine gute Möglichkeit bietet auch die Konzentration auf die Kultur- und Sportorganisationen der örtlichen Arbeiterbewegung[56].

Häufig wurde versucht, örtliche Geschichte der Arbeiterbewegung mit einem historischen Stadtrundgang zu vermitteln[57].

Die von den Vertretern einer Geschichte von unten favorisierte Art, Geschichte aufzuarbeiten, ist die erzählte Lebensgeschichte. Die Biographien von Heinrich Galm[58], Ludwig Müller[59], Bernhard Pätau[60] sind solche Beispiele, ebenso wie die Sammlung von Erzählungen der Recklinghäuser Gewerkschafter[61] und der Berliner Lehrerinnen und Lehrer[62].

In dem Vorteil, nicht nur Zeitzeugen, sondern die eigenen Eltern und Großeltern, sonstige Verwandte und Bekannte befragen zu können, lag ein Grund für den großen Erfolg des Schülerwettbewerbs Deutsche Geschichte zum Thema »Alltag im Nationalsozialismus«. Seine Ergebnisse zeigen beeindruckend, welche Erkenntnisse eine Laienforschung erbringen kann, allerdings im Rahmen der besonderen Bedingungen der Schulen und der Unterstützung des Trägers[63].

---

55 Vgl.: Joachim Bons/Viola Denecke/Kornelia Duwe/Regina Löneke/Bernd Tapken, »Bohnensuppe und Klassenkampf«. Das Volksheim – Gewerkschaftshaus der Göttinger Arbeiterbewegung von der Entstehung im Jahre 1921 bis zu seiner Zerstörung 1944, Veröffentlichung des Göttinger Arbeitsgeschichtskreises, Göttingen 1986.
56 Vgl.: Empor zum Licht. Arbeitersänger und Arbeitersportler in München vor 1933. Begleitbuch zur Ausstellung vom 11. 4. – 5. 6. 1987 in der Kassenhalle des Münchner Rathauses, München 1987.
57 Vgl.: Historischer Arbeitskreis des DGB Wilhelmshaven (Dok. 12) und Arbeitskreis Faschismus der DGB-Jugend Schweinfurt (Dok. 13).
58 Heinrich Galm, Ich war halt immer ein Rebell, Politische Erinnerungen von Heinrich und Marie Galm, nach Gesprächen zusammengestellt von Werner Fuchs und Bernd Klemm, Offenbach a. M. 1981.
59 Birgit Hormann-Reckeweg, Ludwig Müller – aus dem Leben eines Gewerkschafters. Ein Beitrag zur Geschichte der IG Chemie-Papier-Keramik, Köln 1986.
60 Bernhard Pätau – aus dem Leben eines kleinen Mannes. Ein Beitrag zur Geschichte der IG Bau-Steine-Erden, Frankfurt 1985.
61 Jahre, die wir nicht vergessen 1945–1950. Recklinghäuser Bergbau-Gewerkschafter erinnern sich. Hg.: IG Bergbau und Energie, Bezirk Ruhr-Nord, Recklinghausen.
62 Nie wieder Krieg! Berichte Berliner Lehrerinnen und Lehrer über das Jahr 1945, Erzählkreis der GEW-Berlin, Berlin 1986.
63 Vgl.: a) Schülerwettbewerb Deutsche Geschichte um den Preis des Bundespräsidenten. Alltag im Nationalsozialismus. Die Kriegsjahre in Deutschland, Träger: Körber Stiftung, Hamburg 1982 (Ausschreibungsheft mit Arbeitshilfen).
b) Materialien für Tutoren des Schülerwettbewerbs »Alltag im Nationalsozialismus – Die Kriegsjahre in Deutschland«. Nicht irgendwo, sondern hier bei uns!, Selbstverlag, Hamburg 1982.

Für die gewerkschaftliche Bildungsarbeit, die historische Laienforschung systematisch als eine Möglichkeit berücksichtigen, d. h. sie entsprechend unterstützen wollte, könnte aus diesem Beispiel viel gelernt werden.

Entscheidend dabei scheint, daß ein einheitliches Thema und gemeinsame Fragestellungen vorgeschlagen werden, daß die Arbeit der Gruppen mit zentralen Text- und Quellenmaterialien unterstützt wird und daß fachlich kompetente Personen vorhanden sind, die notfalls weiterhelfen können (beim Schülerwettbewerb haben sich Lehrer als Tutoren zur Verfügung gestellt).

Der Wettbewerb »Leben nach der Stunde Null« der Abteilung Jugend beim DGB-Bundesvorstand war ein erster Versuch, diese Erfahrung nutzbar zu machen[64].

Im Rahmen des DGB-Projektes haben wir versucht, zwei Themenvorschläge exemplarisch zu entwickeln, und zwar die Geschichte von Mai-Feiern und Betriebsgeschichte von unten: Beim Thema Mai-Feier wurde vordergründig angeknüpft an die zu erwartenden Veranstaltungen und Publikationen zum 100jährigen Jubiläum des 1. Mai als Manifestation der internationalen sozialistischen Arbeiterbewegung. Entscheidend war jedoch die Überlegung, daß die Überschaubarkeit und der Inhalt des Themas sich ideal für eine Geschichte von unten eignet, weil die Quellensuche relativ einfach ist. Gedacht war dabei nicht, daß 100 Jahre örtliche 1. Mai-Geschichte aufgearbeitet werden, sondern daß nach Möglichkeit nur eine besonders interessante 1. Mai-Feier aus diesen 100 Jahren ausgesucht wird, die sowohl das kulturelle Leben der Arbeiterbewegung, die soziale Konfrontation zwischen Unternehmern und Arbeiterschaft und die Auseinandersetzung innerhalb der Arbeiterbewegung lehrstückhaft zeigt.

Diesen umfassenden Anspruch versucht das Bremer Projekt »100 Jahre 1. Mai in Bremen« einzulösen, und zwar für den gesamten Zeitraum, dies allerdings mit Hilfe von zwei Wissenschaftlern, die über AB-

---

c) Dieter Galinski/Ulla Lachauer (Hrsg.), Alltag im Nationalsozialismus 1933 bis 1939. Jahrbuch zum Schülerwettbewerb Deutsche Geschichte um den Preis des Bundespräsidenten, Braunschweig 1982.

64 Vgl.: DGB-Jugend. Wettbewerb! Leben nach der Stunde Null, DGB-Bundesvorstand, Abteilung Jugend, Düsseldorf 1985 (Faltblatt).

Maßnahmen für zwei Jahre damit beschäftigt werden und schon auf gründliche Vorstudien (Diplomarbeit) zurückgreifen können.

Dieser Ansatz läßt sich nicht für jeden Ort übertragen, doch können davon auch für weniger aufwendige Projekte Anregungen ausgehen[65].

Ein gutes Beispiel für eine andere Möglichkeit, 1. Mai-Geschichte aufzuarbeiten, ist die Darstellung der Bochumer Mai-Feiern im Spiegel der Lokalpresse[66].

Der Vorschlag zum Thema »Betriebsgeschichte von unten« ergab sich aus dem offenkundigen Mangel solcher Geschichten (Ausnahme Bremen) bei der gleichzeitigen Klage, daß die Fest- und Jubiläumsgeschichten der Firmen größtenteils die Geschichte der Arbeiter des Betriebes recht stiefmütterlich behandeln, wenn sie nicht vollständig ausgeblendet wird.

Zwar lassen sich renommierte Betriebe ihre Geschichte nicht mehr von Hofschreibern erstellen, sondern leisten sich den Luxus, honorige unabhängige Wissenschaftler damit zu beauftragen. An dem einseitigen Blickwinkel von und nach oben hat sich dadurch nicht viel geändert. Das gilt selbst für die vergleichsweise kritische (und faszinierende) Geschichte von BMW, in der u. a. dargestellt wird, wie spekulierende, gegenüber Betrieb und Betriebsangehörigen gleichgültige Kapitalbesitzer die kaufmännischen und technischen Angestellten und die Facharbeiter, die sich umgekehrt mit ihrer Arbeit, den Produkten und den Betrieb identifizieren, als Objekt behandeln[67].

Viele Firmengeschichten spiegeln, indem sie die Arbeiter so gut wie nicht beachten, die eine Wahrheit wider, daß die Arbeiter von den wesentlichen Entscheidungen des Betriebes ausgeschlossen waren und sind. Die Mitbestimmung hat daran offensichtlich nicht viel geändert. Es ist schon bemerkenswert, wenn das Fehlen der Arbeitergeschichte überhaupt bemerkt wird. So kann die knappe Formulierung »Vor allem erscheint die Erarbeitung einer Firmengeschichte ›von unten‹, in

---

65 Vgl.: Seminarbericht Geschichtsarbeitskreise 100 Jahre 1. Mai, Rundbrief 7, S. 19 ff.
66 Barbara Kehm, Der 1. Mai im Spiegel der Bochumer Presse von 1927–1955. Hg.: Gemeinsame Arbeitsstelle Ruhr Universität Bochum/IG Metall und DGB-Kreis Bochum, Eigendruck, Bochum 1986.
67 Vgl.: Horst Mönnich, Vor der Schallmauer. BMW. Eine Jahrhundertgeschichte, Bd. 1, 1916–1945, Düsseldorf–Wien 1983 und Bd. 2, Der Turm, 1945–1972, ebenda 1986.

Aus: *Der Wahre Jacob, Nr. 860/1919, S. 9737.*

der die Arbeiterkultur gespiegelt wird, sinnvoll und notwendig« im Vorwort des ca. 8 Pfund schweren, mit vielen interessanten und schönen Bildern ausgestatteten, 876 Seiten starken Repräsentationsstücks der Siemens AG fast als Fortschritt gewertet werden[68].

Bleibt nur zu hoffen, daß die Firma Siemens – deren Leitung dafür bekannt ist, daß sie das Betriebsklima mit warmen Worten zur einigen Betriebsfamilie pflegt – auch die gleichen Mittel für eine Firmengeschichte von unten zur Verfügung stellen wird, wie sie für die bisherige Siemensstadt-Geschichte ausgegeben wurden. Vielleicht könnte dann dort der Kriegsgefangenen und der Zwangsarbeiter, die in Barackenstädten auf den Freiflächen in Siemensstadt hausten und die Rüstungsproduktion bei Siemens aufrechterhalten mußten, mehr als nur in einer knappen Bemerkung gedacht werden[69].

Siemens könnte damit sogar anderen Firmen wie Daimler[70] und Bosch[71] mit gutem Beispiel vorangehen, die sich zur aufwendigen Darstellung ihrer aktuellen Jubiläumsgeschichten ebenfalls nicht lumpen ließen.

Vielleicht könnten auch die Gewerkschaftsvertreter in den zuständigen Mitbestimmungsgremien Anregungen und Anstöße für eine andere Betriebsgeschichte geben oder auf andere Art dazu beitragen, daß die Arbeitergeschichte angemessen berücksichtigt wird bzw. daß das eklatante Mißverhältnis an Möglichkeiten und Mitteln zwischen offiziellen Firmengeschichten und den Versuchen von Betriebsangehörigen, ihre Geschichte dagegen zu setzen, aufgehoben wird[72].

Mehr als das Desinteresse der Unternehmer an der Arbeitergeschichte ihres Betriebes verwundert das geringe Interesse der Belegschaften und Gewerkschaften, das sie diesem Thema bislang entgegengebracht haben. Erst wenn ein Betrieb Pleite macht oder aus anderen Gründen

---

68 Wolfgang Ribbe/Wolfgang Schäche, Die Siemensstadt. Geschichte und Architektur eines Industriestandortes, Berlin 1985.
69 Ebenda, S. 140.
70 Vgl.: 100 Jahre Daimler-Benz. Das Unternehmen, von Max Kruk und Gerold Lingnau, Mainz 1986, und: 100 Jahre Daimler Benz. Die Technik, von Manfred Barthel und Gerold Lingnau, ebenda.
71 Vgl.: Hans Konradin Herdt, Bosch 1886–1986. Porträt eines Unternehmens. Mit Farbfotos von Dieter Blum, Stuttgart 1986.
72 Vgl.: 100 Jahre Daimler Benz. Kein Grund zum Feiern! Hg.: Plakat-Gruppe Stuttgart u. a., Stuttgart 1986, und: 100 Jahre Bosch. Halt dei Gosch, Du schaffsch beim Bosch, hg. Arbeitskreis 35-Stunden-Woche Reutlingen u. a., Stuttgart 1986.

Achtstundentag und Luxus.

„Der Achtstundentag ist der raffinierteste Luxus, gegen den all der schäbige Luxus in den Tanzpalästen und Schieberlokalen nur ein beiläufiges Item (ohne Bedeutung) ist!"

Das war am 17. November 1923 in der „Deutschen Allgemeinen Zeitung", dem Hauptorgan des Herrn Hugo Stinnes, des bekannten Großkapitalisten, zu lesen.

Alle bürgerlichen Parteien sind offene oder versteckte Gegner des Achtstundentags, den die Sozialdemokratische Partei im November 1918 durchgesetzt hat. Mit aller Entschiedenheit lehnt die Vereinigte Sozialdemokratische Partei Deutschlands jede Verlängerung der gesetzlichen achtstündigen Arbeitszeit ab.

Wer auch den Arbeitern, Angestellten und Beamten ein menschenwürdigeres Dasein schaffen will, **der sorge für die Erhaltung der achtstündigen Arbeitszeit und wähle bei den Reichstagswahlen**

Vereinigte Sozialdemokratische Partei Deutschlands

× Peter Graßmann
Johanne Reitze
Franz Laufkötter
Friedrich Paeplow

Hamburger Buchdruckerei und Verlagsanstalt Auer & Co. in Hamburg.

Original: Udo Achten, Düsseldorf.

schließt, scheint das Bewußtsein zu entstehen, daß damit nicht nur ein Arbeitsplatz verloren geht. Hier entsteht dann noch am ehesten das Bedürfnis, wenigstens die Erinnerung an einen umfassenden Lebenszusammenhang in Form einer Geschichte zu bewahren. Die Erinnerungsgeschichte von Beschäftigten des Ausbesserungswerkes der Deutschen Bundesbahn in Oldenburg anläßlich der Schließung dieses Werkes (ein Grabe-wo-du-stehst-Projekt der Bildungsvereinigung Arbeit und Leben Niedersachsen e. V. in Zusammenarbeit mit der GdED) ist ein Beispiel dafür[73], die Geschichte der Schiffsschraubenfabrik Zeise in Hamburg-Altona ein weiteres[74].

Viel sinnvoller wäre es, die Arbeitergeschichte, die Entwicklung und Veränderung der Arbeitsbedingungen und Qualifikationsstruktur, der Mitbestimmungsmöglichkeiten, der gewerkschaftlichen Interessenvertretung und der Interessenkonflikte eines produzierenden Betriebes aufzuarbeiten.

Wie so eine Betriebsgeschichte aussehen könnte, zeigt die Sozialgeschichte des Chemiebetriebes in Bodenfelde[75]. Sie wurde wesentlich erarbeitet mit Hilfe der Erzählungen von Belegschaftsmitgliedern. Die Kooperation von Belegschaft, Betriebsrat und Werksleitung waren eine Voraussetzung für diese erfolgreiche Arbeit, deren Grundlage ein sozialwissenschaftliches Forschungsprojekt war.

Nicht historisch angelegt, sondern auf die gegenwärtige Arbeits- und Lebenssituation bezogen, ist die im Rahmen eines HdA (Humanisierung des Arbeitslebens)-Projektes über inner- und außerbetriebliche Lebensverhältnisse von Stahlarbeitern unter den Bedingungen der Kontischicht durchgeführte kooperative Forschung mit Schichtarbeitern des Hüttenwerks Rheinhausen und ihren Frauen und Kindern sowie Betriebsräten, Wissenschaftlern und Künstlern und der daraus resultierenden Ausstellung und den dafür erstellten Ausstellungskatalog[76].

---

73 Die Geschichte einer Werkschließung. Kollegen erinnern sich an ihr Leben und ihr Arbeiten im Ausbesserungswerk der Deutschen Bundesbahn in Oldenburg, »Geschichte und Kulturarbeit«, Heft 2, Hg.: Bildungsvereinigung Arbeit und Leben Niedersachsen e. V., Hannover 1984.
74 H. Michel/S. Michel/D. Mielke, Zeise-Konkurs, Hamburg 1981.
75 Lutz Hoffmann/Uwe Neumann/Wolfgang Schäfer, Zwischen Fabrik und Feld. Arbeiteralltag auf dem Dorf von der Jahrhundertwende bis heute. Die Sozialgeschichte des Chemiewerkes Bodenfelde 1896 bis 1986, Göttingen 1986.
76 »... was Belastung ist, das merkst du erst richtig zuhaus.« Kooperatives Forschen und kulturelle Praxis mit Schichtarbeitern und ihren Familien – ein Ausstellungskatalog –, Hannover 1986.

Unter der Beachtung des exemplarischen Prinzips läge es für eine Betriebsgeschichte nahe, sich auf möglichst aufregende und spannende Ereignisse zu konzentrieren, wie sie z. B. Streiks darstellen. Betriebliche Streikgeschichten gibt es jedoch kaum. Die Verwaltungsstelle Ingolstadt der IG Metall hat mit einer Dokumentation zum Bayernstreik 1954 einen Anfang gemacht, allerdings die betriebliche Ebene kaum berücksichtigt[77]. Dem Verständnis einer Geschichte von unten kommt die Untersuchung des Lindenberger Hutarbeiterstreiks 1953 mit Methoden der Oral History schon viel näher[78].

Gemessen an den Ergebnissen, die die Frauenbewegung seit Jahren mit Forschungen zur speziellen Unterdrückung der Frau vorlegte, und der Aufmerksamkeit, die dadurch geweckt wurde, erstaunt es, daß dieses Thema bislang in den Gewerkschaften kaum auf nennenswertes Interesse gestoßen ist und sei es nur auf ein historisches. Zwar hat die IG Metall einen Antrag auf ihrer 12. Frauenkonferenz im November 1985 verabschiedet, in dem die örtlichen Frauenausschüsse aufgefordert werden, »in ihrer Umgebung über das bisherige Wirken von Frauen im DMV bzw. in der IG Metall Nachforschungen anzustellen, Material zusammenzutragen und eine Dokumentation hierüber anzufertigen«, und es wurden inzwischen schon verschiedene Anläufe unternommen, diesen Antrag mit Leben zu füllen, doch herausgekommen ist bis heute fast noch nichts. Nur der Frauenausschuß der Verwaltungsstelle Dortmund hat wohl begonnen, im Sinne des Antrags aktiv zu werden.

Einen zarten Versuch hat die Frauenabteilung der Gewerkschaft Textil-Bekleidung gemacht, die eine kleine Dokumentation herausbrachte, in der gewerkschaftlich aktive Frauen über ihre Situation berichten[79].

Das DGB-Projekt selbst hat versucht, in Zusammenarbeit mit der IG Bergbau und Energie (Bezirk Ruhr Nord) ein Frauenprojekt anzuregen. Den Anstoß dazu gegeben hat eine Publikation dieses Bezirkes, in der durch Befragung von Funktionsträgern versucht wurde, die Tätig-

---

77 Bayernstreik 1954 am Beispiel der IG Metall Verwaltungsstelle Ingolstadt. Dokumente seiner Geschichte. Hg.: IGM Verwaltungsstelle Ingolstadt, Kösching 1984.
78 Johann Gressirer, Der Lindenberger Hutarbeiterstreik 1953. Ein Versuch mit Methoden der Oral History, München 1986 (Examensarbeit, Manuskript).
79 »ich habe gemerkt, daß man etwas bewegt!« Eine Dokumentation aus dem Leben gewerkschaftlich aktiver Frauen. Hg.: Gewerkschaft Textil-Bekleidung, Hauptvorstand, Abteilung Frauen, Düsseldorf 1985.

keit der Gewerkschaft auf allen Organisations- und Mitbestimmungsebenen anschaulich zu vermitteln[80]. An diesen biographischen Schilderungen fällt auf, daß der Anteil der Frauen an der gewerkschaftlichen und beruflichen Karriere ihrer Männer meist vergessen wurde. Die Idee lag nahe, die Frauen selbst zu fragen, wie sie die Tätigkeit ihrer Männer erfahren haben. In Kooperation mit dem Forschungsinstitut für Arbeiterbildung in Recklinghausen wurde daraus ein ABM-Projekt mit dem Titel »Lebenserfahrungen von Frauen in Bergarbeiterfamilien am Beispiel der Stadt Herten« (Dok. 27).

Das Thema »Museum der Arbeit« wurde vom Projekt vor allem deshalb aufgegriffen, um zu diskutieren, ob diese Museen ein institutionelles Rückgrat für eine Geschichte von unten sein können. Auf einem Wochenseminar wurden anhand der Vorstellung konkreter Projekte (Museum der Arbeit Hamburg, Museum für Industrie- und Alltagskultur Kiel, Museum Arbeitswelt Steyr und Ruhrlandmuseum Essen) inhaltliche und museumspädagogische Konzeptionen diskutiert. Auf einem zweiten Seminar zum gleichen Thema wurde diese Diskussion fortgeführt mit der Absicht, Leitsätze und Thesen zum Thema Museum der Arbeit bzw. Industriemuseum zu entwickeln. Die Diskussion ergab dann, daß dieses Unterfangen nicht ohne weiteres zu realisieren ist, weil für viele Fragen erst noch gemeinsame Positionen erarbeitet werden müßten. Ein Ergebnis dieser Diskussionen sind die Thesen von Rolf Bornhold[81].

---

80 Abhängig vom Vertrauen. Gewählte Funktionäre der IGBE im Bezirk Ruhr-Nord. Hg.: IGBE-Bezirk Ruhr-Nord, Recklinghausen 1983.
81 A.a.O.

„Brauchst nicht zu weinen, Mutter! Ich gehe von heute ab auch nicht mehr auf den Hof zum Spielen! Vom Spielen kriegt man immer solchen Appetit ... das können wir uns nicht mehr leisten!"
Aus: Lachen links, Nr. 5/1927, S. 5.

Der Einstieg

Es wäre keine besonders gute Idee, ein lokales Projekt zur Geschichte der Arbeiterbewegung beginnen zu wollen, ohne über die großen Entwicklungsstränge, die allgemeinen Strukturmerkmale, die zentralen Konflikte und Streitfragen dieser Bewegung etwas zu wissen. Erst eine solche Kenntnis ermöglicht es, Vergleiche anzustellen, Zusammenhänge und Differenzen zu erkennen, und hilft, ein lokales Ereignis angemessen einschätzen zu können (für andere Themen gilt dies sinngemäß). Um diesen notwendigen Vorlauf für die eigene Forschungsarbeit möglichst abzukürzen, bietet es sich an, Wochenendseminare durchzuführen, dazu Referenten einzuladen, an Geschichtsseminaren teilzunehmen u. ä. – oder in klassischer Weise mit der Lektüre von Sekundärliteratur zu beginnen.

Angesichts der Unzahl von Publikationen zur Theorie und Geschichte der deutschen Arbeiterbewegung fällt es nicht leicht, einen allgemein sinnvollen Vorschlag zu machen. Nahe liegt, den Einstieg mit einer Überblicksdarstellung zu versuchen. Helga Grebings »Geschichte der deutschen Arbeiterbewegung«[82] oder »Die deutsche Arbeiterbewegung« von Arno Klönne[83] bieten sich an. Für die Gewerkschaften liegt jetzt eine von Klaus Tenfelde, Klaus Schönhoven, Michael Schneider und Detlev Peukert verfaßte, allgemeine Darstellung (von den Anfängen bis 1945) vor[84]. Der »gestraffte« Überblick von Dieter Schuster hat jahre-

---

82 Helga Grebing, Geschichte der deutschen Arbeiterbewegung. Ein Überblick, München 1966.
83 Arno Klönne, Die deutsche Arbeiterbewegung. Geschichte – Ziele – Wirkungen, Düsseldorf-Köln 1980.
84 Klaus Tenfelde/Klaus Schönhoven/Michael Schneider/Detlev J. K. Peukert, Geschichte der deutschen Gewerkschaften. Von den Anfängen bis 1945. Ulrich Borsdorf (Hrsg.), Köln 1987.

lang in der gewerkschaftlichen Bildungsarbeit Verwendung gefunden[85]. Das gleiche gilt für den knappen Überblick von Hans Limmer[86].

Vielleicht ist es gescheit, ganz unorthodox mit einem Roman zu beginnen. Oskar Maria Graf hat eine spannende Geschichte geschrieben, in der es zwar vordergründig nicht um die Arbeiterbewegung geht, die jedoch fast als Lehrbuch für den Ansatz einer Geschichte von unten dienen könnte. »Unruhe um einen Friedfertigen«[87] zeigt, wie ein kleiner Mann, der nur in Ruhe seiner Arbeit in einem abgeschiedenen Dorf nachgehen will, auf schließlich schlimme Weise in die politische Auseinandersetzung hineingezogen wird, und wie die große Politik und die großen Ereignisse in dieses Leben hineinspielen. Alfred Döblins Roman »November 1918«[88] ist eine hervorragend recherchierte, brillant geschriebene Geschichte der Novemberrevolution. Die Darstellungen zur Geschichte der Arbeiterbewegung vergessen meist, daß die Menschen neben mehr oder weniger politischem Bewußtsein und materiellen Interessen und Bedürfnissen auch eine Psyche (Seele) haben. Döblin berücksichtigt diese Seite. Seine Analyse des Handelns von »Rosa und Karl« in Kenntnis, wie psychische Prozesse und Brüche menschliches Verhalten beeinflussen, öffnet neue Einsichten.

Noch bevor in die Archive gestürmt werden kann, ist es ratsam, in Erfahrung zu bringen, was vielleicht schon alles zum Thema oder zu einem ähnlichen Thema geschrieben wurde. Ein Blick in Spezial-Bibliographien lohnt immer. Die Bibliographie für regionale Fest- und Gedenkschriften der deutschen Arbeiterbewegung wurde bereits erwähnt. Die Friedrich-Ebert-Stiftung hat für die lokalen und regionalen Festschriften der SPD ein gesondertes Verzeichnis herausgegeben – über 365 Titel, und dabei ist nur der Bestand des Archivs der sozialen Demokratie erfaßt[89]. Für eine Alltagsgeschichte vielleicht noch interessanter ist das Spezialverzeichnis zur Arbeiterkultur. Es umfaßt Aufsätze und Monographien, sowie alle laufenden, abgeschlossenen und geplanten

---

85 Dieter Schuster, Die Deutsche Gewerkschaftsbewegung, 5. verb. u. erg. Auflage, Bonn-Bad Godesberg 1976.
86 Hans Limmer, Die deutsche Gewerkschaftsbewegung, 4. Auflage, München 1971.
87 Oskar Maria Graf, Unruhe um einen Friedfertigen, Frankfurt/M. 1984.
88 Alfred Döblin, November 1918, 4 Bände (Kassette), München 1978.
89 Bibliographie lokaler und regionaler SPD-Festschriften in der Bibliothek des Archivs der sozialen Demokratie (Bibliothek der Friedrich-Ebert-Stiftung). Bearbeitet von Hans-Paul Höpfner, 2. Auflage, Bonn 1984.

Forschungsvorhaben für die Jahre 1975 bis 1985 – insgesamt 990 Titel[90]. Für viele größere Städte und selbst für Regionen existieren Bibliographien. Für das Ruhrgebiet ist 1985 ein Verzeichnis nur zum Thema der Geschichte der Arbeiterbewegung erschienen[91].

Daneben gibt es die umfassenden Verzeichnisse »Bibliographie zur Geschichte der deutschen Arbeiterbewegung, sozialistischen und kommunistischen Bewegung von den Anfängen bis 1863«[92], »Bibliographie zur Geschichte der deutschen Arbeiterschaft und Arbeiterbewegung 1863–1914«[93] und die »Bibliographie zur Geschichte der deutschen Arbeiterbewegung 1914–1945«[94]. Da der Berichtszeitraum dieser Verzeichnisse bis 1975 reicht und der Strom der Publikationen zur Geschichte der Arbeiterbewegung in den vergangenen 12 Jahren keineswegs abgerissen ist, besonders die regionale und lokale Geschichtsschreibung erst danach so richtig in Schwung kam, haben diese Verzeichnisse fast schon antiquarischen Wert.

Ähnliches gilt für das sehr gut gegliederte Dissertationsverzeichnis zum Thema Arbeiterbewegung in Deutschland[95].

Für ein lokales Geschichts-Projekt ist der Weg ins Stadtarchiv, zum Kulturamt oder zum Heimatverein zunächst einfacher und lohnender, denn dort müßte man aktuell und umfassend über örtliche Geschichtsschreibung Bescheid wissen. In Universitätsstädten dürfte die für jeden

---

90 Arbeiterkultur. Forschungs- und Literaturdokumentation. 1979–1985, 2 Bde., hrsg. vom Informationszentrum Sozialwissenschaften bei der Arbeitsgemeinschaft Sozialwissenschaftlicher Institute e. V. in Zusammenarbeit mit der Friedrich-Ebert-Stiftung, Bibliothek des Archivs der sozialen Demokratie. Bearb. von Michael Kluck und Rüdiger Zimmermann, Bonn 1984 und 1986.
91 Dirk Jessen, Bibliographie zur Geschichte der Arbeiterbewegung des Ruhrgebiets. Hg.: Institut zur Geschichte der Arbeiterbewegung und gemeinsame Arbeitsstelle RUB/IGM, Eigendruck, 366 Seiten, Bochum 1985.
92 Dieter Dove, Bibliographie zur Geschichte der deutschen Arbeiterbewegung, sozialistischen und kommunistischen Bewegung von den Anfängen bis 1863 unter Berücksichtigung der politischen, wirtschaftlichen und sozialen Rahmenbedingungen, Archiv für Sozialgeschichte, Beiheft 5, Bonn-Bad Godesberg 1976.
93 Klaus Tenfelde/Gerhard A. Ritter (Hrsg.) Bibliographie zur Geschichte der deutschen Arbeiterschaft und Arbeiterbewegung 1863 bis 1914, Archiv für Sozialforschung, Beiheft 8, Bonn-Bad Godesberg.
94 Kurt Klotzbach, Bibliographie zur Geschichte der deutschen Arbeiterbewegung 1914–1945. Sozialdemokratie, Freie Gewerkschaften, Christlich-Soziale Bewegungen, Kommunistische Bewegung und linke Splittergruppen, Archiv für Sozialgeschichte, Beiheft 2, Bonn-Bad Godesberg 1974.
95 Dieter Emig und Rüdiger Zimmermann, Arbeiterbewegung in Deutschland. Ein Dissertationsverzeichnis, in: »IWK« (Internationale wissenschaftliche Korrespondenz zur Geschichte der deutschen Arbeiterbewegung), Heft 3, Sept. 1977.

zugängliche Uni-Bibliothek eine erste Adresse zum Auffinden von Literatur sein (Schlagwortkataloge erleichtern die Suche).

Unproblematisch und wirkungsvoll ist die Methode, sich einige Arbeiten anzusehen, selbst wenn sie zum eigenen Thema nur sehr begrenzt gehören, weil sie Hinweise auf Archive enthalten, in denen Quellen für die eigene Untersuchung zu vermuten sind. Die Schriften der Heimatvereine, Stadt- und Heimatbücher oder Jahresbücher von Landkreisen können wahre Fundgruben sein. So enthält das Heimatbuch des Kreises Viersen von 1987 z. B. neben traditionellen Heimatbuchthemen sozialgeschichtliche Beiträge, die für eine Geschichtswerkstatt ebenso wie für einen gewerkschaftlichen Geschichtsarbeitskreis interessant sein können[96].

Die Archive können ebenfalls über Verzeichnisse gefunden werden. Staatliche, kommunale, kirchliche, Herrschafts-, Haus-, und Familienarchive, Archive der Wirtschaft, Presse-, Rundfunk-, Filmarchive und Archive der Universitäten und anderer wissenschaftlicher Einrichtungen sind im Verzeichnis des Vereins deutscher Archivare aufgeführt[97]. Speziell zur Geschichte der Arbeiterbewegung (der europäischen) gibt es einen Führer zu den Archiven, Bibliotheken und Forschungseinrichtungen[98].

Bevor ein Blick in Spezialverzeichnisse geworfen wird, bestünde die Möglichkeit, sich über bereits abgeschlossene Projekte zur Geschichte von unten zu informieren und Leitfäden oder Handreichungen anzuschauen. Über den aktuellen Stand der Geschichte von unten, über Schwerpunktthemen, Auseinandersetzungen etc. informiert am besten die Mitglieder-Zeitschrift »Geschichtswerkstatt« der Geschichtswerkstätten[99]. Einen guten Überblick über die thematische Vielfalt der Geschichtsprojekte gibt alleine durch die Anzahl der vorgestellten Projekte der Band »Geschichte entdecken«[100]. Hier finden sich auch kurze Beiträge zur englischen (»History-Workshop«-), zur amerikanischen

---

96 Heimatbuch des Kreises Viersen 1987, 38. Folge. Hg.: Oberkreisdirektor Viersen, Kleve 1987.
97 Archive und Archivare in der Bundesrepublik Deutschland, Österreich und der Schweiz. Herausgegeben vom Verein deutscher Archivare, München 1986.
98 Dieter Dove, Führer zu den Archiven, Bibliotheken und Forschungseinrichtungen zur Geschichte der europäischen Arbeiterbewegung, Archiv für Sozialgeschichte, Beiheft 11, Bonn 1984.
99 Insgesamt sind bisher 13 Hefte erschienen, sie werden von wechselnden Redaktionen unregelmäßig zusammengestellt und erscheinen seit Heft 11 als Verlagspublikationen.
100 Hannes Heer/Volker Ullrich, a.a.O.

(»People's-History«-), der schwedischen (»Grabe-wo-du-stehst«-) Bewegung und dem französischen »Forum Histoire«. Allerdings sind die meisten Beiträge derart kurz geraten, daß sie nur unzureichend über die konkrete Arbeit der Projekte informieren. Ähnlich angelegt ist der Sammelband »Die andere Geschichte«[101], der wenigen Projekten mehr Platz zur Selbstdarstellung einräumt. Neben allgemeinen theoretischen Beiträgen enthält die »Geschichte von unten« wenige, dafür in informativer Ausführlichkeit geschriebene Forschungsberichte über österreichische Projekte[102].

Als praktische Hilfestellung für konkrete Projektarbeit, d. h. vor allem für die Dokumentationstechniken ist das Heft »Arbeiter erforschen ihre Geschichte«[103] der Bildungsvereinigung Arbeit und Leben Niedersachsen angelegt. Es besteht im wesentlichen aus Teilübersetzungen von Sven Linqvists »Grabe, wo du stehst«[104]. Der Leitfaden »Spuren suchen« enthält einen längeren allgemeinen Teil zum Selbstverständnis der »neuen Geschichtsbewegung« und gibt knappe, pragmatische, arbeitstechnische Hinweise für die Anwendung der verschiedenen Medien von der Ausstellung bis zum Video. Ausführlich wird das Thema der vergessenen und unterdrückten Frauengeschichte behandelt[105].

Die Historische Kommission beim SPD-Parteivorstand hat speziell für die Ortsvereinsgeschichte der SPD einen Leitfaden erstellt[106].

Das Bildungsreferat des österreichischen Gewerkschaftsbundes (Linz) entwickelte einen Leitfaden zur Aktion »Grabe, wo du stehst«, der ausführliche Hinweise zur Methode der »mündlichen Befragung« enthält[107].

---

101 Gerhard Paul/Bernhard Schoßig (Hrsg.), Die andere Geschichte, Köln 1986.
102 Hubert Ch. Ehalt, a.a.O.
103 Arbeiter erforschen ihre Geschichte, a.a.O.
104 A.a.O.
105 Jürgen Kinter/Manfred Kock/Dieter Thiele, Spuren suchen. Leitfaden zur Erkundung der eigenen Geschichte, Hamburg 1985.
106 Historische Spurensuche in der politischen Praxis – Leitfaden –, vorgelegt im Auftrag der Historischen Kommission beim SPD-Parteivorstand, Bonn 1987.
107 Leitfaden zur Aktion »Grabe, wo Du stehst«, verantwortlich: ÖGB-Bildungsreferat Linz, Eigendruck.

Hinweg damit!

Arbeitersportler und Arbeitersportlerinnen! Werdet euch eurer Kraft bewußt! Verhindert am 31. Juli eine offene oder verkappte Naziregierung. **Gebt eure Stimme der Sozialdemokratie!**

Das war 1914—1918. Zehntausende eurer besten Genossen verbluteten so auf den Schlachtfeldern.

Sie züchten den Mordgeist weiter, wir aber wollen ein menschenliebendes Geschlecht.

Original: Archiv der sozialen Demokratie, Bonn.

Spuren suchen, Material sammeln

Kann endlich mit der Quellensuche begonnen werden, dann liegt es für ein gewerkschaftliches Thema nahe, im Gewerkschaftshaus, in den Verwaltungsstellen der Einzelgewerkschaften zu beginnen. Hier werden sich dann auch die ersten Primärerfahrungen eines Forschers einstellen, nämlich nichts zu finden bzw. unerwartet doch etwas oder etwas ganz anderes zu finden. So bedeutet die Auskunft eines Angestellten, daß nichts vorhanden sei, daß kein Archiv existiere, daß »das alte Zeug« längst auf der Müllkippe gelandet sei, keineswegs, daß tatsächlich gründlich »ausgemistet« wurde. Fast in jedem Gebäude, in jeder Verwaltung gibt es einen Keller, einen Boden, sonstige Rumpelkammern oder Schmuddelecken, in denen verdächtig staubige Altpapierhaufen oder vergammelte Pappkartons darauf warten, durchgestöbert zu werden. Falls wirklich nichts vorhanden ist, wird vielleicht der DGB-Kreisvorsitzende einen Kollegen kennen, der durch einen ausgeprägten Sammlertrieb aufgefallen ist, und kann so den Weg in Privatarchive, zu einem Zeitzeugen und potentiellen Mitstreiter weisen.

Das Stadtarchiv und das Archiv der lokalen Zeitung können die nächsten Stationen der Spurensuche sein. Die gezielte Durchsicht der lokalen Zeitung ist in vielen Fällen eine gute Möglichkeit, den Anfang des Fadens in die Hand zu bekommen, der aufgerollt werden soll. Die lokalen politischen und ökonomischen Konflikte haben, unabhängig von der politischen Richtung der Zeitung, bestimmt Spuren hinterlassen. Früher war die lokale SPD-Zeitung immer auch gleichzeitig der Ort, der das gesamte örtliche Leben der Arbeiterbewegung spiegelte. Nicht nur über Mitgliederversammlungen der Partei, Gewerkschaften und Genossenschaften und deren Aktivitäten wurde informiert, sondern über sämtliche Neben- und Umfeldorganisationen vom Skatclub bis zum Gesangverein. Selbst die kleinste »Schwimmriege Unverzagt« mit ihrem jährlichen Wiener Maskenball ist vermerkt. Entgegen einer in vielen Artikeln zur Geschichte von unten enthaltenen Auffassung, daß es unten nur Leid, Elend und Ausbeutung gegeben habe, läßt sich bereits bei Durchsicht des Anzeigenteils und Veranstaltungskalenders erkennen, daß es unten ein ausgeprägtes Kultur- und Vergnügungsleben gegeben hat.

Da die sozialistische Arbeiterbewegung vor 1933 auf vielfältige Weise über sehr unterschiedliche Organisationen verbunden war, muß nicht nur nach einem SPD- oder Gewerkschaftsarchiv, sondern auch nach Archiven der Arbeiterwohlfahrt, der Falken usw. gefragt werden. Oft wurden örtliche Bestände an die zentralen Archive der Organisationen abgegeben. Die Zeitungen sind, falls nicht in örtlichen oder zentralen Organisationsarchiven vorhanden, am ehesten über das zentrale Zeitungsarchiv in Dortmund[108] zu erhalten.

Ob es überhaupt eine Zeitung gegeben hat, über welchen Zeitraum sie erschienen und wo sie archiviert ist, läßt sich dem »Eberlein« entnehmen[109].

Für das Zurechtfinden in den größeren öffentlichen Archiven gibt es meist Benutzerordnungen, Bestandsverzeichnisse, spezielle Findbücher, doch helfen diese selbst ausgefuchsten Archivhasen oft nicht weiter. In all diesen Institutionen gibt es freundliche Menschen, die gefragt werden können, die gerne helfen und Auskunft erteilen. Bekannt sind auch einige andere Fälle, speziell wenn es um Personenakten geht. Doch gibt es hier relativ genaue Richtlinien, die erkundet werden können und deren Einhaltung dann eingeklagt werden kann.

---

108 Stadt Dortmund – Institut für Zeitungsforschung, Wißstraße 4 (Hansaplatz), 4800 Dortmund 1.
109 Die Presse der Arbeiterklasse und der sozialen Bewegungen. Von den dreißiger Jahren des 19. Jahrhunderts bis zum Jahre 1967. Bibliographie und Standortverzeichnis der Presse der deutschen, der österreichischen und der schweizerischen Arbeiter-, Gewerkschafts- und Berufsorganisationen (einschließlich der Protokolle und Tätigkeitsberichte). Mit einem Anhang: Die deutschsprachige Presse der Arbeiter-, Gewerkschafts- und Berufsorganisationen anderer Länder. Gesammelt, zusammengestellt und bearbeitet von Alfred Eberlein, Berlin (DDR) 1969.

Oral History, erzählte Lebensgeschichte

Die Befragung von Zeitzeugen bietet gerade für Themen zur Geschichte von unten und zur Alltagsgeschichte oft die einzige Möglichkeit, etwas über die Ereignisse, die unten stattfanden, und besonders über die Menschen, die dort lebten, zu erfahren. Damit ist bereits eine zeitliche Grenze für diese Art Forschung benannt. Je weiter die Ereignisse zurückliegen, je älter die Zeitzeugen sind, um so schwerer wird die Erinnerung fallen und um so undeutlicher wird die Geschichte.

Für die nahe Vergangenheit scheint Oral History auf den ersten Blick eine einfache Methode der Informationsbeschaffung zu sein, in Wirklichkeit ist sie schwierig und aufwendig. Die umfangreiche wissenschaftliche Literatur zur biographischen Forschung gibt einen Eindruck davon. Ratschläge, wie diese Methode zu erlernen und was dabei alles zu beachten ist, wie sie durchgängig in den angesprochenen Leitfäden zur Geschichte von unten gegeben werden, sind mehr oder weniger Selbstverständlichkeiten, die das Lernen durch Praxis nicht ersetzen können. Die folgenden knappen Hinweise sind in diesem Sinne zu verstehen.

Eine große Hilfe ist es, wenn die vorangegangene Arbeit bereits bestimmte Informationen erbracht hat, wenn nicht ins Blaue hineingefragt werden muß, wenn ein fundierter Fragenkatalog erstellt werden konnte. Dies erleichtert das Gespräch und das notwendige Überprüfen der Aussagen. Damit wird nicht unterstellt, daß gelogen oder bewußt verschwiegen wird – was sicherlich auch vorkommt –, sondern daß unvermeidlich ungenau und selektiv erinnert wird, daß subjektive Wertung und Interpretation mit Tatsachen-Schilderung verschwimmt und sich das Problem des Auseinanderhaltens von Dichtung und Wahrheit stellt.

Um ein historisches Ereignis hinreichend genau rekonstruieren zu können, müssen möglichst mehrere Zeitzeugen befragt werden. Diese Art des Befragens ist zu unterscheiden von lebensgeschichtlichen Interviews, in denen die Erlebnisse, die subjektive Erfahrung und Verarbeitung, die Geschichte des Zeitzeugen interessiert, doch auch hier sollten die Fakten stimmen.

Es gibt eine ausgefeilte Technik des Befragens, doch besteht der Kern dieser Fähigkeit nicht in der Beherrschung von formalen Regeln. Daran scheitert ein Gespräch nicht.

Gebraucht wird vor allem die Fähigkeit, zuhören zu können, eine bestimmte Hartnäckigkeit und ein feines Gespür für die Stimmung und die Gefühle des Befragten. Das Interview ist immer eine gemeinsame Tätigkeit von Frager und Befragten und abhängig von vielen subjektiven Einflüssen, bei denen oft spontane Sympathie oder Antipathie eine nicht geringe Rolle spielen. Entscheidend und Voraussetzung für den Erfolg eines Gesprächs ist, daß ein Vertrauensverhältnis zustande kommt.

Die Gespräche auszuwerten, d.h. sie teilweise oder vollständig vom Tonband abzuschreiben, das gesprochene Wort in einen Text zu übertragen (transkribieren), erfordert viel Zeit und viel Fingerspitzengefühl. Es ist oft keine formale Frage, ob und wie sprachliche Eigenheiten ins Schrift-(Duden-)Deutsch zu übersetzen sind. Leicht wird dabei der Sinn der Aussage verändert, und es kommt dann vor, daß der Befragte beim Lesen des Manuskripts sein eigenes Wort nicht wiedererkennt. In jedem Fall müssen der geschriebene Text oder die Textteile, die für eine Publikation verwandt werden sollen, dem Befragten vorgelegt und von ihm autorisiert werden.

Das zeitgeschichtliche Interview als Methode der Informationsbeschaffung hat es schon immer gegeben, und auch lebensgeschichtliche Interviews sind so neu nicht. Überhaupt muß Oral History nichts mit den Inhalten, Absichten und Hoffnungen einer Geschichte von unten zu tun haben. Neu ist die Bedeutung, die dieser Methode in den Reihen derjenigen zugemessen wird, die sich einer Geschichte von unten verpflichtet fühlen. Erzählte Geschichte wird hier als die ideale Methode betrachtet, mit der Menschen von unten zum Reden gebracht, ihre Geschichte geschrieben werden kann. Ging es im ursprünglichen Ansatz des zeitgeschichtlichen Interviews darum, die subjektiven Eindrücke und deren Verarbeitung von den harten Informationen zu scheiden, so besitzt die subjektive Erfahrung und Verarbeitung, die persönliche Geschichte hier zentralen Stellenwert. »Subjektivität und Alltäglichkeit« sollen gerade »in die Geschichte hineingetragen werden«[110].

Beim DGB-Projekt war die ursprüngliche Idee, daß über den Ansatz erzählter Lebensgeschichte eine generationenübergreifende Vermittlung von Erfahrung, ein direktes Lernen im Gespräch stattfindet und gleichzeitig eine Geschichte von unten aufgearbeitet wird. Dahinter stand die Vorstellung, daß die älteren Kollegen, die noch in der alten Arbeiterbewegung groß geworden sind (sozialisiert wurden), nicht nur interessante Geschichten erzählen können, sondern daß es unter ihnen häufig auch pädagogische und erzählerische Naturtalente gibt, die einen ganz anderen Zugang zu Geschichte eröffnen, als dies mit einem schlauen Buch möglich wäre. Gelernt wird nicht nur aus Taten und Ereignissen, sondern auch aus Haltungen, aus Denk- und Verhaltensweisen, wie sie z. B. im folgenden Gesprächsausschnitt deutlich werden:

»Meine Briefe unterschreibe ich gern mit Ernst Froebel (MdO), und wer das nicht kennt, kiekt immer ganz doof. Die ich kenne, sind alle Mitglied MdB (Mitglied des Bundestages), MdL (Mitglied des Landtages), MdA (Mitglied des Abgeordnetenhauses). Ich bin Mitglied MdO (Mitglied der Ortskrankenkasse). Und da bin ich ganz stolz drauf, da sind Millionen drinne; die sind bloß ein paar Tausend, wir sind Millionen«[111].

---

110 Jürgen Kinter/Manfred Kock/Dieter Thiele, Spuren suchen. Leitfaden zur Erkundung der eigenen Geschichte, Hamburg 1985, S. 21.
111 Rolf Lindemann/Werner Schulz, Die Falken in Berlin. Geschichte und Erinnerung. Jugendopposition in den 50er Jahren, Berlin 1987.

BÜCHERGILDE GUTENBERG

DAS VOLKSBEGEHREN

ist der Besitz eines inhaltlich und technisch wirklich guten Buches. Dieses Begehren erfüllt die Büchergilde Gutenberg. Gegen ein Eintrittsgeld von 75 Pf. und die Entrichtung monatlicher Beiträge von 1 Mark gibt sie vierteljährlich ein inhaltlich wertvolles und technisch vollendetes Buch und monatlich eine Zeitschrift »Die Büchergilde«. Jedermann ist als Mitglied willkommen. Anmeldungen nimmt entgegen die Geschäftsstelle der

BÜCHERGILDE GUTENBERG
BERLIN SW 61 / DREIBUNDSTRASSE 5

Werbeanzeige der Büchergilde Ende der zwanziger Jahre.
Original: Udo Achten, Düsseldorf.

Präsentation

Schon bei Beginn eines Geschichtsprojektes wird sich neben der thematischen Frage auch immer die Frage stellen, ob und in welcher Form das Ergebnis veröffentlicht (präsentiert) werden soll. Aus der Absicht, das Ergebnis zu veröffentlichen, ergeben sich eine Reihe von zusätzlichen Anforderungen. Es reicht dann nicht aus, interessante Dokumente gefunden zu haben, eine interessante Geschichte zu wissen, sondern es muß eine Form gefunden werden, in der sie anderen möglichst eindrucksvoll und überzeugend vermittelt werden kann. Dies kann durch eine Broschüre, ein Buch, eine Ausstellung, einen Stadtrundgang, einen Diavortrag, eine Ton-Dia-Schau, eine Lesung, ein Theaterstück oder sogar einen Videofilm geschehen.

Schon eine Ton-Dia-Schau, besonders jedoch ein Theaterstück oder ein Videofilm erfordern derart viel spezielles handwerkliches Rüstzeug (und immer noch relativ hohen finanziellen Aufwand), daß diese Medien die Ausnahme bleiben werden. Eine Zusammenarbeit mit Spezialisten aus diesen Medienbereichen scheint dann unerläßlich. Die ÖTV-Geschichtsgruppe der Bremer Stadtwerke AG hat ein Beispiel für eine solche Zusammenarbeit gegeben und Ergebnisse ihrer Untersuchung in Form einer szenischen Lesung mit Unterstützung von Theaterpädagogen und Schauspielern umgesetzt.

Das Kulturprojekt »Zwischen Weltfirma und Dorf«, das mit seinem Theaterstück »Die Nirrerländer« Aufsehen erregt hat, war als Modellversuch konzipiert und zeigte, welche Möglichkeiten – bei entsprechender personeller und finanzieller Unterstützung – das Medium Theater für die Vermittlung einer Geschichte von unten bieten kann[112].

---

112 Modellprojekt: »Zwischen Weltfirma und Dorf« – Ein Abschlußbericht. Hg.: Arbeitsgemeinschaft außerschulische Bildung e. V. Frankfurt-Höchst (Manuskript).

Das biographische Interview »Lebensgeschichte des Bergarbeiters Alphons S.« mag beispielhaft stehen für den Versuch, erzählte Lebensgeschichte mit den Mittel des Videofilms zu präsentieren. Dieses achtteilige Interview wurde im Dritten Programm des WDR gesendet und kann über die Landeszentralen für politische Bildung NRW und Niedersachsen ausgeliehen werden[113].

Mehr zeitgeschichtlich angelegt waren das Videoprojekt und die Fotoausstellung »Hafenarbeiterstreik und Alltag 1951«[114].

In der Regel wird die gewerkschaftliche Geschichte von unten mit dem Medium des Bildes und Textes auskommen müssen. Ob als Ausstellung, Broschüre oder gar Buch, entscheidend wird sein, ob es gelingt, die wichtigsten Schrift- und Bilddokumente auch zu einer Geschichte zusammenzufügen. Es kommt dabei nicht so sehr darauf an, welchen Anteil der eigene Text gegenüber den Dokumenten hat, sondern nur, daß die Dokumente in ihren zeitlichen und inhaltlichen Zusammenhang gestellt werden. Erst dadurch ergibt sich eine Geschichte.

Die Fähigkeit, eine Geschichte verständlich, leicht und sogar noch spannend zu formulieren, ist besonders für Menschen, die beruflich keine Gelegenheit hatten, dies zu lernen und zu üben, nicht einfach. Trotzdem sollte man sich dieser Schwierigkeit stellen und nicht auf eine reine Dokumentation ausweichen, denn erst das Schreiben zwingt zum präzisen Denken und führt damit zur besseren Erkenntnis. Die Fähigkeit, zu analysieren und begründet zu urteilen, letztlich kritisch zu denken, läßt sich am besten über das Schreiben erlernen.

Daß sich in einer Projektgruppe eine Arbeitsteilung herausbildet, ist fast unvermeidlich, und es läßt sich kaum etwas dagegen sagen, wenn derjenige, der leicht und gut formulieren kann, die Schreibarbeit übernimmt. Doch wird bei einer solchen Arbeitsteilung eine hierarchische Struktur entstehen, die Spannungen provozieren kann und den gemeinsamen Lernprozeß negativ beeinflußt. Unbedingt anzustreben ist es, die gesammelten Dokumente gemeinsam zu ordnen und auszuwählen,

---

113 Vgl.: Jaimi Stüber, Textbuch zum Filmzyklus »Lebensgeschichte des Bergarbeiters Alphons S.« von Alphons Stiller/Gabriele Voss/Christoph Hübner. Vertrieb: Universität Bremen, Zentralstelle zur Durchführung des Kooperationsvertrages und RuhrFilmZentrum, Bremen 1980.
114 Vgl.: Hafenarbeiterstreik und Alltag 1951. Fotoausstellung und sechs Videofilme, Produktion und Verleih: Medienpädagogik Zentrum Hamburg e. V., 1979–1983, Prospekt.

gemeinsam eine Gliederung zu erstellen, auf deren Grundlage die einzelnen Kapitel arbeitsteilig formuliert und die so entstehenden Rohentwürfe dann wieder gemeinsam diskutiert, ergänzt und verbessert werden können. (Einen Text gemeinsam zu verfassen, ist extrem schwierig.)

Unterschiedliche Einschätzungen und Wertungen können, wenn sie schriftlich vorliegen, viel besser diskutiert werden. Angesichts der Kontroversen in der Geschichte der Arbeiterbewegung kann es hier zu erheblichen Meinungsunterschieden kommen, ohne daß alte Schlachten noch einmal geschlagen werden müßten. Die Publizierung dieser Gegensätze ist dann viel wertvoller, als die Formulierung fauler Formelkompromisse, für die es in der Geschichte der Arbeiterbewegung eine lange und schlechte Tradition gibt.

Die Chronologie einer Geschichte ergibt für die Gliederung und Beschreibung ein grobes Gerüst, der Aufbau der Darstellung bestimmt sich jedoch nicht davon allein. Die Gliederung einer Geschichte kann auch dramaturgischen Überlegungen folgen. Eine Geschichte von unten muß nicht unbedingt die Qualität eines Kriminalromans von Raymond Chandler gewinnen, doch sind die Geschichten aus der Arbeiterbewegung auch nicht so undramatisch, daß sie nur hölzern und trocken erzählt werden könnten.

Die schönste und interessanteste Geschichte nutzt jedoch wenig, wenn nicht auch allergrößte Sorgfalt auf die äußere Form des Produktes verwandt wird. Schlecht reproduzierte Fotos und Dokumente, unübersichtliches Schriftbild (kleiner Schriftgrad, geringer Zeilenabstand, Schrifttype), Bleiwüsten, ja schon ein lieblos gemachter Umschlag können eine mühevolle Arbeit um ihre Wirkung und Anerkennung bringen. Es muß kein Ledereinband und kein Kupfertiefdruck auf Hochglanzpapier sein, doch zwischen dieser Qualität und einer lausig gehefteten oder geklebten und schlampig gedruckten Broschüre, deren Vorlagen mit einem abgenutzten Farbband und mit verschmutzten Schrifttypen geschrieben wurden, liegen viele positive Möglichkeiten.

Die finanziellen Mittel, die zur Verfügung stehen oder die erschlossen werden können, spielen für die Ausgestaltung einer Broschüre oder eines Buches sicher eine Rolle, doch hängt sehr viel von der Mühe ab, die aufgewendet wird, und von den handwerklichen und gestalterischen Fähigkeiten, die zur Verfügung stehen. Buchdrucker sind hier privile-

WIR SIND DIE MOORSOLDATEN

Text und Musik von Politischen Schutzhäftlingen, Börgermoor:

Partitur

Wo- hin auch das Au- ge blik- ket, Moor u. Hei- de nur rings- um
Vo- gel- sang uns nicht er- qui- ket Ei- chen ste- hen kahl u. krum. Wir
sind die Moor- sol- daten und zie- hen mit dem Spa- ten in's Moor

2. Hier in dieser öden Heide ist das Lager aufgebaut,
Wo wir ferne jeder Freude hinter Stacheldraht verstaut.
Refrain: Wir sind die Moorsoldaten - - - -

3. Morgens ziehen die Kolonnen in das Moor zur Arbeit hin
Graben bei dem Brand der Sonne, doch zur Heimat steht der Sinn
Refrain: Wir sind die Moorsoldaten - - - -

4. Heimwärts, heimwärts jeder sehnt zu den Eltern Weib u. Kind
Manche Brust ein Seufzer dehnet weil wir hier gefangen sind.
Ref: Wir sind die Moorsoldaten - - -

5. Auf und nieder gehn die Posten, keiner, keiner kann hindurch
Flucht wird nur das Leben kosten, vierfach ist um zäumt die Burg

6. Doch für uns gibt es kein Klagen ewig kann's nicht Winter sein
Einmal werden froh wir sagen Heimat du bist wieder mein
Dann ziehen die Moorsoldaten Nicht mehr mit dem Spaten in's Moor

Als Lagerlied gesungen: August 1933 bis ???

Aus: 90 Jahre Industriegewerkschaft, a.a.O., S. 310.

giert, und die Chronik des Buchdruckerverbandes von Neumünster macht der »schwarzen Kunst« alle Ehre[115].

Die Erfahrung zeigt auch – unter der Voraussetzung, daß ein interessantes Manuskript vorlag –, daß finanzielle Mittel dann relativ leicht zu bekommen waren, wenn ein pfiffiger Organisator sich im Geflecht der Beziehungen auskannte, das über Geldquellen gespannt ist: Sei es, daß die Gewerkschaften die Vorfinanzierung der Deckungsauflage übernahmen, sei es, daß Kulturämter Zuschüsse gaben, sei es, daß Sparkassen und Banken ihren Werbeetat nicht ausgeschöpft hatten und ein gutes Werk vollbringen wollten, oder es sogar gelang, einen Verlag zu begeistern.

---

115 Chronik des Ortsvereins Neumünster der Industriegewerkschaft Druck und Papier. Die 111jährige Geschichte unseres Ortsvereins von 1873 bis 1984. Hg.: Ortsverein Neumünster der IG Druck und Papier.

Wahrheit, Parteilichkeit, Kritik

Wenn über Geschichte von unten unter dem Gesichtspunkt diskutiert wird, ob sie von Wissenschaftlern oder Laien zu erarbeiten ist, dann verbreitet dies ungewollt eine ehrfurchtgebietende Aura von Unfehlbarkeit und Wahrheit um die Wissenschaft. Der wissenschaftliche Anspruch, nach bestem Wissen und Gewissen nach Wahrheit zu streben, bedeutet jedoch nicht, daß es eine objektive, absolute Wahrheit, eine wertneutrale Wissenschaft gäbe. Dem Wahrheitsanspruch sind viele großartige Untersuchungen zu verdanken, doch was wurde nicht schon alles an Unwahrhaftem unter dem Mantel der historischen Wissenschaft verbreitet, sei es aus Unvermögen, sei es in unbewußter oder bewußter Parteinahme, von den offenkundigen Geschichtsfälschungen ganz zu schweigen.

Irren ist auch hier menschlich, und gescheite Leute begehen oftmals besonders große Dummheiten.

Historische Forschung kann nicht voraussetzungslos begonnen werden. Unabhängig vom sachlichen Interesse am jeweiligen Thema, der analytischen Fähigkeit und dem handwerklichen Können, werden politische und weltanschauliche Überzeugungen notwendig die Arbeit des Forschers beeinflussen. Das beginnt schon mit den Fragen, die gestellt oder nicht gestellt werden, und betrifft vor allem die Interpretation und Wertung.

Jüngstes Lehrstück für das Einwirken subjektiver Faktoren auf die Forschungsarbeit ist der »Historikerstreit«: Die Leichtfertigkeit, mit der Ernst Nolte ein Hitlerzitat und den darin enthaltenen Hinweis auf vermeintliche »asiatische« Foltermethoden nimmt, um die nationalsozialistischen Verbrechen mit der Behauptung zu relativieren, der Vernichtungswahn der Nationalsozialisten sei eine Reaktion auf die Vernichtungsaktionen der Bolschewiki und Stalinisten gewesen, fällt weit aus dem Rahmen rationaler Argumentation[116]. Diese leichtgläubige Bereitschaft, einfache Regeln seriöser wissenschaftlicher Recherche außer acht zu lassen – Hans-Ulrich Wehler hat dies am Beispiel des »Rattenkäfigs« eindrucksvoll nachgewiesen[117] –, verweist nicht auf Wissenschaft, zu deren Wohle Nolte glaubt, seine provozierenden Thesen formulieren zu müssen, sondern auf ein ganz und gar außerwissenschaftliches Sehnen nach einem unbeschädigten traditionellen nationalstaatlichen Selbstbewußtsein. Jürgen Habermas spitzt den Streit auf diese politische Wertentscheidung zu[118].

Diese Kritik richtet sich besonders gegen Klaus Stürmer, der die Geschichtsschreibung offen in den Dienst seiner politischen Absichten, der Herstellung eines einheitlichen Nationalbewußtseins, stellen möchte, in der Hoffnung, daß »wer die Erinnerung füllt, die Begriffe prägt und die Vergangenheit deutet«, die »Zukunft« in einem »geschichtslosen Land« gewinnt[119].

Wer Wissenschaft in dieser Weise versucht zu funktionalisieren, verzichtet auf jeden Wahrheitsanspruch.

Diese Auseinandersetzung zeigt, wie notwendig es ist, an einem solchen Anspruch festzuhalten. Mit Ereignissen und Fakten darf eben nicht beliebig umgegangen, sie können nicht beliebig interpretiert werden. Die Auseinandersetzung zeigt auch, daß das Adjektiv wissenschaftlich keine Gewähr dafür bietet, daß der Forscher nach den Regeln seiner Kunst gründlich und redlich gearbeitet hat.

Die unvermeidliche Subjektivität, die sich gleichwohl dem Bemühen nach historischer Wahrheit verpflichtet fühlt (dies ist auch der Anspruch Noltes, und daran sollte er auch gemessen werden), ist zu unterscheiden von einer Geschichtsschreibung, die aus politischer Absicht

---

116 Vgl.: Ernst Nolte, Zwischen Geschichtslegende und Revisionismus? Das Dritte Reich im Blickwinkel des Jahres 1980, und ders., Vergangenheit, die nicht vergehen will. Eine Rede, die geschrieben, aber nicht gehalten werden konnte, in: »Historikerstreit« – Die Dokumentation der Kontroverse um die Einzigartigkeit der nationalsozialistischen Judenvernichtung, München 1987.
117 Vgl.: Hans-Ulrich Wehler, Entsorgung der deutschen Vergangenheit? Ein polemischer Essay zum »Historikerstreit«, München 1988, S. 147 ff.
118 Vgl.: Jürgen Habermas, Eine Art Schadensabwicklung, in: »Historikerstreit«, a.a.O.
119 Vgl.: Michael Stürmer, Geschichte in geschichtslosem Land, ebenda.

oder parteipolitischen Legitimationsinteressen auch vor einer bewußten Geschichtsklitterung und -fälschung nicht zurückschreckt.

Der Anspruch, gründlich und redlich zu arbeiten, gilt generell, d. h. es spielt dabei keine Rolle, ob es sich um einen Berufs- oder Laienhistoriker handelt.

Laienforschung ist umgekehrt keine Rechtfertigung dafür, weniger genau, weniger gründlich, weniger redlich sein zu dürfen als akademische Forschung. Dieser Anspruch bedeutet nicht, daß Laienforschung – die als Freizeitbeschäftigung außerhalb der beruflichen Tätigkeit betrieben wird – unmöglich ist. Es bedeutet jedoch, daß die besonderen Bedingungen berücksichtigt, ein Rahmen gesetzt und eine Aufgabe gestellt werden, die der Möglichkeit einer Freizeitbeschäftigung entsprechen.

Die sich im aktuellen Historikerstreit zeigenden Abfärbungen politischer Meinung und politischen Absichten auf das Forschungsinteresse sind nicht nur auf ein bestimmtes Thema und auf die Wissenschaftler einer bestimmten politischen Richtung oder Partei beschränkt. Ähnliches läßt sich auch in der Geschichtsschreibung zur Arbeiterbewegung finden. Es geht hier ebenfalls um Interessen, um Ideologie und Politik vor dem Hintergrund weltanschaulicher, parteipolitischer und gewerkschaftspolitischer Spaltungen von Anfang an. Zunächst konkurrierten sozialistische und liberale Strömung um den Einfluß auf die Arbeiterschaft, später kam die christliche Strömung hinzu (die anarchistische und anarchosyndikalistische Richtung waren in Deutschland relativ bedeutungslos). Doch erst die seit der Novemberrevolution datierende tiefgreifende Spaltung zwischen Kommunisten und Sozialdemokraten artete in eine bis dahin nicht gekannte erbitterte Feindschaft aus.

Die Gefahr einer legitimatorischen, immer nur die Verdienste der eigenen und die Fehler der anderen Partei hervorhebende Geschichtsschreibung bis hin zu einer bewußten Fälschung ist hier besonders groß.

Auf dem Gebiete der Geschichtsfälschung hat es die stalinistische Geschichtsschreibung zu trauriger Berühmtheit gebracht. Nach dem Dogma »Die Partei hat immer recht« mußte die Geschichte je nach der gerade herrschenden Parteilinie immer wieder neu umgeschrieben und die historische Wahrheit den jeweils aktuellen Parteiinteressen angepaßt werden. Der »Kurze Lehrgang«[120] wurde legendär für diese Art von Geschichtsschreibung.

Die deutschen Kommunisten, die sich dem russischen Modell verschrieben hatten, übernahmen nicht nur immer brav die jeweiligen Versionen der Geschichte der KPdSU, sondern für ihre eigene Geschichtsschreibung auch die Methode der speziellen Parteilichkeit. Einen Höhepunkt stellt die unter dem Vorsitz von Walter Ulbricht geschriebene achtbändige Geschichte der deutschen Arbeiterbewegung dar[121]. Sie bestimmte (und bestimmt gar noch?) für DDR-Historiker den Interpretationsrahmen, der Geschichtsklitterungen und Legendenbildung zwingend verlangte.

Für bundesrepublikanische Geschichtsschreiber, die sich dieser Parteigeschichte verpflichtet fühlen, gilt das gleiche. Für die »Geschichte der deutschen Gewerkschaften« von Deppe u. a. läßt sich dies leicht nachweisen[122]. Dabei sind die zaghaften Versuche Walter Ulbrichts, Fehler der KPD zuzugestehen, dort noch nicht einmal berücksichtigt: Ausgehend von der These, daß eine einige Arbeiterbewegung den Sieg des Nationalsozialismus hätte verhindern können, wird die Frage aufgeworfen, wer die Einheit verhindert habe. Den Sozialdemokraten mit ihrem Antikommunismus wird dann die ganze Schuld in die Schuhe geschoben, ohne daß die Sozialfaschismus-Theorie und die entsprechende Politik der KPD auch nur mit einem Wort erwähnt wird. Daß die KPD in ihrem rigorosen Kampf gegen die demokratische Republik und gegen die Sozialdemokratie eher bereit war, mit den Nationalsozialisten gegen die Republik und die Sozialdemokratie vorzugehen als umgekehrt die demokratische Republik mit den Sozialdemokraten gegen den Angriff von rechts zu verteidigen (»Roter Volksentscheid«, Mißtrauensvotum gegen die preußische Regierung), wird mit dem Mantel des Schweigens zugedeckt.

Nicht nur die vordergründig parteipolitisch motivierten Verkürzungen

---

120 Geschichte der Kommunistischen Partei der Sowjetunion (Bolschewiki). Kurzer Lehrgang. Unter Redaktion einer Kommission des Zentralkomitees der KPdSU (B). Gebilligt vom ZK der KPdSU (B) 1938, Erfurt 1946.
121 Geschichte der deutschen Arbeiterbewegung. In acht Bänden. Hg.: Institut für Marxismus-Leninismus beim Zentralkomitee der SED, Berlin (DDR) 1966.
122 F. Deppe/G. Fülberth/H.-J. Harrer u.a., Geschichte der deutschen Gewerkschaftsbewegung, Köln 1977.

Aus: *90 Jahre Industriegewerkschaft*, a.a.O., S. 436.

und Fälschungen, deren Unwahrhaftigkeit relativ schnell durchschaut werden kann, trüben die Erkenntnis, sondern auch historische Begriffe, wenn sie unbesehen, d. h. unkritisch übernommen werden und die eigene Interpretation prägen. Dies kann schon beim berüchtigten Begriffspaar Revisionismus/Marxismus beginnen. Diese Begriffe haben im Laufe der Zeit die unterschiedlichsten Bedeutungen erfahren und selbst für ihre Entstehungsgeschichte muß nach dem Inhalt hinter den Schlagworten gefragt werden: Es war nicht nur die Differenz in der Einschätzung des Verlaufs der kapitalistischen Entwicklung und der Bedeutung einer reformistischen Politik, welche die Geister schied, sondern auch die unterschiedliche Einschätzung der Rolle der Gewerkschaften im sozialistischen Emanzipationskampf.

So vertraten als Marxisten geltende und sich selbst fühlende Personen wie Karl Kautsky und Rosa Luxemburg gegenüber Revisionisten wie Eduard Bernstein u. a. den Standpunkt, die Gewerkschaften müßten als sozialdemokratische Richtungsgewerkschaften der politischen Partei untergeordnet sein und bleiben, weil das Heil des Sozialismus allein im politischen Kampf, in der politischen Machteroberung liege. Dies alles im Namen von Marx, obwohl das mit dessen Auffassung fast nichts zu tun hat. Umgekehrt waren die Revisionisten und vor allem die revisionistischen Gewerkschaftsführer, die für eine von der Partei unabhängige, jedoch keineswegs unpolitische Gewerkschaft eintraten – wie in der Polemik böswillig unterstellt wurde –, Marx hier viel näher.

Marx selber ist natürlich auch kein Säulenheiliger – obwohl er dazu gemacht wurde –, d. h. die Richtigkeit einer Auffassung ergibt sich nicht durch ihre wirkliche oder eingebildete Nähe zur Marxschen Theorie.

Der Begriff des Revisionismus bezeichnete nicht nur eine Abweichung von der herrschenden Parteimeinung um die Jahrhundertwende, sondern war immer auch ein moralisierender, negativer Kampfbegriff. In dieser Funktion eignete er sich hervorragend dazu, die Welt der Arbeiterbewegung in gute und schlechte Menschen zu teilen.

Ähnliches gilt auch für den in der Auseinandersetzung heute noch gebräuchlichen Begriff des Antikommunismus, der keinen Sinn gibt gegenüber Vertretern der kapitalbesitzenden Klasse (für diese gehört eine solche Haltung selbstverständlich zum guten Ton), sondern nur gegenüber dem politischen Gegner in den eigenen Klassenreihen. Dieser Begriff wurde und wird von Kommunisten bevorzugt gegen Sozialdemokraten und unabhängige Linke verwandt zum Zwecke, jede Kritik an ihrer Politik, jedoch besonders an den Zuständen in den sich kommunistisch nennenden Staaten zu unterbinden. Bedenkt man dabei, daß dieser Kampfbegriff seine Hochkonjunktur zu Zeiten des Stalinismus hatte, der mit der alten demokratischen Utopie des Kommunismus in der Tradition der europäischen Arbeiterbewegung wenig zu tun hatte, dann wird deutlich, welche Verwirrspiele mit Worten möglich sind und welche Vorsicht beim Umgang mit Begriffen und Theorien aus der Geschichte der Arbeiterbewegung angebracht ist.

Die Differenz zwischen Worten und Taten gilt es immer und ohne Ansehen der Person und Fraktion zu beachten. Mit zweierlei Maß zu messen, bedeutet nur, sich in die eigene Tasche zu lügen, und nichts ist unglaubwürdiger als eine doppelte Moral.

Wer vor einem Forschungsprojekt glaubt, schon alles zu wissen, der wird immer nur das finden, was er ohnehin schon weiß. Es käme darauf an, so gut es eben geht, seine Urteile und Vorurteile, seine Sympathien und Antipathien erst einmal zurückzustellen.

Dies ist leichter gesagt als getan. Relativ einfach ist es, sich gegenüber einem Gegner kritisch zu verhalten, schwerer ist schon, auch ihm Gerechtigkeit widerfahren zu lassen, sehr schwer fällt oft die Kritik an eigenen Freunden, an der eigenen Organisation. Allerdings reagieren Freunde auf Kritik meist auch allergischer als Gegner. Besonders in Sekten aller Art, aber auch in Kirchen, Parteien und Gewerkschaften verbreiten abweichende, kritische Meinungen oft keine große Freude. Ein gängiger Witz wirft ein Schlaglicht auf diese Struktur: »Darf ein junger Funktionär die Vereins-/Verbandsführung kritisieren? Grundsätzlich ja, aber schade um den jungen Genossen/Kollegen.«

Jubelgeschichten, bevorzugt in Form von Fest- und Jubiläumsschriften, die aus Pietät oder aus anderen Gründen sich gegenüber der Geschichte und Praxis der eigenen Organisation unkritisch verhalten, gibt es genug. Ob aus solchen Geschichten schon jemals etwas gelernt werden konnte, ist nicht bekannt.

Ausgewählte Literatur zur gewerkschaftlichen und gewerkschaftsnahen Geschichte von unten

1. Allgemeine Gewerkschaftsgeschichte

Brüder, zur Sonne, zur Freiheit. Aus der Arbeiter- und Gewerkschaftsgeschichte Iserlohns.
Hg.: DGB-Kreis Mark, Iserlohn 1987, 238 S.

Der Weg der Bielefelder Gewerkschaftsbewegung 1905–1980. Eine Dokumentation gewerkschaftlicher Tätigkeit in Selbstzeugnissen. Materialien zur Geschichte der Bielefelder Arbeiterbewegung Bd. 1, Kooperationsprojekt Regionalforschung und Weiterbildung.
Hg.: DGB-Kreis Bielefeld, Arbeit und Leben Regionalbüro OW-L, Universität Bielefeld, Mai 1983, 556 S.

Die »Gleichschaltung« der Gewerkschaften – Die Ereignisse um den 2. Mai 1933 in Duisburg. Berichte und Dokumente.
Hg.: IG Metall, Verwaltungsstelle Duisburg, Hagenbuck 1983, 104 S.

Diesler, Peter
». . . hätten wir viele Dinge anders angefaßt . . .« 40 Jahre Einheitsgewerkschaft DGB im Kreis Neuss/Grevenbroich 16. 12. 1945–16. 12. 1985.
Hg.: DGB-Kreis Neuss, 95 S.

Einheitsgewerkschaft im Kampf um die Neuordnung – Beispiel Kassel. Materialien zur Weiterbildung 18.
Hg.: Kontaktstelle für wissenschaftliche, künstlerische und berufliche Weiterbildung, Gesamthochschule Kassel, 1982, 84 S.

»Es hat sich was geändert«. 90 Jahre Gewerkschaftskartell in Schweinfurt. Vortrag einer Arbeitsgruppe der DGB-Jugend Schweinfurt, Schweinfurt 1986, 32 S.

Ewald, Lutz W.
»Mir komme von unne ruff und schaffe's uns selber« – Zur Geschichte der Gewerkschaften in Darmstadt.
Hg.: DGB-Kreis Starkenburg, Darmstadt 1986, 168 S.

Freie Gewerkschaften in Mühlheim am Main seit 1895. Geschichte der Gewerkschaftsbewegung in Mülheim am Main.
Hg.: DGB-Ortskartell Mühlheim am Main, 1986.

Freiheit – Krise – Diktatur. Zur Zerschlagung der Gewerkschaften in Osnabrück 1933.
Hg.: Arbeit und Leben Niedersachsen e. V., Geschäftsstelle Osnabrück, Osnabrück 1985, 408 S.

Gewerkschaften in Kassel vor 1933. Materialien zur Weiterbildung 22
Hg.: Kontaktstelle für wissenschaftliche, künstlerische und berufliche Weiterbildung, Gesamthochschule Kassel, 1983, 82 S.

Haumann, Heiko
»Der Fall Max Faulhaber«. Gewerkschaften und Kommunisten – ein Beispiel aus Südbaden 1949–1952, Marburg 1987, 136 S.

Hundt, Manfred
90 Jahre Gewerkschaftsgliederungen in Steinbach. 30 Jahre Ortskartell des Deutschen Gewerkschaftsbundes (Information des Heimatmuseums Steinbach, Ausgabe Nr. 19, 1987), 6. S.

Kreis Altenkirchen 1932–1934 – Wirtschaft, Gewerkschaften, Verhaftungen, Rassismus.
Hg.: DGB-Kreis Altenkirchen, Altenkirchen 1983, 116 S.

Mertsching, Klaus
Besetzung des Gewerkschaftshauses am 1. April 1933 und seine Vorgeschichte.
Hg.: DGB-Kreis Hannover, Hannover 1983, 47 S.

Mirkes, Adolf
Ein neues Haus aus Trümmern – Offenbacher Gewerkschaften 1945 bis 1948, Offenbach a. M. 1981, 171 S.

Mit Hordentopf und Rucksack. Zur Geschichte der Gewerkschaftsjugend in Nürnberg und Coburg nach 1945.
Hg.: Haus der Gewerkschaftsjugend – DGB Bundesjugendschule Oberursel, Oberursel 1987, 142 S.

Neuser, Andreas/Schwarz, Franz (Hg.)
Wirtschaftliche Interessen selbst in die Hand nehmen. 40 Jahre Einheitsgewerkschaft im Kreis Altenkirchen, Weiselstein 1985, 196 S.

Quellen und Materialien zur Geschichte der Bielefelder Gewerkschaftsbewegung. Materialien zur Geschichte der Bielefelder Arbeiterbewegung Bd. 2. Kooperationsprojekt Regionalforschung und Weiterbildung.
Hg.: DGB-Kreis Bielefeld, Arbeit und Leben Regionalbüro OW-L, Universität Bielefeld, Nov. 1982, 492 S.

Raabe, Heinz
Dokumentation zur Gewerkschaftsgeschichte in Freising im Bayerischen Gewerkschaftsbund 1945–1949, Ms. (1987), 472 S.

Riesche, Hans Peter/Algermissen, Gundolf
Hannover 1945/46 – Die Gewerkschaften organisieren sich neu. . .
Hg.: DGB-Kreis Hannover, 1985, 40 S.

Thüer, Heinz
Von der Einheitsgewerkschaft Deutsche Arbeitnehmer Groß-Duisburg zum Deutschen Gewerkschaftsbund Ortsausschuß Duisburg – Der gewerkschaftliche Wiederaufbau in Duisburg 1945–1947.

Hg.: DGB-Kreis Duisburg und IG Metall Verwaltungsstelle Duisburg, Hagenbuck 1985, 183 S.

40 Jahre Einheitsgewerkschaft – 21. 10. 1945 – Gründungskonferenz des Freien Deutschen Gewerkschaftsbundes.
Hg.: DGB-Kreis Bielefeld, Bielefeld 1985, 56 S.

Wiegold, Margit/Schulz, Hartmut
Aus der Geschichte lernen: »Die Einheiten hüten – Auf die eigene Kraft vertrauen!« – Zum 40. Jahrestag der Neugründung der Gewerkschaften in Hattingen und Umgebung.
Hg.: IGM Verwaltungsstelle Hattingen, 1985, 74 S.

Wittmann, Jürgen
Leben nach der Stunde Null – Streiflichter aus der Arbeiter- und Gewerkschaftsbewegung in Hessisch Lichtenau 1945/46.
Hg.: DGB-Ortskartell Hessisch Lichtenau, Hessisch Lichtenau 1985, 24 S.

2. Geschichte von Einzelgewerkschaften

80 Jahre Fabrikarbeiterverband. 40 Jahre Industriegewerkschaft Chemie in Leverkusen.
Hg.: IG Chemie in Leverkusen, 1986.

Aktiv für unsere sozialen Rechte. 1966–1986, 20 Jahre Industriegewerkschaft Metall für die Bundesrepublik Deutschland Verwaltungsstelle Rheine.
Hg.: IGM Verwaltungsstelle Rheine, 1986, 296 S.

Anders, Bernd/Riesche, Hans-Peter
Gewerkschaft im »Volkskörper« – Der Deutschnationale Handlungsgehilfen-Verband (DHV) in der zweiten Hälfte der Weimarer Republik insbesondere in Niedersachsen.
Hg.: Projekt Arbeiterbewegung in Hannover, Arbeitspapier Nr. 2, Hannover 1985, Eigendruck, 42 S.

Chronik – Des Ortsvereins Neumünster der IG Druck und Papier. Die 111jährige Geschichte unseres Ortsvereins von 1873 bis 1984
Hg.: Ortsverein Neumünster der IG Druck und Papier, 144 S.

Damit die nicht machen was sie wollen. Dokumente aus der Geschichte der Arbeiterbewegung in Wetzlar 1889 bis 1945.
Hg.: IGM Verwaltungsstelle Wetzlar, Wetzlar 1982, 312 S.

Das rote Nürnberg. Organisiert Euch! Vom Fall des Sozialistengesetzes bis zur Novemberrevolution 1890-1918. Dokumente zur Geschichte der Arbeiterbewegung, Bd. 3.
Hg.: IGM Verwaltungsstelle Nürnberg, Kösching 1984, 296 S.

Dütting, Heinz
1893–1983 – 90 Jahre – Vom Deutschen Holzarbeiter-Verband zur Gewerkschaft Holz und Kunststoff. Ein Streifzug durch die Geschichte der lippischen Holzarbeiter.
Hg.: Gewerkschaft Holz und Kunststoff, Geschäftsstelle Detmold, 46 S.

Durt, Hartwig
»Aus bitterer Erfahrung zur Einheit« – 40 Jahre-IG Metall Lüdenscheid. Die Lüdenscheider Metallarbeiter und ihre Organisation – vom DMV und CMV zur IG Metall.
Hg.: IGM, Verwaltungsstelle Lüdenscheid, Lüdenscheid 1986, 98 S.

Dzudzek, Jürgen
Die Anfänge des Deutschen Metallarbeiter-Verbandes in Duisburg. Sonderdruck aus: Ludger Heid/Julius H. Schoeps (Hrsg.), Arbeit und Alltag im Revier – Arbeiterbewegung und Arbeiterkultur im westlichen Ruhrgebiet im Kaiserreich und in der Weimarer Republik.

1. April 1933 – 50 Jahre danach
Hg.: IG Chemie-Papier-Keramik, 32 S.

Es gilt den Kampf. Dokumente zur Geschichte der Arbeiterbewegung in Frankenthal 1832–1949,
Hg.: IGM Verwaltungsstelle Frankenthal, Késching 1984, 321 S.

95 Jahre Gewerkschaft Metall – 40 Jahre IG Metall Essen 1891/1946.
Hg.: IG Metall, Verwaltungsstelle Essen, Essen 1986, 52 S.

15 000 Tage sind ein ganzes Arbeitsleben 1947–1987. Industriegewerkschaft Metall Verwaltungsstelle Kassel.
Hg.: IGM Verwaltungsstelle Kassel, 1987, 48 S.

Krieger, Erich
Die Anfänge der Gewerkschaftsbewegung in Harburg unter besonderer Berücksichtigung der Holzarbeiter!
Hg.: Gewerkschaft Holz und Kunststoff, Geschäftsstelle Hamburg, Hamburg 1984, 28 S.

Leben nach der Stunde Null.
Hg.: IG Chemie, Bezirksleitung Hessen, (Beitrag zum DGB-Jugend-Wettbewerb »Leben nach der Stunde Null«), 82 S.

Liebermann, Jörg/Meer-Leyh, Christoph
Ohne Gewerkschaft ist wie ein Mann ohne Schuh.
Hg.: IGBE Bezirk Rheinland, Bochum 1988.

Möller, Hans-Kai
Streiflichter aus der Geschichte der Zigarrenarbeiterbewegung in Hamburg, Altona und Ottensen (1848–1904).
Hg.: NGG, Geschäftsstelle Hamburg, Eigendruck 1982, 40 S.

Neunzig Jahre Bauarbeiter Gewerkschaft an der Saar 1894–1984.
Hg.: IG Bau-Steine-Erden, Bezirksverband Saarbrücken und Neunkirchen/Saar, Saarbrücken 1984, 84 S.

Pirmasens – 100 Jahre Schuhmachergewerkschaften. Neugründung der Gewerkschaften nach 1945. Festschrift der Gewerkschaft Leder, Pirmasens. 100jähriges Jubiläum. Dokumentation von Adolf Mirkes.
Hg.: Vorstände der Gewerkschaft Leder Bezirksverwaltungsstelle Pirmasens I und II, 91 S.

Schiffmann, Dieter
1894–1984 90 Jahre Chemie-Gewerkschaft in Ludwigshafen.
Hg.: IG ChPK, Verwaltungsstelle Ludwigshafen, Ludwigshafen 1984, 40 S.

Unsere Geschichte – Gewerkschaft Textil-Bekleidung, Verwaltungsstelle Rheine 1902–1977.
Hg.: Vorstand der Verwaltungsstelle Rheine der Gewerkschaft Textil-Bekleidung, Rheine 1977, 200 S.

40 Jahre IGBE Ortsgruppe Werne 1946–1986.
Hg.: IGBE Ortsgruppe Werne, 50 S.

3. Allgemeine Arbeiterbewegungsgeschichte

Abraham, Hartwig
Geschichte der Biberacher Arbeiterbewegung und Sozialdemokratie. Ein Beitrag zur politischen Entwicklung in der Stadt Biberach an der Riß.
Hg.: Hartwig Abraham, Biberach 1983, 138 S.

Arbeiterbewegung und Wiederaufbau. Stuttgart 1945–49. Materialsammlung und Katalog zur Ausstellung in der »Galerie im Lichthof« des DGB-Hauses, Stuttgart 28. 4.–3. 7. 1982.
Hg.: DGB-Kreis Stuttgart, 1982, 296 S.

Arbeitskreis Faschismus der DGB-Jugend Schweinfurt »Nach dem Krieg war keiner Nazi gewesen . . .« Arbeiterbewegung in Schweinfurt zwischen 1928 und 1945. Regionale Geschichtsschreibung anhand von Augenzeugen und Dokumenten.
Hg.: DGB-Bildungswerk e. V. Kreis Schweinfurt, Schweinfurt 1984, 160 S.

Bons, Joachim/Denecke, Viola/u. a.
»Bohnensuppe und Klassenkampf«. Das Volksheim – Gewerkschaftshaus der Göttinger Arbeiterbewegung von der Entstehung im Jahre 1921 bis zu seiner Zerstörung 1944.
Hg.: Göttinger Arbeitergeschichtskreis in Zusammenarbeit mit dem Seminar für Politikwissenschaft an der Universität Göttingen, Arbeit und Leben, DGB-Kreis Göttingen, IGM-Rentnerarbeitskreis, Göttingen 1986, 92 S.

»Die Freiheit ist noch nicht verloren . . .« Zur Geschichte der Arbeiterbewegung am Oberrhein 1850–1933.
Hg.: Arbeitskreis Regionalgeschichte Freiburg, Freiburg i. Br. 1983, 150 S.

Frank, Jürgen/Nied, Peter
Auf Messers Schneide. Die Solinger Schneidwarenindustrie im technischen Wandel. Essen 1985, 78 S.

DGB-Jugendgruppe Duderstadt
Geschichte der Arbeiterbewegung im Eichsfeld, Sonderdruck 1986, 96 S.

Geitz, Uwe/Schledorn, Uwe
Der Freiheit eine Gasse. Kleine Geschichte der Hagener Arbeiterbewegung zum 120jährigen Jubiläum der sozialdemokratischen Partei in Hagen.

Hg.: SPD Unterbezirk Hagen in Zusammenarbeit mit dem DGB-Kreis Hagen, Hagen 1985, 162 S.

Geschichte der Hildesheimer Arbeiterbewegung. Geschichte von unten. Ms. (1987), 320 S.

Hundt, Manfred
Der 15. Mai 1933. Ein Beitrag zur Vergangenheitsbewältigung. »Steinbacher Hefte«, Heft Nr. 17, 32 S.

IG Chemie Jugend Kehlheim
Leben nach der Stunde Null. Beispiel Kehlheim. Die 35 Jahre danach (Wettbewerb der DGB-Jugend), 40 S.

Leben nach der Stunde Null. Lichtblick (DGB-Jugend-Info-Reutlingen), 1985, 20 S.

Magg-Schwarzbäcker, Marion/König, Ulrich
Spurensicherung. Beiträge zur fast vergessenen Geschichte Augsburgs.
Hg.: DGB-Kreis Augsburg, Augsburg 1985, 360 S.

Mohr, Dietmar
»Anspach 1918–1945. Die Arbeiterbewegung in unserem Taunusort«. Manuskript einer Broschüre, Neu-Anspach 1983, 406 S.

Nie wieder Faschismus. DGB Gedenkfeier mit Schweigemarsch, 30. Januar 1983, Zum 50. Jahrestag der Machtergreifung der Nationalsozialisten.
Hg.: DGB Kreisvorstand Worms-Alzey, 1983, 54 S.

Oehl, Alfred
Der Massenmord in Rieseberg 1933.
Hg.: DGB-Kreis Braunschweig-Wolfenbüttel, Braunschweig 1981, 130 S.

Pinno, Herbert
Paul Pfetzing 1887–1971. Skizzen aus einem Kasseler Arbeiterleben.
Hg.: DGB-Kreis Kassel, Kassel 1987, 28 S.

Raichle/Schmolze/Kuhn/Müller/Riemer
Die »ausgesperrte« Geschichte. Geschichte am See 26, Beiträge zur Geschichte der Arbeiterbewegung und des Nationalsozialismus in Friedrichshafen.
Hg.: Kreisarchiv Bodenseekreis, Friedrichshafen 1985, 360 S.

Sozialistische Freie Gewerkschaft Hamburg. 8. Mai 1945 bis 20. Juni 1945, 24 S.

Spuren der Groß-Gerauer Arbeiterbewegung. Bilder – Erinnerungen – Dokumente.
Hg.: DGB Ortskartell Groß-Gerau, 1985, 84 S.

Vergessen + Verdrängt. Arbeiterbewegung und Nationalsozialismus in den Kreisen Rendsburg und Eckernförde. Eine andere Heimatgeschichte.
Hg.: Kurt Hamer, Karl-Werner Schunk, Rolf Schwarz, 1984, 246 S.

Wilhelm Krökel geboren 1890 in Bant, gelitten und gestorben 1945 im KZ Neuengamme.
Hg.: GEW-Kreisverband Wilhelmshaven, Dokumentation, 20 S.

Zimmermann, Michael
Gegen den Nationalsozialismus – Widerstand von Sozialdemokraten und Gewerkschaftern in Oberhausen 1933–1945.
Hg.: SPD-Unterbezirk Oberhausen, Essen 1982, 88 S.

4. NS-Geschichte

Appelius, Stefan/Feuerlohn, Bernd
Die braune Stadt am Meer. Wilhelmshavens Weg in die Diktatur, Hamburg 1985, 190 S.

Büsing, Hartmut
KZ Wilhelmshaven 17. 9. 44 bis 18. 4. 45 – Dokumente Wilhelmshaven 1984, 18 S.

Büsing, Hartmut/Zegenhagen Klaus
Einmal werden froh wir sagen: Heimat, Du bist wieder mein! KZ in Wilhelmshaven – Rüstringer und Wilhelmshavener im KZ.
Historischer Arbeitskreis des DGB Wilhelmshaven, Bd. 3, Wilhelmshaven 1987, 154 S.

Büsing, Hartmut
Rüstringer und Wilhelmshavener Juden.
Historischer Arbeitskreis des DGB Wilhelmshaven, Bd. 2, 154 S.

Das NS-Staatsverbrechen. Zur Enttabuisierung der zwölf Nürnberger Nachfolgeprozesse. Zwangsarbeit in Nürnberg 1939–1945.
Hg.: Stadt Nürnberg Bildungszentrum. verantw.: Gabriele Müller-Ballin, Prof. Dr. Jörg Wollenberg, Zeitung, 20 S.

Fremdarbeiter in Solingen 1939–1945
Dokumentation der Solinger Geschichtswerkstatt e. V., 2. Auflage, Leverkusen 1985, 107 S.

Hamburg: Schule unterm Hakenkreuz. Beiträge der Hamburger Lehrerzeitung (GEW) und der Landesgeschichtskommission der VVN/Bund der Antifaschisten.
Hg.: Ursel Hochmuth/Hans-Peter de Lorant, Hamburg 1985, 340 S.

Kollegengruppe der Klöckner-Hütte Bremen
Riespott – KZ an der Norddeutschen Hütte. Berichte, Dokumente und Erinnerungen über Zwangsarbeit 1935–45, Bremen 1984, 80 S.

KZ Hersbruck: Überlebende berichten.
Hg.: Fritz Blanz, Johannes Graßl, Gerd Vanselow

»Ohne uns hätten sie das gar nicht machen können« Nazi-Zeit und Nachkrieg in Altona und Ottensen.
Hg.: Stadtteilarchiv Ottensen e. V., Hamburg 1985, 206 S.

Ziegler, Jürgen
Mitten unter uns. Natzweiler-Struthof: Spuren eines Konzentrationslagers, Hamburg 1986, 272 S.

5. Historische Stadtrundfahrt

Antifaschistische Stadtrundfahrt.
Hg.: Landeshauptstadt Hannover/Freizeitheim Linden, 1985, 28 S.

DGB-Stadtrundfahrt. Das andere München.
Hg.: DGB-Bildungswerk, Kreis München, München 1983, 32 S.

Eine andere Stadtführung. Stadtrundgang – Auf den Spuren des Nationalsozialismus und des Widerstandes in Lemgo.
Hg.: Arbeitskreis Lemgo im Dritten Reich, Bildungswerk CEBA, Lemgo 1986, 40 S.

Franke, Gabriele/Saloch, Reinhard/Thiele, Dieter
»Bauer Eggers' Linden stehen noch«. Erster Barmbeker Geschichtsrundgang, Hamburg 1986, 118 S.

Nazi-Terror und Widerstand in Wolfenbüttel. Ein anderer Stadtführer.
Hg.: Arbeit und Leben, Kreisarbeitsgemeinschaft Wolfenbüttel, 1985, 42 S.

Nie wieder! Vor 50 Jahren – Besetzung des Gewerkschaftshauses in Wilhelmshaven. Materialien für eine alternative Stadtrundfahrt Wilhelmshaven 1983, 26 S.
»Arbeit und Leben«-Seminar Nationalsozialismus und Widerstand in Wilhelmshaven 1933–1945.

Widerstand und Verfolgung in Düsseldorf 1933–1945. Ein Stadtrundführer.
Hg.: Gewerkschaftsjugend des DGB-Kreis Düsseldorf, 1983, 48 S.

6. Allgemeine Arbeitergeschichte

Alltagsnot und politischer Wiederaufbau. Zur Geschichte Freiburgs und Südbadens in den ersten Jahren nach dem 2. Weltkrieg.
Hg.: Arbeitskreis Regionalgeschichte Freiburg, 1986, 112 S.

Arbeiterleben in einer Randregion. Die allmähliche Entstehung einer Arbeiterbewegung in einer rasch wachsenden Industriestadt Singen a. H. 1895–1933.
Hg.: Gert Zang, Konstanz 1987, 300 S.

Ausstellungsgruppe Ottensen
Ottensen. Zur Geschichte eines Stadtteils (Ausstellung vom 3. Nov. 1982 bis 7. August 1983, Katalog).
Hg.: Altonaer Museum in Hamburg, Norddeutsches Landesmuseum, 262 S.

Das Grullbad – Geschichten zur Schulgeschichte eines Recklinghäuser Stadtteils. Ein Beitrag zur Stadtteilkulturgeschichte.
Hg.: Kulturamt der Stadt Recklinghausen, 20 S.

Dortmunder Lesebuch. Vom Leben und Kämpfen damals und heute.
Hg.: Geschichtswerkstatt Dortmund, 1984, 232 S.

Erlebter Alltag – Erlebte Geschichte in Heiligenhaus 1920–1950. Die Teilnehmer des VHS-Kurses »Erlebter Alltag – Erlebte Geschichte« dokumentieren mit dieser Ausstellung ihre bisherige Arbeit.
Hg.: Geschichtsverein Heiligenhaus, Ms. 20 S.

Frei, Alfred G. (Hrsg.)
Habermus und Suppenwürze. Singens Weg vom Bauerndorf zur Industriestadt, Konstanz 1987, 368 S.

Hochlarmarker Lesebuch. Kohle war nicht alles. 100 Jahre Ruhrgebietsgeschichte.
Hg.: Stadt Recklinghausen, 1981, 344 S.

Spurensicherung in Gudensberg. Jugendliche untersuchen das Leben in ihrem Ort (Seminararbeit des Seminars »Spurensicherung« mit Jugendlichen aus Gudensberg, 8.–14. Okt. 1979 im Jugendhof Dörnberg).
Hg.: Jugendhof Dörnberg, 68 S.

Streiflichter. Stadtteilgeschichtliche Ausstellung in Duisburg-Bruckhausen Oktober 1984.
Im Auftrag des Projekts »Stadtteilgeschichte Bruckhausen« der Universität Duisburg-Gesamthochschule, 1985, 36 S.

»Zwischen Weltfirma und Dorf« – Ein Kulturprojekt zwischen Frankfurt/Höchst und Limburg/Lahn über »Leben im 19.« und »Arbeiten im 21. Jahrhundert« (Ein Abschlußbericht).
Hg.: Arbeitsgemeinschaft außerschulische Bildung e. V. Frankfurt-Höchst, 1979–1981, 62 S.

7. Kultur-, Sport- und Umfeldorganisationen

Arbeiterkultur in der proletarischen Provinz 1890–1933. Broschüre zur Geschichte der Arbeiterbewegung im Raum Marbach a. N.
Hg.: Arbeitskreis zur Heimatgeschichte der Arbeiter, Marbach a. N. 1983, 48 S.

Büsing, Hartmut
Arbeitersport in Rüstringen und Wilhelmshaven. Die freie Wassersportvereinigung Jade.
Hg.: Historischer Arbeitskreis des DGB-Wilhelmshaven, Bd. 1, Wilhelmshaven 1986.

Erdmann, Wulf/Lorenz, Klaus-Peter
Die grüne Lust der roten Touristen. Das fotografierte Leben des Arbeiters und Naturfreundes Paul Schminke (1888–1966), Hamburg 1985, 132 S.

Hentschel, Hartmut
Die SAJ in Bochum 1912–1933.
Hg.: Arbeitskreis Arbeitende Jugend Bochums vor 1933 (VHS/DGB), Bochum 1985, Heft 7, 80 S.

Jong, Jutta de
Konsumverein »Wohlfahrt« Bochum.
Hg.: Arbeitskreis Arbeitende Jugend Bochums vor 1933 (VHS/DGB), Bochum 1985, Heft 6, 76 S.

Jong Jutta de
Die Bochumer Arbeiter-Samariter-Kolonne 1913–1933.
Hg.: Arbeitskreis Arbeitende Jugend Bochums vor 1933 (VHS/DGB), Bochum 1985, Heft 9, 52 S.

Malvache, Jean Luc
Arbeitersport in Bochum.
Hg.: Arbeitskreis Arbeitende Jugend Bochums vor 1933 (VHS/DGB), Bochum 1985, Heft 5, 62 S.

Meyer, Hermann/Eckermann, Peter
40 Jahre Arbeiterwohlfahrt Ortsverein Verden, 1986, 32 S.

Stein auf Stein. Zur Erinnerung an ein bevorstehendes Jubiläum (Saalbau des Rechtsschutzvereins in Bildstock).
Hg.: Stadtverband Saarbrücken, Untere Denkmalschutzbehörde, 1987, 28 S.

Stübling, Rainer
Kultur und Massen. Das Kulturkartell der modernen Arbeiterbewegung in Frankfurt am Main von 1925 bis 1933, Offenbach 1983, 210 S.

Tewes, Margret
Bochumer Arbeitersänger vor 1933.
Hg.: Arbeitskreis Arbeitende Jugend Bochums vor 1933 (VHS/DGB), Bochum 1985, Heft 8, 116 S.

Unsere Geschichte – unsere Lieder. Lokale Arbeitersängerbewegung. Lieder – Dokumente – Erzählungen – Daten.
Hg.: Freizeitheim Linden der Landeshauptstadt Hannover, 130 S.

8. Betriebsgeschichte

Banach, Jens/u. a.
Reader zur Geschichte der Hanomag-Belegschaft und ihrer Interessenvertretung 1920–1980. Arbeitspapiere des Projekts Arbeiterbewegung in Hannover, Nr. 6, 1983, 157 S.

Bremen 1933–45. Vom Handelszentrum zur Rüstungsschmiede. Katalog zur Ausstellung, ca. 50 S.

Brotfabrik Germania in Duisburg-Hamborn ein Zentrum des Widerstandes gegen die nationalsozialistische Terrorherrschaft im Rhein-Ruhrgebiet.
Hg.: DGB-Kreis Duisburg u. IGM Verwaltungsstelle Duisburg zum Antikriegstag 1986, 16 S.

Der lange Kampf um die Hüttenarbeiter. Dokumentarische Schlaglichter des Kampfes um die Ausbreitung der Gewerkschaftsarbeit bei der August-Thyssen-Hütte in Hamborn. Lesebuch nach 25 Jahren Betriebstätigkeit zum 55. Geburtstag von Karlheinz Weihs.
Hg.: IGM Verwaltungsstelle Duisburg, 1986.

Die Geschichte einer Werkschließung. Kollegen erinnern sich an ihr Leben und ihr Arbeiten im Ausbesserungswerk der Deutschen Bundesbahn in Oldenburg.
Hg.: Bildungsvereinigung Arbeit und Leben Niedersachsen e. V., Hannover 1984, 62 S.

Dzudzek, Jürgen
Wie die Arbeiter für Krupp die Kohlen aus dem Feuer holten. Sonderdruck aus 50 Jahre Rheinhausen 1934–1984, Rheinhausen 1984, 16 S.

100 Jahre Daimler-Benz. Kein Grund zum Feiern!
Hg.: Plakat-Gruppe Stuttgart, u. a., Stuttgart 1986, 34 S.

100 Jahre Bosch. Halt dei Gosch, Du schaffsch beim Bosch.
Hg.: Arbeitskreis 35-Stunden-Woche Reutlingen, u. a., Stuttgart 1986, 62 S.

Geschichte der Farbwerke Hoechst und der chemischen Industrie in Deutschland. Ein Lesebuch aus der Arbeiterbildung, Offenbach 1984, 176 S.

Geschichtskreis »Zeche Ewald« Stadtteil-Info Herten-Süd.
Hg.: Stadt Herten, Bürgerhaus Herten-Süd.

Hoffmann, Lutz/Neumann, Uwe/Schäfer, Wolfgang
Zwischen Feld und Fabrik. Arbeiteralltag auf dem Dorf von der Jahrhundertwende bis heute. Die Sozialgeschichte des Chemiewerkes Bodenfelde 1896 bis 1986, Göttingen 1986, 112 S.

». . . im Frieden der Menschheit, im Kriege dem Vaterlande . . .« – 75 Jahre Fritz-Haber-Institut der Max-Planck-Gesellschaft. Bemerkungen zur Geschichte und Gegenwart. Verantwortlich: Regine Ehrhardt, ÖTV-Berlin, Berlin 1986, 88 S.

Kuhlmann, Wolfgang
Die Geschichte der Henrichshütte Hattingen von 1854–1933. Ein Beispiel für die Entwicklung der Eisenindustrie im Ruhrgebiet, Examensarbeit, Münster 1965, 86 S.

Leben und Arbeiten in der Fabrik. Die Ravensberger Spinnerei 1850–1972. Eine Ausstellung der VHS-Bielefeld, Bielefeld 1986, 66 S.

Leohold, Volkmar
Die Kämmeristen. Arbeitsleben auf der Bremer Woll-Kämmerei, Schriftenreihe der Arbeiterkammer Bremen, Hamburg 1986, 166 S.

Material zur Ausstellung: »150 Jahre Hanomag in Linden vor Hannover, 1835–1985.

Michel, H./u. a.
Konkurs am Beispiel der Schiffsschraubenfabrik Zeise in Hamburg-Altona, Adolff Verlagsgesellschaft 1981, 54 S.

Ströhlein, Gerhard
Die »Historische Spinnerei« – Ein Industriedenkmal im Gartetal – Sonderdruck aus: »Süd Niedersachsen«, Zeitschrift für Heimatpflege und Kultur, 2/1985, 8 S.

». . . was Belastung ist, das merkst du erst richtig zuhaus.« Kooperatives Forschen und kulturelle Praxis mit Schichtarbeitern und ihren Familien – Ein Ausstellungskatalog – Sonderschrift zu HdA-Forschungsergebnissen.
Hg.: DFVLRG/Projektträgerschaft Humanisierung des Arbeitslebens, Bremerhaven 1986, 102 S.

Zwischen Ofenhaus und Gasometer. Arbeit im Gaswerk 1900 bis 1965.
Hg.: ÖTV-Geschichtsgruppe der Stadtwerke AG, Bremen 1986, 48 S.

9. 1. Mai

Arbeitskreis »Nationalsozialismus in Schweinfurt«
Der 1. Mai 1933 und die Zerschlagung der Gewerkschaftsbewegung in Schweinfurt. Referat für die Mai-Feier des DGB-Kreis zum 1. Mai 1983.
Hg.: DGB-Jugend Schweinfurt.

Breucker, Dorothee
Die Feier des 1. Mai in Göttingen. Von den Anfängen bis zur Zerschlagung der Gewerkschaften am 2. Mai 1933, Hausarbeit zum Proseminar, Ms. 31 S.

Der 1. Mai in Ravensburg/Weingarten und Umgebung – Eine Quellensammlung.
Hg.: Martin Morgen, Karl Schweizer, 1982, 40 S.

DGB-Fotogruppe Hanau, DGB-Songgruppe Hanau 40 Jahre freie Maifeiern in Hanau 1946–1986. Eine Live-Ton-Dia-Revue zum 1. Mai 1986, 20 S.

Dyck, Klaus/Joost-Krüger, Jens
Die Arbeitermaifeiern in Bremen von 1890 bis 1914 (Diplomarbeit, Universität Bremen), Bremen 1985, 154 S.

1. Mai 1987. 1200 Jahre Singen am Hohentwiel. Programmzeitung im Auftrag des Städtischen Kulturamtes und des DGB.

Geschichte des 1. Mai und der Gewerkschaften in Idstein.
Hg.: DGB-Ortskartell Idstein, DGB-Kreis Wiesbaden – Rheingau/Taunus, 1986, 20 S.

Kehm, Barbara
Der 1. Mai im Spiegel der Bochumer Presse von 1927–1955.
Hg.: Gemeinsame Arbeitsstelle RUB/IGM und DGB-Kreis Bochum, 1983, 148 S.

Lischber, Eva/Algermissen, Gundolf
1. Mai – Hannover in der Weimarer Republik.
Hg.: DGB-Kreis Hannover, 1983, 56 S.

90 Jahre Maifeiern in Biberach.
Hg.: DGB-Kreis Biberach-Ehingen, 1984, 4 S.

Ulrich, Axel
Trotz Alledem – Der 1. Mai blieb rot. Zur Geschichte des 1. Mai in Wiesbaden während der Illegalität 1933–1945.
Hg.: DGB-Kreis Wiesbaden – Rheingau/Taunus, 1985, 42 S.

10. Oral History, erzählte Lebensgeschichte

Abhängig vom Vertrauen. Gewählte Funktionäre der IGBE im Bezirk Ruhr-Nord.
Hg.: IGBE Bezirk Ruhr-Nord, 1983, 192 S.

Berhard Pätau
Aus dem Leben eines kleinen Mannes. Ein Beitrag zur Geschichte der IG Bau-Steine-Erden.
Hg.: IG Bau-Steine-Erden, Bundesvorstand, Frankfurt 1985, 64 S.

Erzählkreis in der GEW-Berlin
Nie wieder Krieg! Berliner Lehrerinnen und Lehrer erinnern sich an das Jahr 1945, die Zeit davor und die Zeit danach. Lehrerlebensgeschichten 7.
Hg.: Monika Römer-Jacobs, Bruno Schonig, Berlin 1986, 128 S.

Galm, Heinrich
Ich war halt immer ein Rebell, Offenbach 1981, 234 S.

Hormann-Reckeweg, Birgit
Ludwig Müller – aus dem Leben eines Gewerkschafters. Ein Beitrag zur Geschichte der IG Chemie-Papier-Keramik, Köln 1986, 126 S.

Jahre, die wir nicht vergessen 1945–1950. Recklinghäuser Bergbau-Gewerkschafter erinnern sich.
Hg.: IGBE-Bezirk Ruhr-Nord, 270 S.

Projektgruppe: Lebenslauf und Regionalgeschichte: »Wir sind aus diesem Milieu«. Alltagserfahrungen älterer Solinger Gewerkschafterinnen und Gewerkschafter, Berlin 1984, 260 S.

Schönrock, Hildegard
Hildegard Schönrock. Wir kamen gerade so hin. Meine Kindheit und Jugend in Berlin-Moabit. Erzähltes Leben I, Berlin 1983, 32 S.

Stüber, Jaimi
Textbuch zum Filmzyklus »Lebensgeschichte des Bergarbeiters Alphons S.«. Ein Bio-Interview in acht Filmen.
Hg.: Kooperation Universität/Arbeiterkammer Bremen in Zusammenarbeit mit dem RuhrFilmZentrum, 1980, 166 S.

Zeitzeugen der Arbeiterbewegung von Kindesbeinen an.
Hg.: Freizeitheim Linden der Landeshauptstadt Hannover, 1985, 68 S.

11. Streik

Bayernstreik 1954 am Beispiel der IG Metall Verwaltungsstelle Ingolstadt. Dokumente seiner Geschichte.
Hg.: IGM Verwaltungsstelle Ingolstadt, Kösching 1984, 203 S.

Dokumentation – Streik der Metaller in Schleswig-Holstein 1956/57.
Hg.: Vorstand der IGM, Frankfurt 1978, 380 S.

Gressirer, Johann
Der Lindenberger Hutarbeiterstreik 1953. Ein Versuch mit Methoden der Oral History (Staatsexamensarbeit), München 1986, 356 S.

Vor 30 Jahren: Streik im Hamburger Hafen. Videofilme und Fotoausstellung 1979–1983. Hg.: Medienpädagogisches Zentrum Hamburg e. V., Prospekt, 12 S.

12. Frauen

»Ich habe gemerkt, daß man etwas bewegt!« – Eine Dokumentation aus dem Leben gewerkschaftlich aktiver Frauen.
Hg.: Gewerkschaft Textil-Bekleidung, Hauptvorstand, Düsseldorf 1985, 70 S.

Weiterführende Literatur

Leitfäden, Arbeitshilfen, Projektberichte zur Geschichte von unten

Arbeiter erforschen ihre Geschichte. Handreichungen für Arbeitskreise. Geschichte und Kulturarbeit Heft 1, Hg.: Bildungsvereinigung Arbeit und Leben Niedersachsen e. V., Hannover 1983.

Ehalt, Hubert Ch. (Hg.): Geschichte von unten. Fragestellungen, Methoden und Projekte einer Geschichte des Alltags, Wien-Köln-Graz 1984.

Galinski, Dieter/Lachauer, Ulla (Hrsg.): Alltag im Nationalsozialismus 1933 bis 1939. Jahrbuch zum Schülerwettbewerb Deutsche Geschichte um den Preis des Bundespräsidenten, Braunschweig 1982.

Gerstner, Ingeborg: Kulturarbeit für und mit Arbeitnehmer(n). Handbuch für Geschichtsprojekt-Teamer, Bremen 1986.

Geschichtswerkstatt, hrsg.: von der Geschichtswerkstatt e. V. (Zeitschrift der Geschichtswerkstätten, bislang sind insgesamt 14 Hefte erschienen, zusammengestellt von wechselnden Redaktionen, erscheint ab Heft 11 als reguläre Verlagspublikation, ab Heft 12 im ergebnisse Verlag, Hamburg).

Heer, Hannes/Ullrich, Volker (Hg.): Geschichte entdecken. Erfahrungen und Projekte der neuen Geschichtsbewegung, Reinbek 1985.

Historische Spurensuche in der politischen Praxis – Leitfaden –, vorgelegt im Auftrage der Historischen Kommission beim SPD-Parteivorstand, Bonn 1987.

Kinter, Jürgen/Kock, Manfred/Thiele, Dieter: Spuren suchen. Leitfaden zur Erkundung der eigenen Geschichte, Hamburg 1985.

Kühn, Barbara/Syska, Joachim: Oral History praktisch (Unterrichtsmaterialien), Mühlheim 1986.

Kultur und Arbeitsleben. Berichte, Erfahrungen und Anregungen für die Bildungsarbeit. Geschichte und Kulturarbeit Heft 3, Hg.: Bildungsvereinigung Arbeit und Leben Niedersachsen e. V., Hannover 1985.

Leitfaden zur Aktion »Grabe, wo Du stehst«, verantwortlich: ÖGB-Bildungsreferat Linz, Eigendruck.

Lindqvist, Sven: Grabe, wo Du stehst! – wie man Arbeit erkundet – aus dem Schwedischen übersetzt von Manfred Dammeyer, Herbst 1988.

Materialien für Tutoren des Schülerwettbewerbs »Alltag im Nationalsozialismus – Die Kriegsjahre in Deutschland«. Nicht irgendwo, sondern hier bei uns!, Selbstverlag, Hamburg 1982.

Paul, Gerhard/Schoßig, Bernhard (Hrsg.): Die andere Geschichte, Köln 1986.

Schülerwettbewerb Deutsche Geschichte um den Preis des Bundespräsidenten. Alltag im Nationalsozialismus. Die Kriegsjahre in Deutschland, Träger: Körber Stiftung, Hamburg 1982 (Ausschreibungsheft mit Arbeitshilfen).

Ausgewählte Literatur zur Diskussion über Geschichte von unten, Alltagsgeschichte, biographische Forschung, Oral History

Alheit, Peter: Alltagsleben. Zur Bedeutung eines gesellschaftlichen »Restphänomens«, Frankfurt/M.-New York 1983.

Dera, Klaus (Hg.): Lernen für die Praxis: Medien, Techniken, Methoden, München 1984.

Frei, Alfred Georg: Alltag – Region – Politik. Anmerkungen zur »neuen Geschichtsbewegung«, in: »Geschichtsdidaktik«, Heft 2, 1984.

Frei, Alfred G./Wildt, Michael: Hirsebrei und Seifenblasen. Die Geschichtswerkstätten und ihre Kritiker, in: »L'80«, Heft 39, 1986.

Fuchs, Werner: Biographische Forschung. Eine Einführung in Praxis und Methoden, Opladen 1984.

Kocka, Jürgen: Geschichtswerkstätten und Historikerstreit, in: »taz«, 26. Januar 1986.

Köhler, Ernst: Der kleine Mann und seine Liebhaber, in: »Freibeuter« 24, Berlin 1985.

Lindenberger, Thomas: Werkstattgeflüster. Überlegungen zu Selbstverständnis und Praxis radikaldemokratischer Geschichtsforschung aus der Berliner Geschichtswerkstatt, in: Demokratie und Arbeitergeschichte, Jahrbuch 3, Weingarten 1983.

Lüdtke, Alf: »Das genaue Nachzeichnen von Mythen des Alltags schärft den Blick«. Ein Plädoyer für die Alltagsgeschichte und historische Endeckungsreise ins eigene Volk, in: »Frankfurter Rundschau«, 2. März 1988.

Niethammer, Lutz: Wozu taugt Oral History? in: »Prokla« 60, 1985.

Niethammer, Lutz: Fragen – Antworten – Fragen. Methodische Erfahrungen und Erwägungen zur Oral History, in: Lutz Niethammer/Alexander von Plato (Hg.): »Wir kriegen jetzt andere Zeiten«. Auf der Suche nach der Erfahrung des Volkes in nachfaschistischen Ländern, Berlin-Bonn 1985.

Peukert, Detlev: Arbeiteralltag – Mode oder Methode? in: »Argument« Sonderband 94, Berlin 1982.

Warneken, Bernd Jürgen: Populäre Autobiographik. Empirische Studien zu einer Quellengattung der Alltagsgeschichtsforschung, Tübingen 1985.

Wehler, Hans-Ulrich: Geschichte – von unten gesehen, in: »Die Zeit«, Nr. 19, 3. Mai 1985.

Zang, Gert: Die unaufhaltsame Annäherung an das Einzelne. Reflexionen über den theoretischen und praktischen Nutzen der Regional- und Alltagsgeschichte, Konstanz 1985.

Wenige ausgewählte Literaturhinweise auf vorwiegend neuere Untersuchungen zur Geschichte der Arbeiterbewegung
(Zusätzlich zu den Hinweisen in den Anmerkungen)

Albrecht, Willy: Fachverein – Berufsgewerkschaft – Zentralverband. Organisationsprobleme der deutschen Gewerkschaftsbewegung 1870–1890, Bonn 1982.

Barthel, Paul: Handbuch der deutschen Gewerkschaftskongresse, Dresden 1916.

Beier, Gerhard: Das Lehrstück vom 1. und 2. Mai 1933, Frankfurt/M. 1975.

Ders.: Der Demonstrations- und Generalstreik vom 12. November 1948. Im Zusammenhang mit der parlamentarischen Entwicklung Westdeutschlands, Frankfurt/M 1975.

Ders.: Willy Richter. Ein Leben für die soziale Neuordnung, Köln 1978.

Bieber, Hans-Joachim: Gewerkschaften in Krieg und Revolution. Arbeiterbewegung, Industrie, Staat, Militär in Deutschland, 2 Bde., Hamburg 1981.

Boch, Rudolf: Handwerker-Sozialisten gegen Fabrikgesellschaft. Lokale Fachvereine, Massengewerkschaft und industrielle Rationalisierung in Solingen 1870–1914, Göttingen 1985.

Bock, Hans-Alfred: Syndikalismus und Linkskommunismus von 1918–1933. Zur Geschichte und Soziologie der Freien Arbeiter-Union Deutschlands (Syndikalisten), der Allgemeinen Arbeiter-Union Deutschlands und der Kommunistischen Arbeiterpartei Deutschlands, Meisenheim/Glan 1969.

Boll, Friedrich: Massenbewegungen in Niedersachsen 1906–1920, Bonn 1981.

Borsdorf, Ulrich: Hans Böckler. Arbeit und Leben eines Gewerkschafters von 1875 bis 1945, Köln 1982.

Braunthal, Julius: Geschichte der Internationale, 3 Bde., Berlin-Bonn 1978.

Bürger, Heinrich, Die Hamburger Gewerkschaften und ihre Kämpfe von 1865 bis 1890, Hamburg 1899.

Conze, Werner/Engelhard, Ulrich (Hrsg.): Arbeiterexistenz im 19. Jahrhundert. Lebensstandard und Lebensgestaltung deutscher Arbeiter und Handwerker, Stuttgart 1981.

Eisenberg, Christiane: Frühe Arbeiterbewegung und Genossenschaften. Theorie und

Praxis der Produktivgenossenschaften in der deutschen Sozialdemokratie und den Gewerkschaften der 1860er-1870er Jahre, Bonn 1985.

Engelhard, Ulrich: »Nur vereinigt sind wir stark«. Die Anfänge der deutschen Gewerkschaftsbewegung 1862/63 bis 1869/70, 2 Bde., Stuttgart 1977.

Feldman, Gerald D.: Armee, Industrie und Arbeiterschaft in Deutschland 1914 bis 1918, Berlin-Bonn 1985.

Fichter, Michael: Besatzungsmacht und Gewerkschaften. Zur Entwicklung und Anwendung der US-Gewerkschaftspolitik in Deutschland 1944-1948, Opladen 1982.

Flechtheim, Ossip K.: Die KPD in der Weimarer Republik, Neuauflage, Hamburg 1986.

Fricke, Dieter: Handbuch zur Geschichte der deutschen Arbeiterbewegung 1869-1917, 2 Bde., Berlin (DDR) 1987.

Grebing, Helga: Arbeiterbewegung. Sozialer Protest und kollektive Interessenvertretung bis 1914, München 1985.

Hohorst, G./Kocka, J./Ritter, G. A.: Sozialgeschichtliches Arbeitsbuch. Materialien zur Statistik des Kaiserreichs 1870-1914, München 1975.

Klönne, Arno/Reese, Hartmut: Die deutsche Gewerkschaftsbewegung, Hamburg 1984.

Kocka, Jürgen: Die Angestellten in der deutschen Geschichte 1850-1980. Vom Privatangestellten bis zum angestellten Arbeitnehmer, Göttingen 1981.

Ders.: Klassengesellschaft im Krieg. Deutsche Sozialgeschichte 1914-1918, Göttingen 1973.

Kolb, Eberhard: Arbeiterräte in der deutschen Innenpolitik 1918-1919, Düsseldorf 1972.

Machthan, Lothar: Streiks im frühen deutschen Kaiserreich, Frankfurt-New York 1983.

Matthias, Erich/Schönhoven, Klaus: Solidarität und Menschenwürde. Etappen der deutschen Gewerkschaftsgeschichte von den Anfängen bis zur Gegenwart, Bonn 1984.

Miller, Susanne: Burgfrieden und Klassenkampf. Die deutsche Sozialdemokratie im Ersten Weltkrieg, Düsseldorf 1974.

Dies.: Die Bürde der Macht. Die deutsche Sozialdemokratie 1918-1920, Düsseldorf 1978.

Mielke, Siegfried (Hg.): Internationales Gewerkschaftshandbuch, Opladen 1983.

Mommsen, Hans: Arbeiterbewegung und nationale Frage, Göttingen 1979.

Müller, Dirk H.: Gewerkschaftliche Versammlungsdemokratie und Arbeiterdelegierte in der deutschen Gewerkschaftsbewegung vor 1918, Berlin 1985.

Ders.: Idealismus und Revolution, Berlin 1975.

Müller, Richard: Vom Kaiserreich zur Republik, Wien 1925.

Ders.: Die Novemberrevolution, Wien 1925.

Ders.: Der Bürgerkrieg in Deutschland, Berlin 1925 (Reprint aller 3 Bände, Berlin 1974).

Na'aman, Shlomo: Die Konstituierung der deutschen Arbeiterbewegung 1862/63. Darstellung und Dokumentation, Assen 1975.

Ders.: Von der Arbeiterbewegung zur Arbeiterpartei. Der Fünfte Vereinstag der Deutschen Arbeitervereine zu Nürnberg im Jahre 1868. Eine Dokumentation, Berlin 1976.

Niethammer, Lutz u. a. (Hrsg.): Arbeiterinitiative 1945, Antifaschistische Ausschüsse und Reorganisation der Arbeiterbewegung in Deutschland, Wuppertal 1976.

Oertzen, Peter v.: Betriebsräte in der Novemberrevolution, 2. Auflage, Berlin-Bonn 1976.

Opel, Fritz: Der Deutsche Metall-Arbeiterverband während des Ersten Weltkrieges und der Revolution, Neuauflage, Köln 1980.

Petzina, D./Abelshauser, W./Faust, A.: Sozialgeschichtliches Arbeitsbuch III. Materialien zur Statistik des Deutschen Reiches 1914–1945, München 1978.

Peukert, Detlev: Ruhrarbeiter gegen den Faschismus, Frankfurt/M. 1976.

Pirker, Theo: Die blinde Macht. Die Gewerkschaften in Westdeutschland, 2. Bde., München 1960.

Potthoff, Heinrich: Freie Gewerkschaften 1918–1933. Der Allgemeine Deutsche Gewerkschaftsbund in der Weimarer Republik, Düsseldorf 1987.

Ritter, Gerhard A. (Hrsg.): Arbeiterkultur, Königstein/Ts. 1981.

Ruck, Michael: Die Freien Gewerkschaften im Ruhrkampf 1923, Köln 1986.

Scharrer, Manfred: Arbeiterbewegung im Obrigkeitsstaat, Berlin 1976.

Ders.: Die Spaltung der deutschen Arbeiterbewegung, 2. Auflage, Stuttgart 1985.

Ders. (Hrsg.): Kampflose Kapitulation. Arbeiterbewegung 1933, Reinbek 1984.

Schmidt, Eberhard: Die verhinderte Neuordnung 1945–1952, Frankfurt/M. 1970.

Schneider, Dieter: Gewerkschaft ÖTV – Anfänge. Zentralorganisation der Gemeinde- und Transportarbeiter 1896/97–1906/07. Mit einem Beitrag von Hartmut Simon, Stuttgart 1986.

Schneider, Michael: Die Christlichen Gewerkschaften 1894–1933, Bonn 1982.

Ders.: Streit um Arbeitszeit. Geschichte des Kampfes um Arbeitszeitverkürzung in Deutschland, Köln 1984.

Schönhoven, Klaus: Die deutschen Gewerkschaften, Frankfurt/M. 1987.

Ders.: Expansion und Konzentration. Studien zur Entwicklung der Freien Gewerkschaften im Wilhelminischen Deutschland 1890 bis 1914, Stuttgart 1980.

Tenfelde, Klaus: Sozialgeschichte der Bergarbeiterschaft an der Ruhr im 19. Jahrhundert, 2. Auflage, Bonn 1981.

Ders./Volkmann, H. (Hrsg.): Streik. Zur Geschichte des Arbeitskampfes in Deutschland während der Industrialisierung, München 1981.

Vetter, Heinz Oskar (Hrsg.): Vom Sozialistengesetz zur Mitbestimmung. Zum 100. Geburtstag von Hans Böckler, Köln 1975.

Weber, Hermann: Die Wandlung des deutschen Kommunismus, 2 Bde., Frankfurt/M. 1969.

Wehler, Hans-Ulrich: Deutsche Gesellschaftsgeschichte, 1. Band 1700–1815, 2. Band 1815–1845/49, München 1987.

Winkler, Heinrich August: Von der Revolution zur Stabilisierung. Arbeiter und Arbeiterbewegung in der Weimarer Republik 1918–1924, Berlin 1984.

Ders.: Der Schein der Normalität. Arbeiter und Arbeiterbewegung in der Weimarer Republik 1924–1930, Bonn 1985.

Dokumentation I

Selbstdarstellungen

DOKUMENT 1

Arbeitskreis Regionalgeschichte Freiburg e. V.

von Heiko Haumann

Der Arbeitskreis besteht als lockerer Zusammenschluß von Studenten, Lehrern und Dozenten seit 1980; seit Anfang 1986 ist er als gemeinnütziger Verein anerkannt. Er will Forschungsvorhaben durchführen und unterstützen, Ergebnisse veröffentlichen, Vorträge, Ausstellungen und Exkursionen veranstalten, Arbeitsgruppen einrichten sowie mit Vereinigungen, die ähnliche Ziele verfolgen, zusammenarbeiten. Regionalgeschichte verstehen wir als Möglichkeit, Geschichte »von unten« zu betreiben, Lebenswelten, Erfahrungen und Verhalten einzelner zu untersuchen und mit übergreifenden Ereignissen und Strukturen zu verknüpfen. Vom überschaubaren Raum und vom täglichen Leben in der Vergangenheit, von der Perspektive der Betroffenen, der Leidenden und Handelnden ausgehend, kann der heutige Mensch seine »eigene« Geschichte nachvollziehen. Dabei können auch verschüttete Traditionen wieder lebendig werden. Historische Identität betrachten wir als wichtige Voraussetzung zur Orientierung in der Gegenwart.

Von Anfang an haben wir – zum großen Teil selbst aktive Gewerkschafter – die Zusammenarbeit mit dem DGB, Kreis Freiburg, gesucht. Er unterstützte uns bei unserem ersten Projekt, einem Kurs an der Freiburger Volkshochschule über die Geschichte der Arbeiterbewegung am Oberrhein. Daraus entstand eine Veröffentlichung, die ebenfalls durch die Hilfe des DGB ermöglicht wurde: Die Freiheit ist noch nicht verloren 1850–1933. Freiburg 1983 (Dreisam-Verlag). Wir haben dann versucht, die Gewerkschaftsgeschichte nach 1945 näher zu erforschen. Erste Ergebnisse sind in eine öffentliche Veranstaltung und eine weitere Publikation eingeflossen: Alltagsnot und politischer Wiederaufbau. Zur Geschichte Freiburgs und Südbadens in den ersten Jahren nach dem 2. Weltkrieg. Freiburg 1986 (Neue Reihe des Stadtarchivs Freiburg i.B., Heft 9, Schillinger Verlag).

Eine Arbeitsgruppe sah die Lebenserinnerungen eines alten Gewerkschafters und Kommunisten durch, der von 1945 bis 1951 im Badischen Gewerkschaftsbund und in der IG Chemie eine wichtige Rolle gespielt hat, und bereitete sie zur Veröffentlichung vor (va & g, Marburg 1988). Wir streben eine systematische Aufarbeitung der Gewerkschaftsgeschichte nach 1945 an, unter Einschluß einer Befragung noch lebender älterer Kollegen. Dazu haben wir mit dem Seniorenkreis des DGB Kontakt aufgenommen. Der DGB-Kreis stellte zunächst einmal für drei Monate eine Praktikantin ein, die in den Freiburger Archiven einschlägige Unterlagen sichten sollte (ein DGB-Archiv existiert für die frühe Zeit leider nicht mehr).

Daneben befassen wir uns mit weiteren Themen aus der Geschichte der Region, in Projekten wie in Einzelarbeiten. Mitglieder des Arbeitskreises beteiligen sich an Ausstellungen, Tagungen, der Erstellung von Unterrichtsmaterialien etc. Forschungsergebnisse werden in unserer Publikationsreihe »Alltag und Provinz« einer breiteren Öffentlichkeit vorgestellt. Durch die Organisationsform des Vereins hoffen wir, mehr Mitarbeiter außerhalb des Hochschulbereichs zu gewinnen und auch die finanzielle Grundlage für einzelne Vorhaben zu verbessern.

An Kontakten zu anderen Gruppen, Anregungen und Hinweisen sind wir immer interessiert.

Kontaktadresse:
Arbeitskreis Regionalgeschichte Freiburg e. V.
Postfach 51 27
7800 Freiburg

DOKUMENT 2

Geschichtsarbeit mit Zeitzeugen
Der Arbeitskreis Bremer Arbeiterveteranen

von Heinz-Gerd Hofschen und Dieter Pfliegensdörfer

Entstehung und Entwicklung

Im Zusammenhang mit einem von Prof. Jörg Wollenberg geleiteten Universitätsprojekt zur Geschichte der Bremer Arbeiterbewegung, das die Endphase der Weimarer Republik und die Zeit des Faschismus in Bremen erforschte, und das sich dabei stark auf die Befragung von Zeitzeugen stützte, bildete sich ab 1980 ein kontinuierlicher Arbeits- und Diskussionszirkel der beteiligten Zeitzeugen. Neben der Aufarbeitung der eigenen Geschichte in einem durchaus kontroversen Diskussionsprozeß – was bei der Zusammensetzung des Veteranenkreises nicht verwundern kann, da in ihm Angehörige aller Strömungen der Arbeiterbewegung der Weimarer Zeit vertreten sind (KPD, SPD, KPO, SAP, Syndikalisten), die auch heute noch in unterschiedlichen Parteien und Gruppen aktiv sind – war von Anfang an auch die Vermittlung der eigenen historischen Erfahrungen an die Öffentlichkeit, besonders an Gewerkschafter und Jugendliche beabsichtigt. Für diese Öffentlichkeitsarbeit stellten die Volkshochschule und die Bildungsvereinigung »Arbeit und Leben (DGB/VHS) e. V.« den institutionellen Rahmen zur Verfügung: Ab Herbst 1980 war der »Arbeitskreis Bremer Arbeiterveteranen« in jedem Semester mit einer Veranstaltungsreihe »Zeitzeugen berichten« im Programm der Volkshochschule vertreten.

Seit nunmehr 6 Jahren trifft sich der Arbeitskreis regelmäßig. In ihm arbeiten rund 20 Veteraninnen und Veteranen der Bremer Arbeiterbewegung, sowie einige jüngere Teilnehmer (Wissenschaftler, Studenten) mit. Die Diskussionen in diesem überfraktionellen Kreis waren und sind hinsichtlich der Bewertung historischer Chancen, Erfolge und Niederlagen der Arbeiterbewegung (etwa 1932/33 oder 1945–49) wie auch der damaligen und heutigen Strategien der einzelnen Arbeiterorganisationen kontrovers und bisweilen nicht ohne Heftigkeit. Daß sie in solidarischer und konstruktiver und damit für die Besucher der Veranstaltungsreihen in besonders lebendiger und lehrreicher Weise möglich sind, beruht auf dem gemeinsamen Bezug aller Teilnehmer und Teilnehmerinnen auf die sozialistische Arbeiterbewegung als Kampf- und Kulturgemeinschaft für die Emanzipation der abhängig Arbeitenden.

Arbeitsweise und Ergebnisse

Neben Sitzungen und Seminaren, die der internen Diskussion historischer und aktueller Themen im Veteranenkreis und der Vorbereitung der Öffentlichkeitsarbeit sowie der kritischen Begleitung von Forschungsprojekten dienen, pflegt der Arbeitskreis Kontakte zu Arbeiterveteranenzirkeln in Lübeck und Nürnberg, beteiligt sich an Tagungen und Konferenzen zur regionalen und betrieblichen Geschichtsarbeit und führt gemeinsame Reisen (so beispielsweise zur Akademie der Arbeit nach Frankfurt, nach Leipzig und Nürnberg), Ausflüge und den Besuch von Ausstellungen und Kulturveranstaltungen durch.

Von den bisherigen Ergebnissen der Öffentlichkeitsarbeit sind besonders hervorzuheben:

- Die seit Oktober 1980 laufenden *Veranstaltungsreihen* »Zeitzeugen berichten«: im Rahmen von VHS und »Arbeit und Leben«. In diesen Veranstaltungen, die meist im Gewerkschaftshaus stattfanden, berichten die Arbeiterveteranen ihre politischen, gewerkschaftlichen und betrieblichen Erfahrungen zu den Themen »Gewerkschaftspolitik und Neuordnungsvorstellungen in Bremen nach 1945«(1980/81), »Antifaschistischer Arbeiterwiderstand in Bremen« (1981/82), »Ursachen und Folgen der Machtergreifung in Bremen« (1982/83), »Die Bremer Wirtschaft in der Krise – Krisenverlauf und Krisenreaktion der Arbeiterschaft 1929–1983« (1983/84), »Kriegsende, Entnazifizierung und verhinderte Neuordnung in Bremen« (1985), »Die 50er Jahre in Bremen« (1986/87).
- Die Beteiligung an der Erstellung von drei *Ausstellungen* zu den Themen »Krisenverlauf und die Reaktion der Bremer Arbeiterschaft 1929-1933« (gezeigt in Bürgerhäusern und bei den DGB-

Stapellauf der »Bremen« 1929.
Aus: Rundbrief Nr. 4, S. 8.

Kulturtagen zum 1. Mai 1981), »Trotz alledem. Bremer Arbeiterbewegung 1918-1945« (gezeigt in der unteren Rathaushalle im Februar/März 1983 und in der HfT), »Bremen 1933–1945. Vom Handelszentrum für Rüstungsschmiede« (gezeigt seit Januar 1983 im Kulturzentrum Schlachthof, im DGB-Haus, in Schulen und Bürgerhäusern sowie in Frankfurt und Nürnberg).

Die Arbeiterveteranen arbeiteten an den Konzeptionen dieser Ausstellungen mit, stellten schriftliche Erinnerungen und Exponate zur Verfügung, führten Besuchergruppen durch die Ausstellungen und beteiligten sich an deren Rahmenprogrammen, wobei besonders die Sendereihe von Radio Bremen »Bremen 1933 – Arbeiterbewegung und Widerstand« (Jan. – März 1983) zu erwähnen ist, die wesentlich auf Interviews mit den Veteranen fußte.

■ Die *Geschichtsvermittlung in Schulen,* Jugendgruppen und in Veranstaltungen für besondere Zielgruppen. So referierten beispielsweise Mitglieder des Veteranenkreises auf den Schülerveranstaltungen des DGB am Vortag des 1. Mai 1982 und 1983, bei Diskussionsveranstaltungen in der Universität und in Bürgerhäusern, wobei mehrere Veranstaltungen mit Wolfgang Abendroth besonders hervorzuheben sind. Ferner berichten Veteranen regelmäßig bei Bildungsurlaubsseminaren von »Arbeit und Leben«.

■ Die Mitarbeit in *betrieblichen Geschichtsprojekten.* Einige Vorhaben zur Erforschung von Betriebsgeschichten wurden von Mitgliedern des Arbeitskreises angeregt und unterstützt (so ein Projekt zur Aufarbeitung der Geschichte des Flugzeugwerkes Focke Wulf, heute MBB, bei dem Kollegen aus dem Bremer Werk von MBB die Geschichte des Betriebes während des Faschismus in Form einer Ausstellung und einer szenischen Lesung aufbereitet haben), wobei der Umstand hilfreich war, daß einzelne Veteranen jahrzehntelang in den entsprechenden Betrieben gearbeitet und dort zum Teil auch gewerkschaftliche Funktionen bekleidet haben. Eine Broschüre zur Geschichte der »AG-Weser«, die von den Jungsozialisten anläßlich der Werksschließung herausgegeben wurde, ist von Mitgliedern des Arbeitskreises erstellt worden.

■ Die *Video-Filmreihe »Bremer Arbeiter-Biographien.«* Die Filmreihe, die vom Kooperationsbereich Arbeiterkammer/Universität erstellt wurde (Wolfgang Jung/Jörg Wollenberg) umfaßt bislang die Berichte von Hermann und Frieda Prüser sowie die von Karl und Hilde Grobe. Die Filme sind als VHS-Kassetten bei der Kooperationsstelle ausleihbar und werden in der gewerkschaftlichen und politischen Bildungsarbeit eingesetzt. In diesen Video-Filmen schildern die genannten Zeitzeugen (Hermann Prüser war bis 1933 KPD-Bürgerschaftsabgeordneter und in den 50er Jahren Betriebsratsvorsitzender der »AG-Weser«; der inzwischen verstorbene Karl Grobe war SAJ-Vorsitzender, dann Mitbegründer der SAP in Bremen, nach 1945 KPD-, später wieder SPD-Mitglied und Betriebsrat bei Borgward) ihr Leben und ihre politischen Erfahrungen seit den 20er Jahren.

■ *Die Buchpublikationen,* die in Zusammenarbeit mit den Arbeiterveteranen entstanden sind. Bei diesen Veröffentlichungen (rund ein Dutzend Titel) handelt es sich teils um Forschungsarbeiten, die sich wesentlich auf die Zeitzeugenberichte stützen, teils um Kataloge und Broschüren zu oben genannten Themen.

Die Ausstellung »Bremen 1933–45. Vom Handelszentrum zur Rüstungsschmiede«

Abschließend sei ein vom Arbeitskreis Bremer Arbeiterveteranen maßgeblich mitgestaltetes Projekt etwas ausführlicher dargestellt, das der Gruppe Arbeiterfotographie sowie von Kollegen der Bremer Tageszeitungen AG und der Klöckner-Werke, Hütte Bremen. Sie wurde vom 30. Januar bis zum 31. März 1983 im Kulturzentrum Schlachthof in Bremen gezeigt. Ein Katalog mit einer Auflage von 2000 Stück wurde dazu erstellt.

Die Intention der mit relativ geringen finanziellen Mitteln angefertigten und 67 Tafeln umfassenden Ausstellung bestand vorrangig darin, grundlegende soziale, wirtschaftliche und politische Entwicklungen in Bremen in der Endphase der Weimarer Republik und während des Faschismus bis hin in die unmittelbare Nachkriegszeit aufzuzeigen. Dargestellt wurden die durchaus unterschiedlichen Reaktionen der Bremer Arbeiterschaft und des Bürgertums auf Weltwirtschaftskrise und NS-Machtübernahme, die Auswirkungen der faschistischen Gleichschaltung auf Arbeiterbewegung und Unternehmertum, die aktive Einschal-

Mitteilungen der Handelskammer Bremen

Im Auftrage der Handelskammer herausgegeben
von Arthur Ulrich
Syndikus der Handelskammer

Nachrichtenblatt der nachstehenden Vereine:
Bremer Rhederverein, Bremer Kanalverein
Verein Bremer Exporteure

Bestellungen- und Anzeigenannahme:
Handelskammer, Haus Schütting, Bremen
Fernsprecher: Domsheide 22201
Alle Anfragen und Beanstandungen sind dorthin
zu richten
Nachdruck nur mit Genehmigung des Verlages
Annahmeschluß 25. März 1933

14. Jahrgang BREMEN, den 27. März 1933 **Nr. 12**

Bekenntnis des bremischen Kaufmanns zur neuen Regierung.

In der Börsenversammlung der Bremischen Kaufmannschaft am 16. März 1933 hielt der Vizepräses der Handelskammer, Herr W. Biedermann, in Anwesenheit von Vertretern der bremischen Regierung folgende Ansprache:

... An uns Bremer Kaufleute ist der Ruf ergangen, an der Arbeit der Erneuerung, die fast auf allen Gebieten notwendig ist, in positivem Sinne mitzuarbeiten, indem wir vor Sonderinteressen das Wohl des gesamten Volkes ins Auge fassen. Meine Herren, wir würden die geschichtliche Größe des Augenblicks schwer verkennen, wenn wir uns diesem Rufe versagen würden. Nicht in dem Sinne, daß wir die Interessen von Handel, Schiffahrt und namentlich der Industrie, der ja als größter....

Was den Bemühungen patriotischer Kreise — ich erinnere auch an unseren verdienten Mitbürger Adolf Vinnen — in der Kriegszeit nicht gelungen ist, was die Besten in den folgenden 14 Jahren unter ständigen Demütigungen erhofft haben, ist von dem jetzigen Reichskanzler Adolf Hitler in langem zähen Ringen erreicht worden.

Ein national denkendes, nach außen selbstbewußtes, im Innern wirtschaftlicher Gesundung und sozialer Gerechtigkeit zustrebendes Deutschland ist neu erwacht. Neben den Fahnen der kämpfenden Bewegung, der wir das neue Deutschland der nationalen Einigkeit aufrichtig zu danken haben, wehen wieder die alten Reichsfarben, denen immer das Herz unserer Kaufmannschaft gehört hat.

Aus: Rundbrief Nr. 4, S. 10.

tung der Bremer Großwirtschaft in die NS-Rüstungsproduktion, Arbeits- und Lebensbedingungen der Bremer Arbeiterschaft nach 1933 und Arbeiterwiderstand, die Rolle der Bremer Industrie in der Kriegswirtschaft und ihre Verquickung mit dem Zwangsarbeiter- und KZ-System Hitler-Deutschlands. Kollegen der Klöckner-Werke erstellten einige Tafeln zur Geschichte der Zwangsarbeit auf der ehemaligen Norddeutschen Hütte. Am Ende der Ausstellung befinden sich mehrere Tafeln zur Entnazifizierung, insbesondere der ehemaligen Wehrwirtschaftsführer, zur verhinderten Neuordnung der Wirtschaft und zur Frage der Rüstungsproduktion Bremer Betriebe vom Beginn der fünfziger Jahre bis zur Gegenwart. Den Schluß bilden Stellungnahmen der Bremer DGB-Jugend zum Thema Ausländerfeindlichkeit.

Neben zahlreichen Schulklassen wurde die Ausstellung während der Stellzeit im Schlachthof vor allem von Mitgliedern gewerkschaftlicher

Gruppen und Friedensinitiativen besucht. Seit 1983 fanden Folgeeröffnungen im Bürgerhaus Vegesack, in der Bonhoeffer-Gemeinde Huchting, im Bremer DGB-Haus, in der Universität Bremen, in der AdA Frankfurt und im DGB-Kreis Nürnberg statt. Für die Bildungsarbeit steht die Ausstellung in Form einer Diaserie zur Verfügung.

Der Arbeitskreis Bremer Arbeiterveteranen finanziert seine Arbeit durch Spenden und auch die Kooperation mit Partnern bei einzelnen Projekten, z. B. mit der VHS, der Universität, Arbeit und Leben sowie anderen.

Kontaktanschrift:
Heinz-Gerd Hofschen
H.-H.-Meier-Allee 7
2800 Bremen

DOKUMENT 3

Das andere Hannover

Ein gewerkschaftliches Stadtbuch für Hannover
Möglichkeiten der Kooperation zwischen Universität
und Gewerkschaften

von Reinhard Jacobs

Stadtbücher und andere Bücher über Hannover gibt es viele, allerdings berücksichtigen sie alle nicht die Geschichte der Gewerkschaftsbewegung. So war die Idee, ein gewerkschaftliches Stadtbuch herauszugeben, nur folgerichtig. Sie entstand aus Kontakten zwischen dem »Projekt Arbeiterbewegung« am Institut für Politische Wissenschaft der Universität Hannover, dem DGB Kreis Hannover, dem DGB-Seniorenkreis und »Arbeit und Leben Niedersachsen«.

Das »Projekt Arbeiterbewegung« besteht schon seit mehr als 10 Jahren. Ursprünglich war es ein für zwei Jahre gefördertes Forschungsprojekt über die Geschichte der lokalen Arbeiterbewegung. Heute ist es eine in Selbstverwaltung der Mitarbeiter weiterbestehende ungeförderte Einrichtung. Hier arbeiten überwiegend arbeitslose Wissenschaftler, zum Teil ohne jede Unterstützung. Dies macht schon deutlich, daß es sich nicht um eine der üblichen Forschungseinrichtungen handelt. Hinzu kommt, daß sich heute nur noch sehr wenige Studentinnen und Studenten für das Thema Arbeiterbewegung interessieren und deswegen auch nur sehr wenige bereit sind, sich in dieser Richtung zu spezialisieren.

Zwei auf ABM-Basis beschäftigte Mitarbeiter haben gerade zwei Bibliographien über Zeitungen und Zeitschriften der Arbeiterbewegung in Hannover und zur Geschichte hannoverscher Betriebe sowie ein Lesebuch zur Geschichte Hannovers in der Weimarer Republik fertiggestellt. Allerdings sind Arbeitsbeschaffungsmaßnahmen in Trägerschaft der Universität zur Zeit für uns nicht mehr einzurichten, obwohl sie die einzige Möglichkeit darstellen, geplante Vorhaben in die Tat umzusetzen.

Unsere Kontakte zum DGB bestehen, wie gesagt, schon einige Jahre. Aus der Absicht, über gelegentliche gemeinsame Diskussionen und

Vorträge hinauszukommen, entstand zunächst die Idee, Arbeitskreise zur Geschichte einiger Betriebe in Hannover aufzubauen. Dies erwies sich nach einigen Seminaren als so nicht durchführbar. Die Initiative für diese Arbeitskreise ging im klassischen Sinne »von oben« aus, nicht von einzelnen interessierten Kolleginnen und Kollegen »vor Ort«. Diese sollten erst zur Mitarbeit gewonnen werden. Unsere direkten Ansprechpartner waren dabei zunächst die Betriebsräte, die sich allesamt interessiert zeigten und auf das geplante Vorhaben hinwiesen. Von dieser Initiative ist lediglich eine Arbeitsgruppe zur Geschichte der hannoverschen Gaswerke übriggeblieben.

Dieser Arbeitskreis befaßt sich mit der Belegschaftsgeschichte, daneben auch mit den kommunalpolitischen Einflüssen auf diesen städtischen Betrieb. Im ersten Schritt wurden allgemeine Veröffentlichungen über und von den Gaswerken sowie das Dokumentationsarchiv des »Projekts Arbeiterbewegung« gesichtet. Das älteste Mitglied der Arbeitsgruppe, ein ehemaliger Betriebsrat, steuerte bereits wichtige Informationen über die Zeit unmittelbar nach Kriegsende 1945 bei.

Danach erfolgte die Kontaktaufnahme mit dem Betriebsrat, der sich in den bisherigen Gesprächen sehr für die begonnene Arbeit interessierte. Mit seiner Hilfe wird es wahrscheinlich möglich sein, das zwar kleine, aber trotzdem wichtige Betriebsarchiv benutzen zu können. Akten des Betriebsrates selbst aus der Zeit bis 1933 konnten bislang nicht gefunden werden.

Der Zugang zu Betriebsarchiven ist allgemein für Vorhaben wie unsere recht schwierig, da sie unter der Verwaltung des Unternehmens stehen. Allerdings haben, was vielleicht einige nicht wissen, die Betriebsräte jederzeit Zugangsrecht zu ihren eigenen Akten, falls diese im Werksarchiv aufbewahrt werden.

In Zusammenarbeit mit dem Betriebsrat ist geplant, ältere Kolleginnen und Kollegen zu befragen, die insbesondere über die Zeit bis 1945 Auskunft geben können. Möglicherweise sind einige von ihnen noch im Besitz von Schriftstücken aus dieser Zeit, was für eine teilweise Rekonstruktion des Betriebsarchivs sehr hilfreich wäre.

Nach dem Abschluß dieser Vorarbeiten wird dann versucht werden, Kolleginnen und Kollegen der Stadtwerke für die Arbeit in der Gruppe zu gewinnen. Dazu sollen Handzettel verteilt und soll auf einer Veranstaltung des Betriebsrates über die bisherige Arbeit berichtet werden. Bisher besteht die Arbeitsgruppe überwiegend aus Studentinnen und Studenten, die mehrheitlich vom 2. Bildungsweg kommen.

Ein anderes Beispiel für eine betriebsnahe Initiative ist eine Gruppe von überwiegend ehemals bei der Hanomag beschäftigten Kollegen, die im Rahmen eines »Arbeit und Leben«-Seminars unter der Leitung eines Projektmitglieds, aber unabhängig vom Projekt, eine Ausstellung zur 150jährigen Geschichte des damals gerade wieder in Konkurs gegangenen Metallbetriebes erarbeitete. Derzeit beschäftigt sich die Gruppe mit einer Ausstellung zur Geschichte der Arbeiterbewegung in der Weimarer Republik.

Der offensichtliche Mißerfolg der betriebsnahen Seminarkonzeption veranlaßte uns, über andere Formen nachzudenken. Gemeinsam mit den 10 bis 20 ständigen Seminarteilnehmern wurde das Konzept des Stadtbuches bis zur Umsetzungsreife diskutiert. Das Konzept sieht, grob umrissen, folgendermaßen aus: Für den Zeitraum vom Auslaufen des Sozialistengesetzes im Jahre 1890 bis heute sollen wichtige Daten der Gewerkschaftsgeschichte in Hannover dargestellt werden. Eine Einteilung in vier Zeitabschnitte ergibt sich durch die zwei Weltkriege quasi von selbst:

1. Abschnitt 1890 – 1918
2. Abschnitt 1918 – 1933
3. Abschnitt 1933 – 1945
4. Abschnitt 1945 – heute.

Jeweils in sich abgeschlossen für diese vier Abschnitte werden Beiträge zur Lebenssituation der Arbeiter, zur Gewerkschaftsbewegung und zur wirtschaftlichen und sozialen Lage in Hannover erstellt. Hierzu gehören auch Berichte der Kolleginnen und Kollegen über ihre frühere und heutige Arbeitssituation und ihre Lehrzeit. Eigenbeiträge der Seminarteilnehmer reichen bis in die Weimarer Republik zurück und liegen bereits vor. Für die Zeit ab 1890 bietet die zeitgenössische Presse der Arbeiterbewegung genügend Material zu diesem Thema.

Dieser Teil des Stadtbuches soll also die Geschichte der Gewerkschaften in Hannover in den jeweiligen Zeitzusammenhang stellen.

Der zweite Teil orientiert sich an Straßen, Plätzen und Gebäuden, die in der Gewerkschaftsgeschichte unserer Stadt eine Rolle gespielt haben

Fest-Karte zur Einweihung des Gewerkschaftshauses *Kohlenbergstr.*
am 8. September 1901.

Hôtel Gewerkschaftshaus.

Programm umseitig!　　　　　　　　　　　　　　　　Preis 10 Pfennig.

PROGRAMM

zur Feier der Einweihung des Gewerkschaftshauses am 8. September 1901.

Morgens 11 Uhr: Frühkonzert im Festsaale, ausgeführt von der Kapelle der Freien Civil-Berufs-Musiker und **Empfang der auswärtigen Gäste.**

Nachmittags 3½ Uhr: Beginn des Festkonzerts, ausgeführt von der Kapelle der Freien Civil-Berufs-Musiker unter Mitwirkung des Gesangvereins Schubert und der Holzarbeiter-Liedertafel sowie hervorragender Gesangskräfte.

Nachmittags 5 Uhr: Festrede, Referent Herr A. Röske-Hamburg (Redakteur der Holzarbeiter-Zeitung).

1. Begrüssungsmarsch . . . . . Lüdecke.
2. Stephanie-Gavotte . . . . . Czibulka.
3. Festgruss.
   　Liedertafel Schubert.
4. Ein Künstlerfest. Walzer . . Klein.
5. Bundeslied.
   　Holzarbeiter-Liedertafel.
6. Im fröhlichen Zecherkreise.
   　Potpourri . . . . . Kohlmann.
7. Nachtigallen-Gruss. Duett.
   　Herr Hartung u. Brennecke
   　Holzarbeiter-Liedertafel.
8. Röslein am Wörthersee. Liedertafel Schubert.
9. Norma-Ouverture . . . . . Bellini.
10. Heimkehr. Holzarbeiter-Liedertafel.
11. Lied für Tromba. Solo . . . Suppé.
12. Sturmbeschwörung. Solo.
    　Herr Hartung
    　Holzarbeiter-Liedertafel.
13. Die schöne Helena. Quadrille.
14. Auf den Bergen in Tyrol.
    　Liedertafel Schubert.
15. Taan Luna. Walzer.
16. Frühlingslust. Solo-Vortrag.
    　Herr Hartung.
17. Potpourri . . . . Wentscher.
18. Was brausest du, mein junges Blut.
    　Liedertafel Schubert.
19. Wie der Wind! Galopp . . . Hermann.

Nach dem Konzert Ball im Festsaal und den kleinen Sälen I. Etage.

Aus: Rundbrief Nr. 6, S. 7 und 8.

und zum Teil noch spielen. Die Grundlage dieses Teils sind drei Kartenbeilagen, die den zeitlichen Wandel des Stadtbildes dokumentieren. Auf den Karten werden zeitübergreifend, d. h. soweit möglich auf allen drei Karten, Straßen, Plätze und Gebäude mit jeweils gleichen Markierungen versehen und im Begleittext erläutert. Bei der Lokalisierung etlicher durch Kriegseinwirkung verschwundener Gebäude und Straßen konnten uns die älteren Seminarteilnehmer wirksam unterstützen.

Im letzten Teil schließlich werden wichtige Personen der Gewerkschaftsbewegung vorgestellt. Dazu sollen allerdings nicht die sattsam bekannten und trockenen Kurzbiographien geschrieben oder abgeschrieben werden, vielmehr werden die Personen in kleinen Anekdoten und Geschichtchen vorgestellt. Wichtig ist dieser Teil allemal, denn selbst ein Otto Brenner, nach dem 1972 die Straße am Gewerkschaftshaus benannt wurde, ist heute nicht mehr allen Kolleginnen und Kollegen bekannt.

Dieses Konzept wurde auf den Seminaren seit Januar dieses Jahres entwickelt. Die Seminarteilnehmer sind je ein Mitarbeiter vom DGB und von »Arbeit und Leben«, Mitglieder des DGB-Seniorenkreises, Berufstätige und Mitarbeiter vom »Projekt Arbeiterbewegung«.

Entsprechend der zeitlichen Einteilung in vier Abschnitte wurden vier Arbeitsgruppen gebildet, die inzwischen erste Arbeitsergebnisse vorgelegt haben. Schwerpunkte sind zunächst die vier allgemein orientierten Abschnitte des Stadtbuches. Dabei fallen fast automatisch schon wesentliche Punkte für den Karteil an. Die inhaltliche Umsetzung des Personenteils ist noch nicht endgültig geklärt.

Bei der Umsetzung des Konzepts traten natürlich inhaltliche und formale Probleme auf, die von allen Teilnehmern gemeinsam diskutiert werden mußten. Die wichtigsten Schwierigkeiten waren folgende: Inhaltlich waren z. B. die Behandlung von Ereignissen, die hauptsächlich von den Arbeiterparteien getragen wurden, die Berücksichtigung von Werkssiedlungen der Unternehmer und die Frage, ob die Betriebschroniken in das Stadtbuch aufgenommen werden sollen, von Bedeutung. Gelöst wurden diese Fragen dadurch, daß im Stadtbuch nur solche Punkte behandelt werden, die im Zusammenhang mit der Gewerkschaftsgeschichte stehen. Besonders für den Umgang mit der Geschichte und Politik der SPD und KPD wurde vereinbart, daß die Parteigeschichte der Gewerkschaftsgeschichte untergeordnet wird. Berücksichtigt werden beide Parteien dort, wo sie die gewerkschaftliche Entwicklung kreuzen oder von denselben Ereignissen, wie etwa der Machtübergabe an die Nationalsozialisten, betroffen waren. Schwerpunktsetzungen zugunsten der einen oder anderen politischen Richtung in der Arbeiterbewegung sollen nach Möglichkeit vermieden werden.

Schwierig wird die Umsetzung dieser Forderung besonders für die Zeit der Weimarer Republik, in der einerseits die Arbeiterbewegung gespalten war und andererseits die freien Gewerkschaften eindeutig sozialdemokratische Positionen vertraten. »Ausgewogenheit« läßt sich gerade in diesem Punkt nicht herstellen. Das gilt auch für die Zeit der nationalsozialistischen Diktatur. In dieser Zeit existierten keine Gewerkschaften in Deutschland. Im Stadtbuch finden daher Ereignisse und Daten aus dem Umfeld der ehemaligen Gewerkschaftsbewegung Erwähnung, die z. B. die Zerschlagung, illegale Treffen oder Widerstandsaktionen behandeln. Vorliegende Veröffentlichungen über den Widerstand in Hannover stellen bislang nicht die Mitglieder und Restgruppen der zerschlagenen Gewerkschaften in den Vordergrund.

Unser »Klassenziel« kann als erreicht angesehen werden, wenn wir nicht nachträglich versuchen, die abgebrochenen politischen Auseinandersetzungen innerhalb der Arbeiterbewegung in der Weimarer Republik zu Ende zu bringen und nicht borniert den einen oder anderen Standpunkt übernehmen wollen. Fehler und Erfolge der Gewerkschaften müssen beim Namen genannt werden. Neben solchen inhaltlichen Diskussionen, die in jedem Geschichtsprojekt erst einmal geführt werden müssen, gab es auch formale Schwierigkeiten, die anfangs für uns nicht vorhersehbar waren. Aufgrund der Entstehungsgeschichte und der Zusammensetzung des Stadtbuch-Projektes erwies es sich als unbedingt erforderlich, Verbindlichkeiten in Form einer zentralen Sammel- und Bearbeitungsstelle aufzubauen, da eigentlich alle Teilnehmer durch ihre gewerkschaftlichen und anderen Aktivitäten derart eingebunden sind, daß sie über ihre eigenen Beiträge hinaus keine strukturierenden und redaktionellen Arbeiten übernehmen können. Wichtig ist eine solche Form vor allem auch deswegen, weil die Kolleginnen und Kollegen die Seminartermine am liebsten dann wahrnehmen, wenn etwas anliegt, d. h. ausgearbeitete Zwischenergebnisse vorliegen. Termine werden zu Recht dann nicht wahrgenommen, wenn sie nichts anderes als die Wiederholung bereits bekannter Diskussionen erwarten lassen.

Zusammenfassend zeigen unsere Erfahrungen, daß es sehr schwer, wenn nicht unmöglich ist, »Basisaktivitäten« wie in unserem Falle die Betriebsgeschichtsschreibung aus der Sicht und mit den Betroffenen, d. h. im Betrieb arbeitenden Kolleginnen und Kollegen, durch entsprechende Seminarangebote zu initiieren. Möglich sind Geschichtsarbeitskreise dort, wo die Teilnehmer aus eigenen Bedürfnissen heraus solche Arbeit beginnen wollen und vielleicht dort, wo schon strukturierte Vorergebnisse und Pläne existieren.

Trotz der hier angeführten Schwierigkeiten erwies es sich aber, nicht zuletzt wegen der schon lange bestehenden Kontakte untereinander, als möglich, diesen Arbeitskreis zusammenzuführen. Greifbare Ergebnisse unserer langen Kooperation mit dem DGB Kreis Hannover liegen in Form von drei Sonderheften der Reihe »Arbeitnehmer und Gesellschaft« des DGB Kreises vor:

1. Eva Lischber/Gundolf Algermissen: 1. Mai – Hannover in der Weimarer Republik, Hannover 1983.
2. Klaus Mertsching: Die Besetzung des Gewerkschaftshauses am 1. April 1933 und seine Vorgeschichte, Hannover 1983.
3. Hans-Peter Riesche/Gundolf Algermissen: Hannover 1945/46 – Die Gewerkschaften organisieren sich neu . . ., Hannover 1985.

Ein Kollege befaßt sich als ABM-Kraft des Bildungswerkes mit der Aufarbeitung der unmittelbaren Nachkriegsgeschichte der hiesigen Gewerkschaften. Über die Ergebnisse und die Erfahrungen während der Arbeit wird gesondert berichtet werden.

Kontaktadresse:
Projekt Arbeiterbewegung in Hannover
Institut für Politische Wissenschaft
z.Hd. Reinhard Jacobs
Schneiderberg 50
3000 Hannover 1

DOKUMENT 4

Das Göttinger Gewerkschaftshaus

von Joachim Bons und Viola Denecke für den Göttinger Arbeitergeschichtskreis

Idee und Gründung eines Arbeitergeschichtskreises

Die Faszination an Arbeitergeschichte und -kultur und die langjährigen Erfahrungen mit gewerkschaftlicher Arbeiterbildung hatten unser Interesse an einem Arbeitergeschichtskreis geweckt. Sicherlich lag unserem Interesse auch ein bißchen Nostalgie zu Grunde, aber wichtiger war und ist unsere Absicht, »aus der Geschichte zu lernen«. Mit dem Arbeitskreis wollen wir die Arbeitergeschichte »vor Ort« in einem kooperativen Prozeß zusammen mit Arbeiterinnen und Arbeitern aufspüren. Arbeitergeschichte soll in einer langfristigen Auseinandersetzung mit den Betroffenen wieder lebendig gemacht und die Widersprüche im Arbeiteralltag und auch in den Arbeiterorganisationen sollen aufgedeckt und produktiv gewendet werden. Eine so verstandene Geschichtsarbeit ist keine Flucht in die Vergangenheit. Sie wird von uns in kritischer Absicht gesehen, um in der örtlichen Gewerkschaftsarbeit auch grundsätzliche Perspektivdiskussionen anzuregen. Gerade angesichts der Grenzen aktueller und kurzfristiger gewerkschaftspolitischer Handlungsmöglichkeiten könnte der Umgang mit der eigenen Geschichte nicht nur für die Herausbildung von Identität »entdeckt«, sondern auch als eine Chance begriffen werden, ohne Sachzwänge aus alten Vorbildern neue Utopien, einen neuen gesellschaftlichen Entwurf zu wagen. Eine Geschichtsarbeit in unserem Sinne braucht einen langen Atem. Sie muß kontinuierlich und langfristig durchgeführt und in den örtlichen Gewerkschaftsalltag eingebunden sein. Ohne eine institutionelle und auch finanzielle Hilfe von dieser Seite sind die dafür notwendigen Bedingungen kaum einzuhalten. In der Verständigung mit gewerkschaftlichen Funktionären über den inhaltlichen und gewerkschaftspolitischen Sinn einer solchen Geschichtsarbeit bestand und besteht eine der wesentlichen Schwierigkeiten des Arbeitergeschichtskreises. Für den Erfolg unserer Geschichtsarbeit ist die Diskussion mit ihnen jedoch unbedingt fortzuführen.

Diese beschriebenen Barrieren auf Gewerkschaftsseite erklären u. a., daß die Gründung des Arbeitskreises 1983 keine Initiative »von unten« war, sondern aus dem gewerkschaftlichen Engagement und dem geschichtlichen Interesse von Hochschulangehörigen des Seminars für Politikwissenschaft der Universität Göttingen hervorging. Auf Grund der nunmehr seit zehn Jahren bestehenden Kooperationsbeziehungen zu Göttinger Einzelgewerkschaften konnten Kontakte zu Zeitzeugen, historisch interessierten Gewerkschaftskolleg(inn)en geknüpft werden, mit denen wir gemeinsam die Geschichte der Göttinger Arbeiterbewegung angehen wollten. Vom DGB und der Bildungsvereinigung »Arbeit und Leben« erhielt der Arbeitskreis institutionelle und ideelle Unterstützung.

Wir wollten uns zunächst der Aufarbeitung der Geschichte der Göttinger Arbeiterbewegung in der Weimarer Republik zuwenden. Dabei wurde unsere Aufmerksamkeit in den Gesprächen mit älteren Kolleginnen und Kollegen immer wieder auf das ehemalige Gewerkschaftshaus »Volksheim« gelenkt. Es kamen Fragen auf, von denen zunächst viele unbeantwortet blieben. Bei der Durchsicht von Akten und Zeitungen fanden wir Mosaiksteine zur Geschichte des Göttinger Volksheims, die unser Interesse an diesem Haus weiter verstärkten. Uns wurde in vielen Gesprächen und durch die erschlossenen Materialien deutlich, daß dieses ehemalige Gewerkschaftshaus in der Göttinger Arbeiterbewegung eine bedeutende Rolle gespielt hatte. Wir beschlossen deshalb, der Geschichte des Volksheims näher nachzugehen.

Zunächst entstand eine Ausstellung über die Geschichte des Gewerkschaftshauses Volksheim die u. a. im DGB Gewerkschaftshaus Göttingen und dem Stadtarchiv Hann.-Münden zu sehen war. Zur Vertiefung des Themas und der gründlicheren Verarbeitung des Materials wurde eine Dokumentation erstellt, die im Oktober 1986 unter dem Titel »Bohnensuppe und Klassenkampf« herausgegeben werden konnte.

Darüber hinaus verfolgt der Arbeitskreis weitere Aufgaben:

- Umsetzung der gewonnenen Ergebnisse über die Göttinger Arbeiter-

bewegung in die Bildungsarbeit, sei es in Seminaren, Veranstaltungen oder Gesprächskreisen.
- Dokumentation besonders von mündlichen Aussagen und privaten Bildmaterialien.
- Aufbau eines Archivs zur Geschichte der Göttinger Arbeiterbewegung und des Arbeiteralltags.

Arbeitsweise (Arbeitsteilung und Professionalisierung)

Innerhalb eines Jahres konstituierte sich ein Arbeitskreis aus insgesamt 7 Hochschulangehörigen, die zum Teil am Seminar für Politikwissenschaft beschäftigt sind bzw. waren, Studenten und Studentinnen der Volkskunde und Geschichte und ca. 10 historisch interessierten älteren Gewerkschaftskollegen und Kolleginnen. In seiner personellen Zusammensetzung ist der Arbeitskreis bis heute weitgehend der gleiche geblieben.

Neben speziellen Arbeitssitzungen treffen wir uns regelmäßig alle vier Wochen zu einem »Stammtisch« mit den älteren Kolleg(inn)en. Dieser Stammtisch hat die persönlichen Beziehungen untereinander gestärkt und ist auch für den Austausch von Informationen und Arbeitsergebnissen sowie für die Vermittlung von vergangenen Erfahrungen wichtig. Theoretische Diskussionen während der Stammtischabende sind hingegen aufgrund der Altersstruktur und der unterschiedlichen Erfahrungen nur äußerst schwer zu führen. Das Bedürfnis, Erfahrungen auszutauschen, alte Erinnerungen aufzufrischen, ist verständlicherweise stark ausgeprägt. Andererseits erweist es sich für uns als außerordentlich schwierig, jüngere aktive Gewerkschaftskolleg(inn)en für diese Arbeit zu gewinnen. Dies wäre für uns auch schon deshalb wichtig, um unseren gewerkschaftspolitischen Anspruch über spezielle Bildungsveranstaltungen hinaus auch im Arbeitskreis umsetzen zu können.

Diese Mitgliederstruktur ergab, daß die gesamte Verarbeitung von Dokumenten und Quellen ausschließlich den Wissenschaftlern zugefallen ist. Auch die Konzeption und Ausarbeitung der Ausstellung, die für die Gruppe ein wichtiger methodischer Zwischenschritt war, und der folgenden Dokumentation wurde ausschließlich von ihnen geleistet. Wir haben in diesen Jahren gelernt, daß eine Auseinandersetzung mit der

Arbeitergeschichte, ihre Interpretation und Verarbeitung nur mit wissenschaftlicher Unterstützung oder fachspezifischen Kenntnissen durchgeführt werden kann. Jedoch wären unsere Arbeitsprodukte ohne die Erfahrungen und Sichtweisen der Zeitzeugen so nicht zustande gekommen: Unter welchen Aspekten die Arbeitergeschichte zu betrachten sei und wie die Ergebnisse erarbeitet werden sollten, dies wurde gemeinsam entwickelt. So konnte die im Laufe der Zeit sich ergebende Arbeitsteilung produktiv gewendet werden. Die älteren Kolleg(inn)en brachten ihre Erlebnisse, Erfahrungen und Deutungen ein und nahmen so entscheidenden Einfluß auf die inhaltlichen Schwerpunkte unserer Arbeit. Bei der Erstellung der Dokumentation über das ehemalige Göttinger Gewerkschaftshaus wurde auf diese Weise die wissenschaftliche Analyse mit den Lebenserfahrungen der Betroffenen vermittelt. Persönliche Schilderungen und Fotos illustrieren nicht nur die entdeckten Archiv- und Zeitungsmaterialien, sondern führen zu einer anderen Perspektive – zu einer Sichtweise »von unten«.

Für die beteiligten Hochschulangehörigen entsteht aus der langfristigen Anlage des Arbeitskreises und der damit verbundenen intensiven Arbeit ein bisher nicht gelöstes Problem. Obwohl dieser Arbeitergeschichtskreis durch eine Stelle am Politischen Seminar unterstützt wird (1/2 Stelle, davon freigestellt zur Hälfte für die Kooperation zwischen Hochschule und Gewerkschaften), war es häufig schwierig, Berufstätigkeit oder Studium mit den Anforderungen unseres Arbeitskreises in Einklang zu bringen. Besonders das Quellenstudium hat sich als sehr arbeitsaufwendig erwiesen. Geschichte zum Nulltarif ist daher langfristig sicher nicht zu haben.

Unser Arbeitsergebnis

Die Beschäftigung und die Auseinandersetzung mit der Geschichte des ehemaligen Gewerkschaftshauses erwies sich für unsere Arbeit in zweifacher Hinsicht als günstig: Zum einen kam es unseren Arbeitsmöglichkeiten entgegen, sich auf einen eingegrenzten Gegenstand konzentrieren zu können und zum anderen erwies sich das Volksheim als eine gute Möglichkeit, Einblick in den Charakter der Arbeiterbewegung der Weimarer Republik zu gewinnen.

Nach einem kurzen Überblick über die allgemeine Entwicklung der »Gewerkschaftshausbewegung« in Deutschland und über die Anfänge der Gewerkschaften in Göttingen wird in unserer Dokumentation im Zusammenspiel von Archivdokumenten, Interviews mit Zeitzeugen und Zeitungsberichten die wechselvolle Geschichte des Volksheims im Zusammenhang mit den lokalen und nationalen Ereignissen nachgezeichnet.

Bis nach dem Ersten Weltkrieg waren die Büros und Versammlungsräume der Gewerkschaften in Göttingen über die ganze Stadt verstreut. Räume für ihre Veranstaltungen waren oft nur unter schwierigen Bedingungen zu erhalten, da die hiesigen Wirte sich nicht selten weigerten, den Gewerkschaften (den »Lumpen von Sozialdemokraten«) geeignete Räumlichkeiten zur Verfügung zu stellen. Der Wunsch nach einem eigenen Gewerkschaftshaus tauchte daher bereits 1909 auf. Er konnte aber zunächst wegen fehlender Finanzen nicht realisiert werden. Der starke Mitgliederzuwachs nach Kriegsende (1914 hatten die Gewerkschaften in Göttingen ca. 2 400 Mitglieder, 1919 waren es ca. 8 000) verschärfte dann die Raumfrage erheblich, vergrößerte aber andererseits auch die politischen Möglichkeiten der Gewerkschaften. Als den Gewerkschaften dann auch noch ihr bislang bevorzugtes Versammlungslokal gekündigt wurde, beschlossen sie, das Projekt »eigenes Heim« zu wagen. Zu diesem Zweck wurde eigens der Verein »Solidarität e. V.« gegründet, der die Mittel für dieses Projekt beschaffen sollte. Nach anfänglichen Schwierigkeiten gelang es 1921 ein ehemaliges Göttinger Ausflugslokal für 325 000 RM anzukaufen. Diese gewaltige Summe wurde durch eine Solidaritätsleistung der einzelnen Gewerkschaften aufgebracht.

Die Räume des Hauses, das nun in gemeinsamer Anstrengung umgebaut und erweitert wurde, erwiesen sich bald als ideal für die Entfaltung eines vielfältigen politischen und kulturellen Lebens der Göttinger Arbeiterbewegung. Hier hatten die Gewerkschaften ihre Büros, hier boten sie arbeitsrechtliche Beratung an, im Restaurant konnte getrunken und diskutiert, konnten Informationen ausgetauscht und die Arbeiterzeitungen gelesen werden. In den Sälen (der große Saal faßte über 800 Personen) und Clubräumen fanden die politischen Veranstaltungen und Bildungsabende der Arbeiterorganisationen statt und hier wurde auch gemeinsam gefeiert. Zeitzeugen erinnern sich lebhaft daran, daß im Volksheim »immer was los war«; ob es der Republikanische Tag war (zu dem das Reichsbanner einlud), ob es eine Protestveranstaltung des Erwerbslosen-Ausschusses oder der Rosenball der Arbeiter-Wassersportvereinigung war (bei der die Decke des großen Saales unter tausend Rosen verschwand). In der Arbeiterbibliothek konnte Material für die politische Auseinandersetzung ebenso ausgeliehen werden wie kritische »schöngeistige Lektüre«. Charakteristisch war die Vernetzung dieser unterschiedlichen Betätigungsfelder, über die der einzelne (über den betrieblichen Zusammenhang hinaus) in das emotionale, politisch-kulturelle Solidarsystem Arbeiterbewegung eingebunden wurde. Das Volksheim war ein wesentlicher Kristallisationspunkt der außerbetrieblichen Aktivitäten der organisierten Göttinger Arbeiter und Arbeiterinnen. Dieser Zusammenhang erlaubte es, sich gegen die feindliche bürgerliche Umwelt abzugrenzen und eine eigene (Arbeiter-)Identität aufzubauen und zu behaupten. Als Ort der Geborgenheit und des Selbstbewußtseins der Göttinger Arbeiter(innen), als ihre Schutz- und Gegenwehrbastion, wurde das Volksheim Teil der politischen Identität und Symbol der Göttinger Arbeiterbewegung.

Aber die Geschichte des Volksheims zeigt auch, daß es falsch wäre, dieses Solidarsystem Arbeiterbewegung der Weimarer Republik überzubewerten oder gar idyllisch zu verklären. Die hier verkehrenden Organisationen der Arbeiter erreichten keineswegs alle Klassenangehörigen. Sie waren zudem tief gespalten in die Flügel SPD und KPD (über die KPD war seit 1929 ein formelles Veranstaltungsverbot im Volksheim verhängt). Der Arbeiterbewegung gelang es nicht, ihre Vorstellungen von einer solidarischen Gesellschaft durchzusetzen, ja, sie war letztlich nicht in der Lage, das Aufkommen und die Machteroberung ihres gefährlichsten Feindes, des Nationalsozialismus, zu verhindern. Ein Kapitel der Geschichte des Volksheims handelt daher von der bitteren Niederlage der Arbeiterbewegung gegenüber dem Nationalsozialismus. Auch die Erfahrungen in Göttingen zeigen, daß ein realistisches Abwehrkonzept fehlte. Es fanden zwar einige Einheitsfrontaktionen statt, letztlich dominierten jedoch die Gründe der tiefen Spaltung weiter und torpedierten ein gemeinsames Handeln. Zwar konnten die ersten Angriffe der SA auf das Volksheim noch abgewehrt und die eigene politische Position bis zum Januar 1933 noch weitgehend behauptet werden, die »Machtübernahme« der Nazis wurde aber auch in Göttingen kampflos hingenommen. Auch das Göttinger Gewerkschaftshaus

Gewerkschaftshaus „Volksheim"
Göttingen

Maschmühlenweg 12/16   5 Minuten vom Bahnhof   Fernruf: 210.

Verkehrslokal der werktätigen Bevölkerung

Empfehlen unsere Lokalitäten zu Tagungen und für Ausflügler
Bei größerem Besuch vorherige Anmeldung erbeten

Lokalplätze für 1000 Personen

2 Säle, verschiedene Versammlungsräume, großer Konzertgarten, Kegelbahnen
Gut gepflegte Biere, div. alkoholfreie Getränke. Leistungsfähige kalte und warme Küche.
Prima Göttinger Landwurst eigener Schlachtung. Preiswerte Bedienung.

Inh. Verein Solidarität.

⌘ Volksheim ⌘

Allen Freunden der deutschen Arbeitnehmerschaft bieten Küche und Keller der Wirtschaftsräume Erholung und Genuß Säle und Klubzimmer stehen den Organisationen und Vereinen zur Verfügung. Niedrigste Preise ermöglichen allen Volksgenossen den Aufenthalt bei uns.

     ⁰/₁ Bier . . . . Mk. –.25
     Mittagstisch I . Mk. –.65 } einschl. Kochgeld
     Mittagstisch II Mk. –.90

Volksgenossen!   **Parteigenossen:**
Helft mit, dem deutschen Arbeiter seine Werte zu erhalten
Kommt zu uns!

Der Büfettier,   Die kommissarische Verwaltung
GEORG SEELA   **KLEINE**

Aus: Rundbrief Nr. 7, S. 7.

wurde am 2. Mai 1933 von der SA besetzt (und mehrere Kollegen kurz darauf schwer mißhandelt). Das Volksheim wurde nun zweckentfremdet und im Juni 1933 in »Haus der Deutschen Arbeit« umgetauft.

Das Solidarsystem war zerschlagen, das pulsierende Leben des Volksheimes für immer dahin und die alten Benutzer blieben künftig ihrem ehemaligen Gewerkschaftshaus fern. Dies wurde zwar von den neuen Machthabern genutzt, konnte aber im Stadtleben keine Bedeutung mehr erringen. Auch die Zeit der Zweckentfremdung des Volksheims bis hin zu seiner Zerstörung durch einen Bombenangriff im November 1944 wird in der Dokumentation nachgezeichnet. Das Volksheim wurde nach dem Krieg nicht wieder aufgebaut. Das heutige Gewerkschaftshaus dient in erster Linie als Verwaltungseinrichtung für den DGB und verschiedene Einzelgewerkschaften.

Der deutlich veränderte Charakter des neuen Gewerkschaftshauses im Vergleich zum Volksheim spiegelt den Unterschied zwischen der Arbeiterbewegung der Weimarer Republik und der heutigen. Wenn wir politische Inhalte und Ziele einmal ausklammern, so zeigen sich deutliche Differenzen im Zusammengehörigkeitsgefühl und der Identifikation mit der Arbeiterbewegung. Auch wenn es fatal wäre, die Vergangenheit mit einem Glorienschein zu umgeben und ihre Fehler zu verdrängen oder aus ihr einfache Rezepte abzuleiten, so läßt sich doch aus den Erfahrungen unserer roten Großväter und Großmütter lernen: Die Stärke der Arbeiterbewegung gründet sich vor allem auf ihre Fähigkeit zur Solidarität. Die Entstehung und Festigung solidarischer Strukturen erfordert aber neben dem betrieblichen Zusammenhalt auch die Einbeziehung darüber hinausgehender politisch-kultureller Bedürfnisse. Eine emanzipatorische (Gewerkschafts-)Politik sollte sich um die Bereitstellung entsprechender Rahmenbedingungen bemühen. Lernen aus dem Scheitern der Weimarer Arbeiterbewegung aber heißt auch Sensibilität gegenüber erneuten nationalistischen und gewerkschaftsfeindlichen Tendenzen.

Kontaktadresse:
Göttinger Arbeitergeschichtskreis
c/o Viola Denecke
Seminar für Politikwissenschaft
Universität Göttingen
Nikolausbergerweg 5c
3400 Göttingen

Aus: Rundbrief Nr. 7, S. 9.

DOKUMENT 5

Kulturarbeit für und mit Arbeitnehmer(n) in Bremen

von Achim Rogoss und Uwe Kiupel

Der folgende Bericht über die Bremer Geschichtsarbeitskreise zeigt in komprimierter Form ein kulturpolitisches Modell im Bereich der »Geschichte von unten«, das wohl in keiner anderen deutschen Stadt sonst zu finden ist. Dies mag mit Bremer Besonderheiten zusammenhängen, nichts hindert jedoch andere Kommunen und Institutionen (wie z. B. den DGB) daran, von den Bremern zu lernen. Besonders für jene Kollegen und Gruppen, die sich für das Thema »Betriebsgeschichte von unten« interessieren, dürften die Bremer Erfahrungen hilfreich sein. Bremen ist eine Reise wert. M.S.

Die Subventionierung der sogenannten Hochkultur gehört zu den festen Bestandteilen staatlicher Kulturpolitik. Die Unterstützung kultureller Breitenarbeit, gewerkschaftlicher Kulturarbeit und insbesondere auch der »Kulturarbeit für und mit Arbeitnehmer(n)« – wie es in Bremen heißt –, ist keine Selbstverständlichkeit.

Abgesehen von Bezuschussungen an das Kulturkartell Bremen e. V. (im Jahre seiner Selbstauflösung 1981: 110 000 DM) wurde die Kulturarbeit mit und für Arbeitnehmer(n) auch in Bremen lange Zeit vernachlässigt. Die Ausweitung der Kulturarbeit auf die Gruppe der Arbeitnehmer wurde möglich durch einen Beschluß der Deputation für Wissenschaft und Kunst hinsichtlich kultureller Stadtteilarbeit aus dem Jahre 1977. Bezüglich der betrieblichen Kulturarbeit faßte die gleiche Deputation im Juni 1983 unter Berufung auf die »Grundsätze des DGB zur Kulturpolitik« einen Beschluß, in dem es heißt: »Eine Kulturarbeit, die – wie in Bremen – auf Breitenarbeit abzielt und dabei vor allem benachteiligten Bevölkerungsschichten den Zugang zu den öffentlichen Kulturangeboten erleichtern und Spielräume für die eigene kreative

Entfaltung schaffen will, wird alles daransetzen, um möglichst viele Arbeitnehmer an den allgemeinen Kulturprogrammen zu beteiligen und darüber hinaus besondere Zielgruppenangebote zu entwickeln.«

Zur konkreten Unterstützung und Förderung an späterer Stelle mehr. Zunächst zu der Frage, was Kulturarbeit für und mit Arbeitnehmer(n) leisten soll und leisten kann.

Kulturarbeit soll die kreativen Fähigkeiten der Menschen entsprechend ihren Bedürfnissen entfalten. Dadurch können sinnvolle und für andere nachvollziehbare Alternativen entwickelt werden, die Nachdenklichkeit und kritisches Bewußtsein fördern. Dieser soziale wie individuelle Emanzipationsprozeß schließt manuelle wie intellektuelle Qualifizierung ein. In diesem Prozeß erwirbt oder stabilisiert der Mensch sein Selbstvertrauen. Er erkennt sich in einem umfassenden Sinne. Dadurch eröffnet er sich die Möglichkeit, seinen Standort in dieser Gesellschaft neu zu definieren, weil er eigene Fähigkeiten bemerkt, die die Warengesellschaft nicht abfragt und ausbildet. Sie interessiert nicht der allseits gebildete Mensch, sie benötigt die Ware Arbeitskraft. Jede Praxis, also auch Kultur- und Bildungsarbeit, die sich auf dieses Niveau reduziert, ist im Kern inhuman. Alle erfolgreichen Anstrengungen, Individuen künstlerisch wie intellektuell zu qualifizieren, bleiben zwar in dieser strukturellen inhumanen Gesellschaft die Ausnahme, können aber eine sinnvolle (Vor-)Erfahrung von einer zukünftigen humanen Gesellschaft vermitteln.

Das langfristige Ziel der Kulturarbeit heißt deshalb, alle Bestrebungen praktisch zu unterstützen, die auf diese reale Utopie hintendieren. Das Grundrecht auf Kultur im Sinne einer umfassenden Bildung kann nur in einer Gesellschaft ohne Konkurrenz verwirklicht werden.

Kulturarbeit hat somit einen doppelten Charakter: Sie will Spaß machen, den Menschen antörnen, ist frei von Zweck und Zwang, und gleichzeitig ist sie funktional, zielgerichtet, will kollektive Lebenszusammenhänge erfahrbar machen und verändern. Diese Doppeldeutigkeit drückt sich in dem Motto unserer Kulturarbeit aus, das gleichzeitig (Untersuchungs-)Frage ist: Kulturarbeit und Interessenvertretung – also kulturelle Betätigung und damit Verwirklichung von Interessen.

Die zielgruppenspezifische Eingrenzung auf Arbeitnehmer bedeutet nicht eine Einengung auf den Produktionsbereich. Der Arbeitsplatz ist nur ein gesellschaftliches Erfahrungsfeld für Arbeitnehmer. Daneben wirkt die Gesellschaft bewußtseinsprägend auch durch Arbeitslosigkeit, Vergiftung der Umwelt, Gebrauch der Kernkraft etc. Das rechtfertigt und erfordert eine differenzierte kulturelle Praxis. Sie ist erfahrungsbezogen und teilnehmerorientiert, respektiert Menschen in ihrer Komplexität und bezieht deren betriebliche wie überbetriebliche Kompetenzen ein. Damit ist der Prozeß kultureller Vermittlung zugleich Bildungsarbeit.

Gegenwärtig gibt es 13 spezielle Arbeitnehmerprojekte. Auffallend ist ihr starkes historisches Interesse. Allein 8 betriebliche Projekte beschäftigen sich mit Betriebsgeschichte: den Arbeits- und Lebensbedingungen der Arbeiterinnen und Arbeiter sowie ihren sozialen und politischen Kämpfen um die Verbesserung ihrer Lebensverhältnisse. Dieses Interesse an Arbeiter- und Alltagsgeschichte überraschte uns anfangs. Bei genauerem Nachdenken ist es jedoch plausibel, daß die Gruppen das immer noch große Defizit im Bereich der Geschichte »von unten« aufarbeiten wollen. Zu groß sind die Wissenslücken und Falschinformationen, die der Nationalsozialismus hinterlassen hat. Das historische Interesse wird dabei stets mit dem Interesse an den aktuellen Lebensverhältnissen verbunden. Das Wissen um die eigene Geschichte wird im Hinblick auf die heutigen Auseinandersetzungen unter den gegenwärtig schwierigen gesellschaftlichen und politischen Bedingungen als hilfreich angesehen. Aus der Geschichte lernen heißt, durch Geschichte handlungsfähiger für gesellschaftliche Prozesse zu werden, Veränderungen und Zusammenhänge zu verstehen wie auch Möglichkeiten für alternative Lebens- und Kommunikationsformen zu entwickeln.

Die Entstehung der betrieblichen Projekte geht in der Regel einher mit dem Interesse gewerkschaftlich aktiver Kolleginnen und Kollegen im Vertrauensleutekörper oder Betriebsrat. Darin kommt nicht zuletzt zum Ausdruck, daß eine mehrjährige Projektarbeit doch einiges an Engagement, Zeit und Ausdauer erfordert.

Es wurde eingangs erwähnt, daß die Projekte vom Senator für Bildung, Wissenschaft und Kunst unterstützt werden. Das geschieht einerseits personell durch die Beratungsstelle für kulturelle Stadtteilarbeit. In ihr arbeiten 2 hauptamtliche Mitarbeiter sowie 20 bis 25 Kulturpädagogen im Rahmen von ABM. Die ABM-Kolleginnen und -Kollegen betreuen die einzelnen Projekte. Außerdem werden finanzielle Zuschüsse gezahlt. Für die betriebliche Kulturarbeit standen 1984 bis 1986 jeweils 46 000 DM öffentliche Förderungsmittel zur Verfügung. Es hat sich inzwischen gezeigt, daß in der Anlaufphase der Projekte diese finanzielle Ausstattung ausreicht.

Bei staatlicher Unterstützung und Finanzierung stellt sich auch immer die Frage nach der Autonomie die Projekte. Zweifelsohne gibt es Förderungskriterien der Behörde (deutliche Ausrichtung auf Arbeiterstadtteile, Orientierung an gesellschaftspolitischen Zielen, Forderung nach offenen und öffentlichen Arbeitsformen); oberstes Gesetz für alle in diesem Bereich tätigen Mitarbeiter ist jedoch die Respektierung der kulturellen Autonomie aller Projektgruppen. Diese Autonomie wurde in der bisherigen Projektpraxis auch weitgehend respektiert.

Die Unterstützung der Projekte durch ABM-Mitarbeiter hat sich als wichtig herausgestellt, wenngleich es auch zu Reibungen und Meinungsverschiedenheiten zwischen ABM-Mitarbeitern und Projektgruppen kommen kann. Insbesondere der aus dem ABM-Status resultierende, verständliche Wunsch nach eigener Profilierung, Motivationsverluste gerade gegen Ende der ABM-Zeit und die Umschau nach anderen Arbeitsmöglichkeiten können zu Konflikten führen. Diese Probleme wie auch die individuelle und arbeitsmarktpolitische Bedeutung von ABM wurden aber bislang viel zu wenig kollektiv und öffentlich thematisiert. Dies läßt sich auch hier aus Platzgründen nicht weiter ausführen.

Regelmäßige Treffen dienen der Qualifizierung der Projektteamer in Theorie und Praxis, der gegenseitigen Information und der Vernetzung der unterschiedlichen Projekte. Nach Bedarf werden zu bestimmten thematischen Schwerpunkten (wie Oral History, Bildinterpretation u. a.) externe Fachleute hinzugezogen. Die Fragestellungen, die sich mit dem Einsatz und damit mit der Aus- und Fortbildung von Betriebsteamern ergeben, sowie erste Lösungsversuche, sind in einem Handbuch (s. Liste der Veröffentlichungen) ausführlich dargestellt und sollen kontinuierlich aktualisiert und erweitert werden.

Das Verhältnis zu Unternehmensleitungen

Die betrieblichen Projekte sind, was ihren Zugang zu Dokumenten, Veranstaltungsräumen, Ausstellungsmöglichkeiten etc. innerhalb des Betriebes anbelangt, mehr oder weniger auf eine Kooperation mit den

Unternehmensleitungen angewiesen. Die Praxis reicht vom Desinteresse der Betriebsleitungen an der Projektarbeit über partielle Unterstützung bis zum Verbot.

Die Bedeutung dieser Problemlage sollte für die Arbeit der Gruppen nicht unterschätzt werden. Geschichte wird dann zu einem besonders sensiblen Thema, wenn es um die Zeit des Nationalsozialismus und/oder um die Verlängerung der Geschichte in die Gegenwart geht und heute existierende Probleme (wie alternative Produktion, Rüstungsproduktion, neue Technologien und Rationalisierung) in die historische Aufarbeitung mit einbezogen werden.

Die Präsentation von Arbeitsergebnissen

Durch die Veröffentlichung von Zwischen- bzw. Endergebnissen realisieren die Gruppen zum einen ihr Verständnis von kollektivem und solidarischem Arbeiten: Sie verstehen sich als Teil der Belegschaft und stellen dieser ihre Produkte zur Verfügung. Zum anderen stellt die kontinuierliche Darstellung von Zwischenergebnissen die methodisch geeignetste Form dar, Unbeteiligten den sinnlichen Nachvollzug der Projektarbeit zu erlauben und sie eventuell aktiv mit einzubeziehen. Daß die Arbeitsgruppe durch diese laufende Öffentlichkeitsarbeit unter den Kollegen bekannter und vertrauter wird, ist ebenfalls beabsichtigt. Zwischenergebnisse sollten mit geringem Aufwand (Werkstattcharakter) hergestellt werden und offene Fragen an die Betrachter richten und somit zur Mitarbeit auffordern.

Die Darstellungsformen der Projekte reichen i. d. R. von Broschüren und anderen schriftlichen Veröffentlichungen über Dia-Serien und Videofilme zu Ausstellungen. Künstlerische Produktionen wie Musik, Theater, Malerei sind bislang noch wenig entwickelt und nur punktuell zu erkennen.

In den nachfolgenden Abschnitten stellen sich die Projekte selbst vor. Dort, wo es sinnvoll schien, haben wir Berichte zusammengefaßt.

Projekte »in voller Blüte«

Von den schon seit einiger Zeit bestehenden Projekten haben sich bereits die Kollegengruppe bei MBB (im Rundbrief Nr. 5 des DGB-Projekts »Geschichte von unten«) und das Projekt »100 Jahre 1. Mai«

Aus: Rundbrief Nr. 8, S. 46 und 48.

(im Rundbrief Nr. 6) ausführlich dargestellt, so daß wir hier auf eine Zusammenfassung verzichten können. Weniger bekannt dürfte die Arbeit der Kolleginnen und Kollegen in einigen anderen Bremer Betrieben sowie das Projekt »Kulturarbeit und Interessenvertretung« sein. Abgeschlossen und in ihren Ergebnissen dokumentiert (s. Veröffentlichungen) sind inzwischen fünf betriebliche Kulturprojekte.

Tradition der Brauereiarbeiter zwischen Schankhalle, Wiederaufbau und Absatzzahlen

Wir sind eine Kollegengruppe der Bremer Brauerei, die früher Männerdurst und heute bekanntlich Kennerdurst löscht. Ähnlich wie die Werbesprüche haben sich auch unsere Arbeits- und Lebensbedingungen gewandelt. Diesen Umformungen des Arbeiteralltags wollen wir als Gruppe »Tradition der Brauereiarbeiter« nachspüren, um sie unseren Kolleginnen und Kollegen zeigen zu können.

Seit Gründung der Kaiserbrauerei Beck & Co. 1873 gab es eine Vielzahl von Veränderungen. Der technische Fortschritt hat unübersehbare Spuren hinterlassen, und der Wandel in den politischen Verhältnissen schlug sich nicht nur im Verlust des Namenteiles »Kaiserbrauerei« nieder, sondern fand seine markantesten Ausprägungen in der Zerschlagung der Gewerkschaften durch die Nationalsozialisten 1933.

Aus der Belegschaft wurde eine Gefolgschaft und fortan herrschte der »deutsche Gruß« vor, auch wenn der alte liberale Direktor am »Guten Morgen« und »Auf Wiedersehen« festhielt. Im Zuge der ausgeweiteten Rüstungsproduktion verlor die Brauindustrie an Bedeutung und »Auskämmungen« genannte Abstellungen von Brauern, Mälzern und Böttchern gehörten zum Arbeitsalltag, der bald durch Fliegeralarm und nächtliche Bombenangriffe gekennzeichnet war. Hatten die verbliebenen Mälzer und Brauer bald Mühe, Gerste, Malz und Hopfen verarbeiten zu können, so konnten die Bierkutscher nicht über Arbeitsmangel klagen. Angesichts des katastrophalen Mangels an Treibstoff für Kraftfahrzeuge wurden sie zum Transport von Milch, Kohlen, Kartoffeln und Leichen herangezogen.

Welche Auswirkungen hatten die veränderten politischen und sozialen Bedingungen auf unseren Arbeitsalltag in der Brauerei?

Welche Erfahrungen machten die Kollegen mit der neuen Flaschenabfüllanlage, die 1961 eine kaum vorstellbare Stundenleistung von 28 000 Flaschen täglich aufwies (wie die Firmenchronik stolz vermerkt)?

Wie hat sich der Arbeitsalltag des Böttchers verändert, nachdem die Holz- durch Aluminiumfässer ersetzt waren?

Die Antworten auf unsere Fragen finden sich wieder in den Erinnerungen unserer Kolleginnen und Kollegen, in ihren Dias und Fotos.

Für unsere Darstellung der Geschichte ist Fotomaterial von großer Bedeutung: Beim Betrachten der Aufnahmen werden Erinnerungen wieder geweckt und längst Vergessenes nimmt wieder Gestalt an.

Wir haben bisher viele wichtige Informationen aus dem Kollegenkreis erhalten, wobei uns besonders die Kollegen im Rentenalter zur Seite standen. Daneben tritt die gezielte Suche nach aussagestarken Fotos und beweiskräftigen Dokumenten aus Archiven.

All dies können wir als Kollegengruppe nur bedingt leisten, da wir alle neben unserer täglichen Arbeit im Betrieb noch in den vielfältigen Formen der Gewerkschaftsarbeit engagiert sind.

Eine wesentliche Hilfe bei dieser Aufarbeitung unserer eigenen Geschichte erfahren wir seit dem 1. August 1986 durch den ABM-Kollegen Harry Winkel, der uns durch die Beratungsstelle bei der Kulturbehörde vermittelt wurde.

Trotzdem merken wir, daß unser ursprünglicher Anspruch, die Lebens- und Arbeitsbedingungen der Brauereiarbeiter Bremens aufzuarbeiten, zu umfassend angelegt ist, um zu handhabbaren Arbeitsergebnissen zu gelangen. Wir stehen so vor dem schmerzlichen Prozeß einer notwendigen thematischen Schwerpunktsetzung, bei der die bisher gewahrte breite, persönlich beeinflußte Suche nach Zeugnissen aus dem Alltagsleben der Brauereiarbeiter verlassen werden muß. Aber vielleicht gehören Brüche in dieser Arbeit ebenso zum Alltag wie die Diskontinuität im Arbeitsalltag der Brauereiarbeiter.

Die Kollegengruppe »Tradition«, besteht aus 6 Personen.

Wir treffen uns 14tägig, wobei Kollegen Fotos, Dias, Dokumente und andere Unterlagen gern einsehen können.

Kontaktpersonen:
M. Heinrichs Tel. 0421/80 36 63
K. Urbons Tel. 0421/56 43 43

Projektgruppe »GESTRA«

Die Firma Gestra produziert Armaturen und Industrieelektronik. Beschäftigt werden ca. 700 bis 750 Kolleginnen und Kollegen, überwiegend Angestellte. Diese arbeiten vorrangig in der Forschung/Konstruktion, während die Arbeiter zum großen Teil als hochqualifizierte Dreher, Fräser u. ä. tätig sind.

Nachdem 1983 eine Mahntafel in Erinnerung an das KZ »Mißler« in der Nähe des Werkes aufgestellt worden war, wurden im Betrieb Gerüchte über angebliche Spuren des KZ auf dem Werksgelände aktualisiert.

Einige Kolleginnen und Kollegen wollten der Sache genauer auf den Grund gehen. Ein besonderer Anstoß dafür war für uns die Ausstellung (»Riespott«) der Kollegen von Klöckner, von denen wir auch von der Förderung durch den Senator erfuhren. Der Betriebsrat beschloß auf Anregung von Mitgliedern des Vertrauensleutekörpers der IGM, die Arbeit der Initiative zu unterstützen.

Vom Senator bekamen wir dann unseren Projektteamer als ABM-Kraft zugewiesen. Diese Zuweisung erwies sich für uns als außerordentlich gut, da ohne unseren Teamer das Projekt sicherlich nicht in dem Maße vorangekommen wäre.

Unsere Gruppe, die aus Betriebsratsmitgliedern, Jugendvertretern und einer ehemaligen GESTRA-Kollegin mit Familie bestand, setzte sich das Ziel, die Geschichte des Werksgeländes zu rekonstruieren.

Die Gruppe traf sich anfänglich alle 14 Tage, darüber hinaus gab es einige Sondertreffen, u. a. zur gemeinsamen Durchsicht von Archivalien im Staatsarchiv.

Bei den Recherchen gab es eine Arbeitsteilung, wobei die Nachforschungen bei Behörden und im Archiv im wesentlichen unser Projektleiter durchführte (er arbeitete die Ergebnisse entsprechend für unsere Gruppe auf), während die Befragungen von Anwohnern, ehemaligen

KZ-Häftlingen und andere Untersuchungsarbeit vor Ort von allen übernommen wurden; die Informationstafeln sind in gemeinsamen Besprechungen geplant und dann auch praktisch gemeinsam erarbeitet worden.

Die Recherchen und Befragungen nahmen dabei in etwa das erste Jahr in Anspruch.

Bei uns bestand von Anfang an das Problem, mehr Kolleginnen und Kollegen für die Mitarbeit zu interessieren und zu aktivieren. Dies war eigentlich mit ein ursprünglicher Gedanke für die Gruppenarbeit gewesen. Leider blieben wir nur 5 Kolleginnen/Kollegen.

Wir unternahmen mehrere Versuche, die Gruppe zu vergrößern. So stellten wir auf einem VK-Seminar unsere ersten Arbeitsergebnisse vor. Die Anwesenden waren auch sehr interessiert – aber dies reichte nicht zur aktiven Mitarbeit aus. Das war für einige schon sehr frustrierend.

Schwierigkeiten ergaben sich dann zusätzlich mit der GESTRA-Unternehmensleitung:

Sie war von dem Projekt unterrichtet worden und ließ zunächst zu, daß vom Werksgelände aus Fotos gemacht wurden, eine Besichtigung mit ehemaligen KZ-Häftlingen lehnte sie aber ab, und was für uns noch schlimmer war, es wurde uns verboten, die erstellten Informationstafeln im Büro des Betriebsrates aufzuhängen, obwohl die Geschichte der Firma nicht angesprochen wurde. Dies war für unsere Arbeitsgruppe der härteste Tiefschlag, denn wir hatten die Informationstafeln extra für diese Räume erstellt. Da die Räume des Betriebsrates nicht sehr groß sind, entschieden wir uns für kleinformatige Ausstellungstafeln. Dadurch konnten notgedrungen formale und ästhetische Gesichtspunkte nicht hinreichend berücksichtigt werden. Außerdem wollten wir die Ausstellung ja ständig in den Betriebsratsräumen belassen und hatten deshalb keine inhaltlichen Einschränkungen bei den Tafeln machen wollen. Eine ganze Zeit wußten wir nicht, wo wir nun überhaupt ausstellen sollten, bis eine Kollegin die Idee hatte, in Findorff im Gemeindesaal die Ausstellung zu eröffnen, zumal dort auch immer die GESTRA-Betriebsversammlungen stattfinden und somit doch noch etliche Kollegen die Möglichkeit der Information haben würden. Also stellten wir dort unsere Informationstafeln im Frühjahr 1986 zum ersten Mal öffentlich vor. Mit den Tafeln wurden Bilder eines Findorffer

Künstlers mit ausgestellt, die er im Laufe unserer Arbeit zu diesem Thema gezeichnet hatte.

Wir wollen das vorhandene Material zu einer Broschüre verarbeiten und hoffen, daß wir für diese Arbeit den Kern der Aktivisten vergrößern können, und daß vielleicht doch noch die eine oder andere Kollegin bzw. der eine oder andere Kollege aus dem Betrieb oder Stadtteil Lust zur Mitarbeit bekommt.

Kontaktperson:
Kirsten Tilmann

ÖTV-Geschichtsgruppe der Stadtwerke AG

Wenn Wahrzeichen verschwinden, wird der Rückblick auf den Zusammenhang, den sie verkörpern, aktuell und erfahrbar. So entstand mit dem Abbruch des letzten Gasometers (Herbst 1984) eine Gruppe von Kollegen, die die Vergangenheit des Werkes rekonstruieren und vergegenwärtigen wollten. Die Durchsicht der in Werksarchiven und -beständen erreichbaren offiziellen Materialien gab jedoch keine zufriedenstellenden Antworten; sie führte im Gegenteil zu ähnlichen Fragen, wie Bertolt Brecht sie den »lesenden Arbeiter« an die »große« Geschichte stellen läßt. Für die »kleine« Geschichte der Gaswerker formuliert, umreißen sie das Thema, das wir uns als ÖTV-Geschichtsgruppe gestellt haben.

Im Gegensatz zu den bestehenden Jubiläumsschriften und Betriebschroniken stellen wir nicht die technische und wirtschaftliche Entwicklung in den Mittelpunkt, sondern die »lebendige« Arbeit. Damit soll ins Gedächtnis gerufen werden, was bei der Wahrnehmung erleuchteter Gaslaternen und brennender Gasherde in vergangenen Jahrzehnten verlorengegangen ist: Die Knochenarbeit beim Kohleschieben, Hitze und Schmutz auf dem Ofenhaus, Erdarbeiten im Rohrnetz bei Wind und Wetter. Unser Interesse gilt aber auch den neuralgischen Bereichen der Unternehmensgeschichte, die in den Betriebschroniken oftmals wenig Beachtung findet.

Ausgangspunkt und Grundlage unserer Arbeit ist das in mühevoller, detektivischer Kleinarbeit zusammengetragene Bildmaterial aus verschiedenen Betriebsteilen des Gaswerkes bzw. der Stadtwerke und aus privaten Alben ehemaliger Mitarbeiter.

Der inzwischen durchgesehene und systematisierte Bestand von einigen tausend Bildnegativen und -positiven stellt wohl einen für Bremen herausragenden industrie- und zeitgeschichtlichen Fundus dar, der in Verbindung mit den Materialien und Arbeitsergebnissen ähnlicher Kollegengruppen in anderen Betrieben die Forderung nach einem Bremer Museum der Arbeit unterstreicht.

Das im Gaswerk vorgefundene Bildmaterial ist bis auf wenige Ausnahmen offizielle Firmen- und Industriefotografie. Der größte Teil der Aufnahmen stammt von Berufsfotografen, deren Motivwahl und Darstellungsweise durch die Aufträge der Firmenleitung vorgegeben wurde.

Einen eigenen Bestand bilden die Amateuraufnahmen von Kollegen, die vor allem seit Anfang der fünfziger Jahre entstanden und deren eigene Motivwahl und Bildsprache interessante Vergleiche möglich machen.

Mit für uns ungewohnten wissenschaftlichen Kriterien haben wir die Bilddokumente zeitlich bestimmt, ihre Informationsgehalte überprüft und in übergeordnete Zusammenhänge gestellt. Eine große Rolle spielen die Hinweise und Informationen ehemaliger Kolleginnen und Kollegen:

Erst durch ihre Erinnerungen werden die historischen Aufnahmen lebendig, ergeben wieder Anhaltspunkte, Fragestellungen und ein »Gespür« für das, worauf es ankommt. Dabei zeigt sich auch der versteckte Wert apologetischer Firmengeschichtsschreibung, indem sie zur kritischen Auseinandersetzung anregt.

Geschichte von Kollegen bedeutet für uns aber auch Geschichte für Kollegen. Das hieß und heißt, mit den aufgearbeiteten Materialien Wege und Formen zu finden, die weitere Kollegen ansprechen und interessieren. So entstanden erste Dia-Vorträge, die vor der kritischen Belegschaft bestehen mußten.

Ein weiterer wichtiger Schritt war die Einbindung in die Betriebsrats- und Gewerkschaftsarbeit. Inzwischen haben wir als Mitglieder der ÖTV-Geschichtsgruppe der Stadtwerke Bremen AG eine kleine Ausstellung fertiggestellt, die im Rahmen des DGB-Kulturprogramms am

1. Mai im Bremer Gewerkschaftshaus, sowie als Beitrag zur ersten Bremer Geschichtswoche gezeigt wurde.

Unter dem Thema »Fragen von Gaswerkern an die Geschichte ihres Betriebes« haben wir versucht, der offiziellen Unternehmensgeschichte eine Geschichte der Werktätigen und ihres Alltags gegenüberzustellen.

Für die Ausstellung haben wir ein variables Konzept entwickelt, das es uns ermöglicht, schon fertige Teile zu zeigen und dennoch an anderen weiterzuarbeiten.

Ein weiteres Ergebnis unserer bisherigen Arbeit ist eine Broschüre zum Thema »Zwischen Ofenhaus und Gasometer – Arbeit im Gaswerk 1900 – 65«. Das 50seitige Heft verbindet in ansprechender Form (wichtig für die kritische Werksöffentlichkeit, die eine hektographierte Kampfschrift erwartet hatte) historische Werksfotos, ihre kritische Interpretation und Erinnerungen von Betriebsangehörigen. Sie hat unserer Geschichtsgruppe den offiziellen »Durchbruch« verschafft.

Eine zweite Broschüre zum Thema »Gasversorgung – Arbeit im Rohrnetz« ist für den Spätsommer geplant.

Ein besonders interessantes Thema ist für uns die unmittelbare Nachkriegszeit der Gaswerker, die durch ausführliche, wörtliche Protokolle und Mitschriften der Betriebs- und Gewerkschaftsversammlungen dokumentiert werden kann. Die Art und Weise dieser Dokumente, die uns bisher nur zum Teil zugänglich waren, verlangen nach einer Aufarbeitung in dramaturgischer Form. Ein erster Versuch in diese Richtung war eine szenische Lesung zum Thema »Weichenstellung – Betriebsratsarbeit und Gewerkschaftspolitik im Gaswerk 1945 – 54«. Dokumente und Zeitzeugenberichte wurden mit Unterstützung eines Theaterpädagogen zusammengestellt und während der Geschichtswoche 86 von Bremer Schauspielern beeindruckend vorgetragen.

Kontaktperson:
Norbert Krause

Projekt »Kulturarbeit und Interessenvertretung«

Das Projekt besteht seit August 1986 aus vier Mitarbeitern (3 Theaterpädagogen, 1 Musikpädagoge), die die Aufgabe haben, Kulturarbeit

Aus: Rundbrief Nr. 8, S. 50 und 52.

für und mit Arbeitnehmer(n) »anzuleiern«, zu organisieren und betriebliche Projekte künstlerisch zu betreuen. Ziel ist die Etablierung einer betrieblichen und gewerkschaftlichen Kulturszene. Dies bezieht sich sowohl auf eine kontinuierliche künstlerische Betreuung und Qualifizierung von Laiengruppen als auch auf die Organisation interner und öffentlicher Kulturveranstaltungen.

Konkret sieht die Arbeit folgendermaßen aus: An regelmäßigen Abendterminen betreuen wir Theater- und Musikgruppen (z. Zt. sind es acht). Wir leisten Hilfestellung bei der Erarbeitung von Songs, Sketchen, Rollen, Szenen, bei der Auswahl von Stücken, sowie bei der Arbeit am Gesamtkonzept eines Programmes und dessen Bühnenpräsentation.

Neben der Gruppenbetreuung führen wir in regelmäßigen Abständen Theater- und Musikworkshops durch: zum einen, um vielleicht Leuten den Einstieg in eine Theater- und Musikgruppe zu ermöglichen, zum anderen auch zur Weiterqualifikation bestehender Gruppen.

Langfristig wollen wir in den Gruppen eine solide Grundlage künstlerischen Handwerkszeugs legen – mit der Perspektive zu selbständigem Arbeiten.

Über diese Tätigkeitsbereiche hinaus versuchen wir den Schritt in die (Insider- aber auch allgemeine) Öffentlichkeit zu organisieren. Das heißt: Wir versuchen Auftrittsmöglichkeiten zu schaffen und Kontakte zu anderen professionellen und nichtprofessionellen Kulturschaffenden sowie zu Kulturinstitutionen der Stadt (Ziel: Zusammenarbeit zwischen Betriebs- und Stadtteilkultur und professioneller Kultur) herzustellen.

Eine von uns initiierte Kleinkunstreihe, das BREMER KLEINKUNST FORUM, soll unseren Gruppen Anregungen vermitteln und gleichzeitig die Möglichkeit bieten, selbst erste Auftrittserfahrungen im kleinen Rahmen sammeln zu können. Möglicherweise läßt sich hierüber längerfristig ein öffentliches Spielforum für Gruppen einer gewerkschaftsnahen, betrieblichen oder stadtteilbezogenen Kulturszene schaffen.

Neben der Arbeit mit diesen sogenannten betrieblichen und/oder gewerkschaftlichen Laiengruppen arbeiten wir mit den Bremer Geschichtsgruppen zusammen und suchen nach Formen der künstlerischen Umsetzung von Geschichte. Bisher entstand eine Lesung, die auf der Bremer Geschichtswoche 86 von Schauspielern des Bremer Theaters und des MOKS-Theaters gespielt wurde. Eine andere Lesung zur Geschichte gewerkschaftlicher Frauenarbeit von 1848 – 1890 wurde im Rahmen einer ÖTV-Frauenveranstaltung von einer unsererseits betreuten Frauentheatergruppe aufgeführt. Mit den Ergebnissen sind wir noch nicht zufrieden; die Stücke hatten arge dramaturgische Mängel und werden überarbeitet.

Eine Kollegin und ein Kollege arbeiten eng mit dem Bremer DGB zusammen. Sie sind an der Organisation »gewerkschaftlicher Feiertage« (Internationaler Frauentag, 1. Mai, 1. September) sowie anderer gewerkschaftlicher Kulturveranstaltungen beteiligt.

Trotz weitgehender Freiheiten in der Gestaltung unserer Arbeit waren wir wegen der uns zur Verfügung stehenden finanziellen und vor allem räumlichen Ausstattung schon lange Zeit unzufrieden. Obschon zwei Kollegen der DGB-Kulturabteilung als kostenlose Mitarbeiter zur Verfügung stehen, hält sich der DGB mit finanzieller Unterstützung sehr zurück: Dem zuständigen Kultursekretär stehen fast ausschließlich Mittel für die Organisation »gewerkschaftlicher Feiertage« zur Verfügung, so daß für eine kontinuierliche (zunächst weniger öffentlichkeitswirksame) Kulturarbeit mit der Basis nicht viel übrig bleibt.

Angesichts dieser Tatsachen existiert die Projektidee einer Rockwerkstatt für gewerkschaftlich Engagierte weiterhin nur in den Köpfen der Beteiligten (für eine minimale instrumentale Grundausstattung war keine Mark locker zu machen). Hierin spiegelt sich sicher ein innerhalb der Gewerkschaften noch häufig anzutreffendes problematisches Verhältnis zu »Kultur« und künstlerischer/kultureller Tätigkeit wider: Kultur wird oft noch begriffen als notwendige Beigabe zum »Eigentlichen« (dem »Politikmachen«, wenn es »netter« wird, lassen sich vielleicht auch politische Inhalte leichter transportieren) in der Spannbreite von Kultur als notwendiges Übel bis hin zur Kultur im Blumenkübel.

Es wird noch Zeit und Kraft kosten, solchen vom Diktat distanziert rationaler Analyse der Verhältnisse Beseelten nachvollziehbar zu machen, daß künstlerische Auseinandersetzung eine andere, ergänzende, dem Erleben nähere, sinnliche Form eines Verstehens von Leben und Umwelt ist.

Kontaktadresse:
Meinrad Mühl (Musik), Anke Teebken, Gabi Kellerhof oder Peter

Schenk (Theater)
c/o Senator für Bildung, Wissenschaft und Kunst
Pieperstraße 1 – 3
2800 Bremen 1

»Arbeit und Arbeiterschaft im bremischen Zeitungswesen«

Ein Projekt des Vertrauenskörpers der IG Druck und Papier und des Betriebsrates der Bremer Tageszeitungen AG (BRETAG).

Seit knapp zwei Jahren versuchen Kollegen des WESER KURIER ihre Betriebsgeschichte zu erforschen. Betriebsrat und Vertrauenskörper der IG Druck und Papier beim WESER KURIER tragen das Projekt. Konkret sind mehrere Betriebsräte, die Leitung des Vertrauensleutekörpers und Vertrauensleute am Projekt beteiligt.

Mit dem Vorstandsvorsitzenden der BRETAG fanden Gespräche statt, wobei dieser zunächst vorschlug, das Projekt gemeinsam durchzuführen. Dieses wurde von den Kollegen abgelehnt, da es ihnen ausdrücklich darum ging, die eigenen Erfahrungen aufzuarbeiten und die Geschichte der Arbeit und der Arbeiterschaft darzustellen. Die Geschäftsleitung erkannte dieses an und bot gleichwohl ihre Hilfe bei der Materialbeschaffung an.

Die bisher erarbeiteten und noch zu bearbeitenden Themen beziehen sich auf die Entwicklung des Zeitungswesens ab 1945 und setzen sich insbesondere mit der Situation der Arbeiter im Zusammenhang mit den technologischen Veränderungen (Stichworte: Zahlenverhältnis zwischen Facharbeitern und Ungelernten, Qualifikation, Arbeitsorganisation, technische Entwicklungen), mit der Entwicklung des Tarifwesens, der gewerkschaftlichen Organisation der Arbeiterschaft im Zeitungs- und Druckgewerbe und der politischen Kämpfe auseinander.

Das Ziel der Kollegengruppe ist es, ihre Arbeitsergebnisse in einer Dokumentation zusammenzustellen (Buch bzw. Broschüre), die im Sinne der gewerkschaftlichen Forderungen zur Kulturarbeit die Arbeit der betrieblichen und gewerkschaftlichen Interessenvertretung unterstützt (z. B. gewerkschaftliche Bildungsarbeit, Einsatz in der VK-Arbeit).

Die Bewältigung dieser Arbeit konnte schon allein aus zeitlichen Gründen nur mit Hilfe eines ABM-Kollegen aus der Kulturbehörde geleistet werden. An dieser Stelle stellt sich auch für weitere Projekte, die ein ähnlich anspruchsvolles Vorhaben angehen wollen, die Frage, inwieweit die Mitarbeit am Projekt mit der beruflichen Inanspruchnahme, der gewerkschaftlichen Arbeit im Betrieb und der verbleibenden Freizeit der Kollegen vereinbar ist. So hat sich die Mitarbeit von anfänglich 30 Kolleginnen und Kollegen im Verlaufe des Projekts auf einen kleinen Kreis von Aktiven reduziert. Dies ist u. a. auch darauf zurückzuführen, daß die Idee zu diesem Projekt in einer Phase von Arbeitskämpfen in dem Betrieb entstand. Nach dem Ende der Auseinandersetzungen sank dann das Interesse am Projekt bei einzelnen Kollegen.

Als ein weiterer Hemmfaktor für ein längerfristig angelegtes Projekt stellt sich die auf zwei Jahre befristete ABM-Tätigkeit des Teamers dar. Ähnlich wirkt, wie bei diesem Projekt, die Fortführung der Arbeit durch einen neuen ABM-Teamer. Neben der Einarbeitungsphase für den neuen Teamer ergeben sich Probleme in der inhaltlichen Herangehensweise, Methodik, Einbindung in die betrieblichen Strukturen usw.

Kontaktadresse:
Bernhard Itner
Weidenweg 5
2733 Kirchtimke

Neue Projekte

1987 beginnen neue Projekte in 6 Betrieben: Klöckner (Hütte), Atlas und Vulkan (Werften), Recycling-Hof und Recycling-Börse sowie ein betriebsübergreifendes Projekt zur bzw. gegen Schichtarbeit. In den Recycling-Betrieben werden die künstlerischen Aktivitäten (Video und Wandmalerei) erstmals in die reguläre Arbeitszeit einbezogen. Da wir aus Platzgründen auf die Darstellung aller neuen Vorhaben verzichten müssen, beschränken wir uns auf eine kurze Darstellung des Schichtarbeiterprojektes, um den ganzheitlichen Anspruch deutlich zu machen, also die Verknüpfung von Produktion und Reproduktion, von politischem, gewerkschaftlichem und individuellem Handeln, zwischen den an vordergründigem Nutzen und den an individueller Befriedigung orientierten Aktivitäten.

Schichtarbeiterprojekt

Ziel des Projektes ist es, zwischen den Kollegen aus den Schichtbetrieben und den Einzelgewerkschaften sowie Kollegen aus Einrichtungen des Reproduktionsbereiches eine Verständigung über bzw. eine Vereinbarung von Möglichkeiten zur Verbesserung der Arbeitsbedingungen, insbesondere der Schichtarbeit sowie der Wohn- und sonstigen Lebensbedingungen zu erreichen.

In Schicht arbeitet heute ein zunehmend größer werdender Personenkreis. Den direkt wie mittelbar davon Betroffenen sind die vielfachen und gleichzeitig auftretenden Belastungen bekannt. Die Arbeitsplatzforschung hat die Auswirkungen von Schichtarbeit hinreichend erforscht. Obwohl also ihre ungeheuren gesundheitlichen und sozialen Risiken ausreichend bekannt sind, werden sie von den Betroffenen in Kauf genommen, weil sie zu anderen Alternativen (Arbeitslosigkeit, Ortswechsel, geringer Verdienst etc.) das kleinere Übel zu sein scheinen. Aus diesen historischen wie aktuell fortbestehenden Sachzwängen können sich Verhaltensweisen entwickeln, die auf eine Annahme dieser Bedingungen hinauslaufen.

Dagegen richten sich die geplanten Aktivitäten. Die Öffentlichkeit soll wachgerüttelt werden, diese unmenschlichen Bedingungen nicht zu akzeptieren. Die Ausstellung und die Rahmenveranstaltungen sind dazu ein Versuch. Da das Problem aber nicht in diesem zeitlichen Rahmen gelöst wird, sollen auch künftig geeignete Aktionen gegen Schichtarbeit und andere inhumane Arbeitsbedingungen organisiert werden.

In einem Teilaspekt werden wir uns auch mit den Freizeitarbeitsgemeinschaften in (insbesondere) Schichtbetrieben befassen. Der Widerspruch zwischen solidarischer Interessenfindung und -durchsetzung einerseits, sowie den konkurrenzbeladenen, betrieblichen Freizeitangeboten ist häufig eklatant.

Wir wollen Formen erproben, bei denen der Spaß erhalten (und evtl. gesteigert) wird und die sich (dennoch) mit gewerkschaftlichen Zielvorstellungen vereinbaren lassen.

Kontaktperson:
Achim Rogoss

Perspektiven unserer Arbeit

Aus den bisherigen Darlegungen dürfte deutlich geworden sein, daß die Widersprüche zwischen einerseits den politischen Einsichten bzw. Forderungen hinsichtlich des Ausbaus einer »Kulturarbeit für und mit Arbeitnehmer(n)« und andererseits der tatsächlichen Praxis eklatant sind.

Zum einen heißt das, langfristig müssen die Mittel bereitgestellt werden, die einen ernsthaften Vergleich mit der traditionellen Kulturarbeit erlauben. Zum anderen ist es an der Zeit, daß sich neben der Behörde, den verschiedensten Weiterbildungsträgern, Kulturgruppen und -initiativen der DGB und die Einzelgewerkschaften etc. sich über Defizite, mögliche Arbeitsteilung und Kooperationsformen verständigen und so zum Ausdruck bringen, daß sie sich gemeinsam für Arbeitnehmerkulturarbeit verantwortlich fühlen.

Im Verlauf der Geschichtstage 86 ist in Bremen eine Forderung aktualisiert worden, die zwar bereits 1978 gestellt wurde, aber in der letzten Zeit nicht zur Diskussion stand. Es geht um die »Schaffung eines Kulturzentrums und Museums der Arbeit und des Alltags«.

In Zusammenarbeit von Geschichtsgruppen und dem örtlichen DGB-Kulturarbeitskreis konnte ein gemeinsames Konzeptionspapier erarbeitet werden. Der DGB Bremen hat die Forderung in seine Wahlprüfsteine zur diesjährigen Kommunalwahl aufgenommen.

Als einen ersten Schritt fordern wir die Bereitstellung eines geeigneten Gebäudes und dessen Einrichtung, um schon jetzt den Geschichts- und Kulturgruppen Werkstätten, Arbeits- und Seminarräume, Auftrittsmöglichkeiten und Ausstellungsräume zu schaffen.

Wir wollen uns nicht mehr damit begnügen, einfach nur »zusammenzufassen«, sondern einen neuen Gesamtzusammenhang herstellen. Kultur – Bildung – Geschichte sollen wieder zu einer Einheit zusammenwachsen, die durch die Spezialisierung in den einzelnen Bereichen bisher nicht möglich war.

Aufgrund unserer Erfahrungen können wir uns künftig neben der inhaltlichen Unterstützung noch intensiver auf die künstlerische Bearbeitung und Darstellung inhaltlicher Ergebnisse konzentrieren. Wir wollen die traditionellen, meist eindimensionalen Präsentationsformen (insbesondere Ausstellung von Fotos und Dokumenten) durch möglichst alle, den Sinnen und Erlebnisgewohnheiten entsprechenden Formen bereichern. Die weit verbreiteten Ängste, sich anderen Formen zu öffnen, beispielsweise Gesang oder Theater, können und sollen abgebaut werden.

Grundsätzlich gesehen bearbeiten wir damit den Widerspruch zwischen dem (wie es so schön heißt) Eigentlichen, also dem politischen Gehalt gewerkschaftlicher Arbeit und dem eigentlich dazugehörenden, dem kulturellen Gehalt. Wir wollen Brot *und* Rosen, Arbeit *und* Leben!

Hinweise auf Veröffentlichungen

Die Veröffentlichungen der Gruppen sind unter den jeweiligen Kontaktadressen erhältlich; die im nachfolgenden angeführten Publikationen unter der Anschrift:

Achim Rogoss / Uwe Kiupel
c/o Senator für Bildung, Wissenschaft und Kunst
Pieperstraße 1 – 3
2800 Bremen 1

zu beziehen.

- Kulturarbeit für und mit Arbeitnehmer(n), Nr. 1

  Ergebnisse eines Gesprächskreises mit Vertretern der Bremer Gewerkschaften, Weiterbildungseinrichtungen, Hochschulen und des Senators für Bildung, Wissenschaft und Kunst, September 1984 bis Juni 1985, Hrsg.: Senator für Bildung, Wissenschaft und Kunst, Bremen Dezember 1985.

- Kulturarbeit für und mit Arbeitnehmer(n), Nr. 2

  Erfahrungsberichte über 2 Jahre betriebliche Kulturarbeit in Bremen, Hrsg.: Senator für Bildung, Wissenschaft und Kunst, Bremen Dezember 1985.

- Kulturarbeit für und mit Arbeitnehmer(n), Nr. 3

  Bremer Produktionen: Ausstellungen, Dia-Serien, Filme . . ., bearb. von Sieglinde Fiedler, Hrsg.: Senator für Bildung, Wissenschaft und Kunst, Bremen Juli 1986.

- Entdeckt(e) Geschichte.

  Bremer Stadtteile / Betriebe und ihre Geschichte. Hrsg.: Arbeitsgemeinschaft Bremer Geschichtsgruppen, Bremen 1986.

- Handbuch für Geschichtsprojekt-Teamer von Ingeborg Gerstner, Hrsg.: Senator für Bildung, Wissenschaft und Kunst, Bremen September 1986 (z. Zt. vergriffen).

DOKUMENT 6

100 Jahre 1. Mai in Bremen

von Jens Joost-Krüger und Klaus Dyck

Am 1. August 1986 hat in Bremen ein Projekt offiziell begonnen, dessen Aufgabe die Aufarbeitung der regionalen Geschichte der Arbeitermaifeiern ist. Die Ergebnisse der Projektarbeit werden zum 1. Mai 1989 in einer Ausstellung, einem dazugehörigen Katalog und einem kulturellen Rahmenprogramm präsentiert. Alle Projektproduktionen sollen von unterschiedlichen Gruppen getragen werden, die sich vor allem aus betrieblichen und gewerkschaftlichen Zusammenhängen bilden sollen. Das Projekt ist beim Senator für Bildung, Wissenschaft und Kunst, Referat Kulturarbeit für und mit Arbeitnehmer(n) angesiedelt. Personell besteht es zur Zeit aus zwei im Rahmen von ABM beschäftigten Mitarbeitern (den Verfassern dieser Beschreibung). Soweit in aller Kürze ein Überblick über den formalen Rahmen des Projektes.

Im folgenden wollen wir unsere inhaltlichen, methodischen und organisatorischen Überlegungen schildern, an denen sich die weiteren Arbeitsschritte sowie die Gruppendiskussionen orientieren können. Sie beruhen weitgehend auf Vorarbeiten, die Anfang 1985 begonnen wurden: »Die Arbeitermaifeiern in Bremen von 1890 bis 1940« (Diplomarb., Bremen 1985), »Erste Skizze einer Ausstellungskonzeption«, »Kleine Ausstellung zu Aspekten der Bremer Maifeiertradition zum 1. Mai 1986« (5 Tafeln). Eine abschließende Konzeption für die Aufarbeitung und für die Ausstellung liegt noch nicht vor. Das Folgende ist für uns und für an der Mitarbeit Interessierte eine Diskussionsgrundlage.

Wir gehen davon aus, daß die regionale Geschichte der Arbeitermaifeier in ihrer Kontinuität und den Veränderungen ihrer politisch-kulturellen Ausgestaltung, ihrer Bedeutung und Wirkung wie ein Spiegel der Geschichte der regionalen Arbeiterbewegung ist. Über eine reine organisationsgeschichtliche Perspektive hinaus lassen sich insbesondere in der Geschichtsschreibung bisher vernachlässigte sozial- und kulturgeschichtliche Aspekte mit der Aufarbeitung der Maifeiergeschichte ins Licht rücken. Die Aufarbeitung folgt zunächst der Frage nach Konstanz und Wandel des Bremer Maifeiergeschehens. Jahr für Jahr soll das Arbeiterfest in seinen wesentlichen Voraussetzungen, seinem Verlauf, seiner Austattung und seinen Folgen so detailliert wie aufgrund der Quellenlage möglich rekonstruiert werden. Zur Orientierung bei der Materialsuche und -verarbeitung haben wir einen Fragenkatalog erstellt, der im Vorgriff die wesentlichen und konstitutiven Elemente des Maifeiergeschehens zu fassen versucht. In seiner vorliegenden Fassung ist er sicher unvollständig und zu undifferenziert. Er wird im Fortgang der Arbeit beständig präzisiert werden. (Siehe den Fragenkatalog im Anschluß an die Beschreibung.)

Selbstverständlich soll nicht nur eine Rekonstruktion der Maifeiergeschichte »von oben« auf der ausschließlichen Grundlage schriftlicher Quellen, die allzuoft eine institutionalisierte Sichtweise widerspiegelt, erfolgen. Unabhängig von der Gruppenbildung, durch die schon fast allein eine Perspektive »von unten« gesichert ist, wird die Wahrnehmung des Maifeiergeschehens durch die Maifeierteilnehmer/innen integraler Bestandteil der Arbeit sein. Mit der Formulierung eines ersten offenen und flexiblen Gesprächsleitfadens haben wir begonnen. Er soll eine ähnlich orientierende Funktion haben wie der schon erwähnte Fragenkatalog.

In einer ersten Verarbeitung der zusammengetragenen Informationen wollen wir dann eine Periodisierung der Maifeiergeschichte vornehmen: Jeweils die Maifeiern, deren Programmatik, deren Verlauf und deren Ausstattung sowie deren Bedeutung und Wirkung gleich oder weitgehend ähnlich sind, werden in Phasen zusammengefaßt.

Die Chronologie und die Periodisierung müssen auf die Veränderungen der sozioökonomischen und der politischen bremischen – wenn regional relevant auch der nationalen – Kräfteverhältnisse und Bedingungen bezogen bleiben. Denn der 1. Mai ist erstens als Fest-, Demonstrations- und Kampftag international von jeher auf die Verbesserung der Lebens- und Arbeitsbedingungen der Arbeiter/innen bezogen, zweitens als außerparlamentarische Aktion häufig ein Versuch, die von der Obrigkeit mal eng und mal weiter gezogenen Grenzen politischer

Handlungsfreiheit zu erweitern und drittens als Verbindung von Geselligkeit, Kultur und Politik ein an die Bedürfnisse und Hoffnungen der Arbeiter/innen anknüpfender Tag der kollektiven Utopie, der Lageerkenntnis und der Mobilisierung.

Der Wandel der Maifeierpraxis, der solchermaßen Produkt und Mittel des Emanzipationskampfes der Arbeiter/innen und ihrer Organisation ist, wird nur dann erklärbar und nachvollziehbar, wenn das Arbeiterfest stets in den jeweils prägenden Bedingungen erfaßt und in ihrem Kontext dargestellt wird. Exemplarisch sei hier auf unsere Untersuchung »Die Arbeitermaifeiern in Bremen 1890 bis 1914« verwiesen, bei der sich das beschriebene Vorgehen bewährt hat. So konnten wir die regionale Maifeiergeschichte vor dem Ersten Weltkrieg in drei Phasen gliedern, in denen sich die Maifeiern programmatisch, inhaltlich und funktional deutlich voneinander unterschieden. Die Veränderungen der Maifeierpraxis verliefen dabei parallel zu dem Wandel der Politik- und Kulturvorstellungen der Bremer Arbeiterorganisationen und zu den sich im Zuge der Industrialisierung verändernden Auseinandersetzungsformen zwischen Arbeit und Kapital. Impuls, Zeitpunkt und Richtung der Bewegung in der politischen und kulturellen Form- und Sinngebung der Maifeierausgestaltung waren dominant von regionalen Ausprägungen sozioökonomischer und politischer Kräftekonstellationen bestimmt. Konkret war die Entwicklungstendenz der bremischen Maifeierpraxis vor dem Ersten Weltkrieg deutlich von einer zunehmenden offensiven und klassenkämpferischen Gestaltung geprägt. Das fand seinen Niederschlag auch im innovativen Umgang mit traditionellen Darstellungs- und Kampfformen (so erlebten beispielsweise die Straßendemonstrationen und der politische Streik ihre bremischen Premieren am und aus Anlaß des 1. Mai).

Außer der die Geschichte der Maifeiern strukturierenden chronologischen Periodisierung wollen wir thematische Akzente setzen. Diese werden zum einen sicher schon durch die je spezifische politisch-kulturelle Kontur der Maifeiergestaltung und -praxis in den jeweiligen Phasen inhaltlich bestimmt werden. Zum anderen wollen wir darüber hinaus insbesondere nach den Kontinuitäten bzw. den Transformationen von kollektiven Handlungsformen und Symbolen fragen. Die Geschichte beispielsweise der Demonstration, der Protestversammlung, der politischen Symbole sowie die der geselligen und festlichen Massen-

Verkleinertes Titelblatt der Maifeier-Zeitung von 1905 aus dem Bestand "Festzeitungen" der Historischen Kommission zu Berlin.

Aus: Rundbrief Nr. 3, S. 17.

veranstaltungen sollen sich als der rote Faden durch die Aufarbeitung und Präsentation der Maifeiergeschichte ziehen. Es geht dabei um die Rekonstruktion des Bildes und des Klanges der Maifeier und ihrer einzelnen Elemente aus der Perspektive sowohl ihrer Teilnehmer/innen als auch aus der ihrer politischen Gegner. Dadurch werden wir die intern wirksamen solidaritäts- und identitätsstiftenden, mobilisierenden, agitatorischen und die nach außen gegen den politischen Gegner gerichteten fordernden, kämpferischen und abgrenzenden Handlungsformen der Maifeierpraxis zu erfassen und nachvollziehbar darzustellen versuchen.

Vielleicht gelingt es auf diese Weise, eine Brücke zu schlagen zwischen den politischen, kulturellen und sozialen Traditionen und den gegenwärtigen Formen der außerparlamentarischen Außen- und Selbstdarstellung der Arbeiterbewegung. Im wesentlichen schlagen wir die Beibehaltung dieses Konzeptes auch für die Aufarbeitung des nationalsozialistischen »Tages der nationalen Arbeit« vor. Doch der Umpolung und Verbrämung des 1. Mai durch die Nationalsozialisten muß durch zusätzliche Fragestellungen Rechnung getragen werden. Zum einen ist die Frage nach Verfolgung, Anpassung und Widerstand in Bremen am 1. Mai zwischen 1933 und 1945 zu stellen. Zum anderen muß auch nach den Bestandteilen der Arbeitermaifeiern gefragt werden, die mit dem 1. Mai von den Nazis übernommen und zum Transport ihrer völkischen Blut- und Bodenideologie genutzt werden konnten.

Die Aufarbeitung der Maifeiergeschichte und die Konzeptionierung der Ausstellung sollen als sich gegenseitig beeinflussende und anleitende Prozesse organisiert werden. Auf jeden Fall ist ein Nacheinander von zunächst wissenschaftlicher Aufarbeitung und dann folgender Ausstellungsplanung zu vermeiden. Gerade das Ziel, Geschichte auch sinnlich nachvollziehbar zu präsentieren, hat auf die Frage, welches Material gesammelt wird und wie es verarbeitet wird, erheblichen Einfluß. Deshalb wird die Frage nach Präsentationsformen die Aufarbeitung von Beginn an begleiten.

Nach einem ersten schnellen Überblick über die Quellenlage zum 1. Mai im Staatsarchiv Bremen, den uns bekannten privaten Sammlungen sowie den Beständen in überregionalen Archiven ist von einer guten Quellenlage auszugehen. Auf die systematische Erweiterung der im wesentlichen zunächst schriftlichen Quellen um auf Fotografien, Fil-

Aus: Kalender der DGB-Gewerkschaften 1986.

men und Tonträgern festgehaltene Informationen sowie um die mündliche Überlieferung ist bereits hingewiesen worden. Um das Projekt auf eine möglichst breite Basis zu stellen, planen wir, über die Bremer Medien aufzurufen, in Fotoalben, auf Dachböden, in Kellern etc. nach Informationen über die Geschichte der Maifeier in Bremen zu suchen und sie uns gegebenenfalls zugänglich zu machen. Von besonderer Bedeutung dürfte es sein, solche Gegenstände aufzuspüren, denen in der Geschichte der Arbeiterbewegung ein hoher Symbolwert zuzumessen ist: Fahnen, Transparente, Maifeierplaketten etc. Auch Gegenstände, die unmittelbar mit der Maifeier wenig zu tun haben, wie z. B. historische Arbeitskleidung, Fahrräder, Musikinstrumente werden für die Präsentation der Maifeiergeschichte wichtig werden.

Die Aufarbeitung und die Präsentation der Bremer Maifeiergeschichte soll in Zusammenarbeit mit schon existierenden und zu anderen Themen arbeitenden Geschichtsgruppen und -projekten laufen. Da die Maifeier der Rahmen einer Vielzahl von in ihr zusammengefaßten Geschichten ist, wäre beispielsweise eine Maifeiergeschichte einzelner Betriebe, der Frauen, der Jugendlichen, der Angestellten oder der Ausländergruppen denkbar.

Die Öffentlichkeitsarbeit, die das Projekt bekannt machen und dafür werben soll, an ihm aktiv teilzunehmen, hat bereits Anfang dieses Jahres begonnen.

**Schematische Aufstellung der Fragen
zur chronologischen Rekonstruktion des Bremer Maifeiergeschehens**

1. Vorbereitungen

– Träger der organisatorischen, politischen, kulturellen Vorbereitungen;
– Diskussionen und Auseinandersetzungen innerhalb der Arbeiterbewegung und zwischen ihnen um Form, Inhalt, Funktion der Feier;
– innerbetriebliche Vorbereitungen, Konflikte um die Maifeierteilnahme;
– nationale/regionale Einflüsse, Dominanz bei Maifeierentscheidungen;

- Vorbereitungen auf die Feier von Justiz, Polizei, Kapital (Verbote, Einschränkungen, Erlaubnisse);
- Reaktionen der bürgerlichen Presse.

2. *Verlauf*
- Anzahl der Maifeiern;
- Art und Anzahl der Kundgebungen, Veranstaltungen etc.;
- Teilnehmerzahlen, soziale Zusammensetzung der Teilnehmer/innen;
- Schwerpunkte der politischen Thematik, Agitation, Redner;
- Demonstrationsrouten, Versammlungs-, Festorte;
- Ausstattung der Demonstration, Veranstaltungen, Teilnehmer/innen;
- Verhalten der Maifeiernden bzw. einzelner Gruppen;
- Verhalten der Staatsgewalt gegen das Fest/Teile des Festes/spezifische Gruppen.
- Verhalten der Bürger am 1. Mai.

3. *Folgen*
- Strafrechtliche Verfolgung von Maifeiernden;
- ökonomische Sanktionen (Aussperungen, Entlassungen);
- Mitgliederzuwachs bei den Arbeiterorganisationen;
- interne Auseinandersetzungen innerhalb der Organisationen und zwischen ihnen, um Vorbereitung, Verlauf, Bedeutung, Wirkung der Maifeier.

Kontaktadresse:
Forschungs- und Bildungsstätte zur Geschichte der Arbeiterbewegung im Lande Bremen e. V.
z. Hd. Klaus Dyck und Jens Joost-Krüger,
Schule am Alten Postweg 302
2800 Bremen
Tel.: 498-61 62 oder 496-33 04

DOKUMENT 7

Betriebsgeschichte des Bremer Flugzeugbaus

Betriebsgeschichten »von unten«, aus der Sicht der Beschäftigten, haben in den letzten Jahren an Bedeutung gewonnen und werden in Zukunft sicher nicht ohne Einfluß auf die betriebsbezogene gewerkschaftliche Bildungsarbeit bleiben.

Unser Betriebsprojekt befaßt sich mit der Gegenwart. Auf eine mehr als 60jährige Tradition kann die Bremer Luftfahrtindustrie mittlerweile zurückblicken, verbunden mit einer langen Kette von Firmennamen: Focke-Wulf, Weser Flugzeugbau, Focke-Achgelis und Vereinigte Flugtechnische Werke, die 1980 mit rund 10 000 Beschäftigten dem Münchener Messerschmitt-Bölkow-Blohm-Konzern (MBB) einverleibt wurden.

Wenn dieser Rückblick einmal erfolgt, etwa in Form von Hochglanzbroschüren anläßlich eines Firmenjubiläums, so geschieht dies ausschließlich durch die rosarote Brille der Unternehmensleitung. Das Ergebnis solcher Betrachtungen »von oben« ist in doppelter Hinsicht fragwürdig: Zum einen werden die Leistungen von Kaufleuten, Konstrukteuren und Fliegern mit schwülstigen Worten glorifiziert, wird in den Bereich des Übermenschlichen gerückt, das Unternehmerhandeln mit dem Stempel absoluter Unfehlbarkeit versehen; andererseits kommen die Belegschaften allenfalls am Rande vor, als anonyme, konturlose Masse, die hinter der gelegentlichen Angabe globaler Beschäftigungszahlen versinkt. Ihre Arbeits- und Lebensbedingungen bleiben weitgehend im Dunkeln.

Der Gedanke, dieses Legendengemälde durch eine eigene, kritische Aufarbeitung der Betriebsgeschichte zu zerstören, wurde im Anschluß an ein Wochenendseminar zum 50. Jahrestag der faschistischen Macht-

Focke-Wulf-Fertigungshalle 1932.

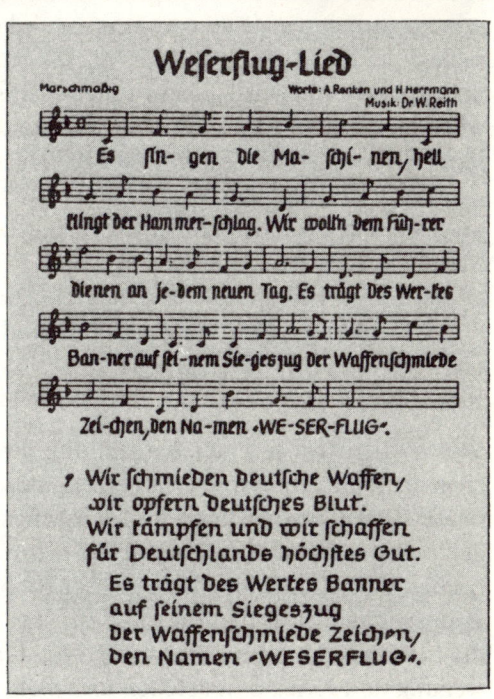

Weserflug-Lied

Marschmäßig
Worte: A.Ranken und H.Herrmann
Musik: Dr.W.Reith

Es sin- gen die Ma- schi- nen, hell
klingt der Hammer-schlag. Wir wolln dem Füh-rer
dienen an je-dem neuen Tag. Es trägt des Wer-tes
Ban-ner auf sei-nem Sie-ges zug der Waffenschmiede
Zei-chen, den Na-men »WE-SER-FLUG«.

Wir schmieden deutsche Waffen,
wir opfern deutsches Blut.
Wir kämpfen und wir schaffen
für Deutschlands höchstes Gut.
Es trägt des Wertes Banner
auf seinem Siegeszug
Der Waffenschmiede Zeichen,
den Namen »WESERFLUG«.

Aus: Rundbrief Nr. 5,
Seite 4 und 6.

übernahme in Bremen im Frühjahr 1983 geboren. Wie es in Bremer Betrieben, insbesondere im Flugzeugbau, während der NS-Zeit aussah, war ein Schwerpunkt des Seminars. Der Zufall wollte es, daß sich ausgerechnet mehrere Flugzeugbauer von MBB-Bremen unter den Teilnehmern befanden. »Jahrelang schuftet man in diesem Betrieb, aber von seiner Geschichte weiß man so gut wie nichts«, sagte einer der Kollegen nach dem Seminar. »Man solle sich auf jeden Fall weiter mit den vorliegenden Materialien beschäftigen«, pflichteten die anderen bei. Damit war der Grundstein für unsere Projekt gelegt, und im August 1983 faßten wir den Entschluß, zum Antikriegstag 1984 eine Ausstellung über die Betriebsgeschichte des Bremer Flugzeugbaus anzufertigen.

Die Ausstellungsgruppe bestand damals neben den IG-Metall-Kollegen aus einem ehemaligen Betriebsrat, einem wissenschaftlichen Mitarbeiter der Universität Bremen (Forschungsprojekt zur Geschichte der Bremer Arbeiterbewegung) und mehreren Grafikerinnen, die alle in gewerkschaftlichen Zusammenhängen arbeiteten. Die Forschungs- und Umsetzungsarbeit wurde von Anfang an als kooperativer Prozeß begriffen, in dem der eine vom anderen lernt, wo gemeinsam geplant, recherchiert und ausgewertet wird. Diese Spielregel ist bislang von allen beachtet worden, mit dem Ergebnis, daß insbesondere die Zusammenarbeit zwischen Betriebs- und Universitäts-Kollegen immer spannungsfrei blieb. Zur Durchführung des Projekts bedurfte es einer breiten Verankerung im gewerkschaftlichen und gewerkschaftsnahen Bereich. Neben der IG-Metall-Vertrauenskörperleitung, dem Vertrauenskörper-Arbeitskreis »Alternative Fertigung« und dem Betriebsrat sagten die IG-Metall-Ortsverwaltung, die Arbeiterkammer und der Senator für Wissenschaft und Kunst sowie der Arbeitskreis Bremer Arbeiterveteranen (vgl.: Rundbrief Nr. 4, S. 8–12) im Herbst 1983 ihre Unterstützung zu.

Was wollten wir mit der Ausstellung erreichen? Wer sollte angesprochen werden? Die Bremer Flugzeugindustrie war und ist auch noch heute zum überwiegenden Teil Rüstungsindustrie. Unser Hauptanliegen bestand darin, am Beispiel der historischen Entwicklung eines Betriebes den Zusammenhang zwischen ökonomischen Interessen der Unternehmen und der Produktion von Rüstungsgütern aufzuzeigen, die Interdependenzen von Aufrüstung, Unterdrückung der Arbeiterbewegung und Krieg darzustellen und nicht zuletzt, Forderungen der Ar-

Ich hoffe, daß mit dieser Monographie ein nützlicher Beitrag zur Geschichte/Geschichtsschreibung »von unten« und zur Lokal- und Regionalgeschichte der Arbeiterbewegung geleistet worden ist.

Kontaktadresse:
Wilfried Kalk
Goethestr. 30
2300 Kiel 1

DOKUMENT 10

Die problematische Suche nach der Geschichte der ÖTV im Kreis Kleve

Ein Zwischenbericht

von Karsten Koch

Vorab möchte ich kurz darstellen, wie es zu dem Projekt »Geschichte der Gewerkschaft ÖTV und ihrer Vorläuferorganisationen im Kreis Kleve« gekommen ist:

Zu Beginn dieses Jahres hörte man in verschiedenen Vorständen und Ausschüssen der ÖTV-Kreisverwaltung von einem DGB-Projekt »Geschichte von unten«, das anläßlich des 50. Jahrestages der nationalsozialistischen Machtübernahme gestartet worden sei. Überzeugt davon, daß es auch für die ÖTV im Kreis Kleve wichtig sein könnte, ihre eigene Geschichte und die ihrer Mitglieder zu erforschen, wurde das Anliegen sinnigerweise dem Seniorenausschuß vorgetragen. Dieser lud einen Mitarbeiter des DGB-Projekts ein, um sich über die bisherigen Erfahrungen mit örtlicher Geschichtsschreibung informieren zu lassen, und ließ sich nicht lange von der Wichtigkeit und Notwendigkeit dieser Sache überzeugen. Er trug einen Antrag an den zuständigen Kreisvorstand heran, über den üblichen Weg (Bezirk/Hauptvorstand) bei der Hans-Böckler-Stiftung zu beantragen, der ÖTV-Kreisverwaltung für ihr Vorhaben einen Praktikanten zur Verfügung zu stellen. Für alle, die es nicht wissen: Die Hans-Böckler-Stiftung führt für ihre Stipendiaten ein Praktikantenprogramm durch, damit diese einerseits die Nähe und Verbindung zur Gewerkschaftsbewegung bewahren und andererseits schon während ihres Studiums in die Lage versetzt werden, ihre erlernten Fähigkeiten anwenden zu können. Und so war es auch nicht verwunderlich, daß der Antrag bewilligt wurde. Kurze Zeit darauf fragte mich die Stiftung, ob ich für zunächst drei Monate nach Kleve gehen wolle, um dort am Projekt mitzuarbeiten. Da ich als Student der neueren Geschichte an der »alten« Westfälischen Wilhelms-Universität fast nicht die Chance habe, gewerkschaftliche Schwerpunkte zu setzen und vom Ansatz der »Geschichte von unten« her zu arbeiten, habe ich nach kurzer Überlegung zugesagt.

Ende Juli fing ich in Kleve an, an dem Geschichtsprojekt zu arbeiten. In diesen ersten drei Monaten wollte und sollte ich mich primär mit der Verwaltungs- und Organisationsgeschichte der ÖTV im Kreis befassen, um hier notwendige Grundlagen zu schaffen. Da ich auf keine inhaltlichen Vorarbeiten zurückgreifen konnte, stand zunächst eine Bestandsaufnahme auf dem Plan. Durch die Presse informierte ich die Öffentlichkeit über das Vorhaben, um das Projekt zu einem Begriff werden zu lassen. Ferner erhoffte ich mir natürlich Unterstützung aus der Leserschaft. Um es vorweg zu nehmen: Obwohl in drei Zeitungen im jeweiligen Lokalteil darüber berichtet wurde, meldete sich niemand, der über Materialien verfügte oder sich befragen lassen wollte. Vielleicht wird es beim nächsten Mal erfolgreicher sein, wenn erst einmal einige Ergebnisse vorliegen, die das Geschichtsprojekt anschaulicher machen. Von den ÖTV-Kollegen, die gesondert angeschrieben wurden, meldeten sich drei, die mit ihren Mitteln das Projekt fördern wollten. Mit den Interviews, die ich daraufhin mit ihnen durchführte, habe ich zumindest aus heutiger Sicht methodisch unklug gehandelt, da mir zum Zeitpunkt der Befragung das notwendige Faktenwissen fehlte. Ferner befand ich mich in einer landsmannschaftlichen Umgebung, in die ich mich erst einleben mußte, um die Menschen zu verstehen. Die Interviews waren also zum Zeitpunkt der Befragung fast vollständig wertlos für die Arbeit. Was aber nicht heißt, daß diesen nicht noch eine spätere Bedeutung zukommen kann. Weiter werde ich bei künftigen Befragungen nicht mehr alleine erscheinen, weil dies einerseits zu anstrengend ist, da der Interviewer gleichzeitig die Funktion eines Seelsorgers zu erfüllen hat. (Bei den Befragten war in jedem Fall zu spüren, wie gut es ihnen tat, daß sie erzählen konnten, und daß sich jemand die Zeit nahm, auch tatsächlich zuzuhören.) Andererseits bin ich davon überzeugt, daß zwei Interviewer letztlich mehr an brauchbaren Informationen zutage fördern können. Insgesamt mußte ich also, wenn ich hier mal von der guten und kollegialen Unterstützung der hauptamtlichen Kollegen aus der Kreisverwaltung absehe, ohne Unterstützung von außerhalb mit der Suche nach der ÖTV-Geschichte zurechtkommen.

Aufgrund verschiedener organisatorischer Neugliederungen hatte es nicht immer eine ÖTV-Kreisverwaltung in Kleve gegeben, so daß diverse Unterlagen und Aktenordner unauffindbar waren. Das, was vorhanden war, war entweder für die Geschichte im Kreis oftmals ohne Bedeutung oder aber in sich lückenhaft. Was mich besonders überrascht, ja sogar erschreckt hat, ist die Tatsache, wie wenig man offenbar in der Vergangenheit bemüht war, Gegenwärtiges zu dokumentieren. So waren Zeitungsausschnitte, die offenbar auf eigenen Pressemitteilungen basierten, oftmals nur sporadisch vorhanden, und falls es sie gab, dann fehlten meist Datums- und Quellenangaben. Nichtsdestotrotz stieß ich bei der Durchsicht auf wichtige Informationen. Namen, die immer wieder auftauchten, schufen Ansatzpunkte zur Weiterarbeit. Zum Beispiel fand ich heraus, daß der erste gewählte Landrat des Klever Kreises schon vor 1933 Sekretär bei den christlichen Gewerkschaften gewesen war und nach dem Krieg zur neugegründeten ÖTV gehörte. Er wurde von ihr auch 1951 für langjährige Mitgliedschaft geehrt. Der (politische) Kreis Kleve errichtete zu seinen Ehren sogar eine Studienstiftung, um »sein Leben und sein Wirken für die Jugend transparent zu machen«. Aufgrund dieses Anspruches war ich überzeugt, daß der Errichter dieser Stiftung über die Angaben zu der Person seines ehemaligen Landrates verfügen müßte. Irrtum! Ich hätte dort allenfalls eine rückzahlbare Studienbeihilfe beantragen können. Informationen bekam ich jedoch nicht.

Ich habe dieses Beispiel bewußt etwas breiter ausgeführt, um aufzuzeigen, daß eigene Erwartungen oftmals viel zu hoch geschraubt sein können, als daß sie der eigentlich zu erwartenden Wirklichkeit gerecht werden. Ähnlich ist es mir übrigens in mehreren Fällen ergangen. Merke: Je weniger du erwartest, desto weniger wirst du enttäuscht!

In bezug auf den Landrat möchte ich hier noch erwähnen, daß es zu Beginn der Republik im Kreis Kleve eine enge Verbindung zwischen gewerkschaftlicher und politischer Entwicklung gegeben hat, da diejenigen, die am Aufbau der Gewerkschaften beteiligt waren, auch aktiv beim kommunal- und kreispolitischen Geschehen mitwirkten. Sie konnten so gerade in der Aufbauphase Arbeitnehmerinteressen in den parlamentarischen Gremien vertreten und durchsetzen.

Wichtigste Arbeitsstätten bleiben jedoch für den sich auf den Spuren der Vergangenheit Befindlichen die Archive. Letztere gibt es auch im Kreis Kleve in ansehnlicher Stückzahl. Meine bislang positive Erfahrung, die ich durch meine Arbeit in den Archiven gesammelt habe, hat hier allerdings einen Abbruch erlitten. Mein Eindruck war der, daß einige Archivare lieber alleine in ihrem Archiv arbeiten und daß, wenn sie mal auskunftsbereit sind, sie für Projekte wie »Geschichte von unten« nichts übrig haben. Wie oft habe ich den Satz gehört: »Zu diesem Thema haben wir nichts«, ohne daß ich überhaupt näher erklären konnte, was alles wichtig sein könnte. In einem Stadtarchiv setzte man mir einen Ordner vor, der verschiedene Zeitungsausschnitte über die ÖTV enthielt. Auf die Frage, ob ich die für meine Arbeit interessanten Stücke in unserem wenige Meter entfernten Büro kopieren könne, antwortete mir der Archivar: »Ihre Frage, die Sie hier an mich, den Archivar, richten, ist unsittlich.« Damit war das Gespräch auch beendet.

Da es sich hier um einen Zwischenbericht handelt, möchte ich noch kein abschließendes Urteil über die Archive und ihre Archivare des Kreises abgeben, zumal ich zur Zeit noch im Kreisarchiv arbeite und dort ordentliche Unterstützung und Beratung erhalte. Eines muß jedoch ganz nüchtern festgestellt werden: Das, was ich bislang mühsam in den Archiven gefunden habe, ist verschwindend gering. Verantwortlich dafür ist aus genannten Gründen sicherlich auch die ÖTV. Zugleich macht dieses Manko die Arbeit interessanter. Jedes Stück, das nach und nach gefunden wird, paßt wie ein kleines Mosaiksteinchen in ein großes Bild. Wo vorher so etwas wie Ratlosigkeit herrschte, hat sich inzwischen die Erkenntnis durchgesetzt, daß es sie doch gibt, die Geschichte der ÖTV im Kreis Kleve; nur daß die Suche nach ihr oftmals problematisch ist.

Abschließend möchte ich noch ein paar Worte zu meinem ursprünglichen Zeitplan sagen: Für die geplanten drei Monate hatte ich vor, so wie ich das an der Uni gelernt hatte, die vorhandenen Quellen zu studieren und dann die Geschichte der ÖTV niederzuschreiben. Heute kann ich über diese Naivität nur lachen. »Geschichte von unten« ist doch anspruchsvoller und mitunter wegen mangelnder Erfahrung schwieriger als so manche wissenschaftliche Abhandlung, wie z. B. über das Wirken Karls des Großen.

Kontaktadressen:
Karsten Koch
Postfach 22 05
4720 Beckum 2
Gewerkschaft ÖTV
z. Hd. Egbert Biermann
Lindenallee 10, 4190 Kleve

DOKUMENT 11

Dokumentation von Gewerkschaftsgeschichte in Duisburg

Vom ersten Arbeiterwahlsieg 1869 zum Stahlarbeiterstreik 1978/79

von Jürgen Dzudzek

Die IG Metall Verwaltungsstelle Duisburg dokumentiert ihre Geschichte

Die Erfahrungen des Stahlarbeiterstreiks 1978/79 waren auch einer der Gründe, weshalb die Verwaltungsstelle Duisburg der IG Metall seit einigen Jahren konzentriert ihre eigene und die wichtigsten Abschnitte der Duisburger Gewerkschaftsgeschichte und der Geschichte der Arbeiterbewegung insgesamt dokumentiert. Ein mit solch einer Intensität geführter Arbeitskampf mit einer an einem Ort selten gekannten Größenordnung (in Duisburg streikten ohne Auszubildende 32 000 Kolleginnen und Kollegen, hinzu kamen einige hundert kalt Ausgesperrte), wirft zwangsläufig Fragen nach Tradition und Vorbildern für einen solchen Kampf auf. Die Dimension dieses Streiks hatte in Duisburg zweifellos epochalen Charakter und ließ damit fast zwangsläufig Fragen nach der historischen Einordnung dieses Kampfes entstehen.

Neben diesem markanten Erfahrungseinschnitt des Stahlarbeiterstreiks waren zwei weitere Gründe maßgebend für die Inangriffnahme einer historischen Dokumentationsarbeit durch die Verwaltungsstelle: Zum einen hatte der Gewerkschaftstag der IG Metall im Jahre 1977 den folgenden, weit reichenden Beschluß gefaßt: »Die gewerkschaftliche Bildungsarbeit (muß) auf allen Ebenen gewerkschaftlichen Handelns die geschichtliche Erfahrung der Arbeiterbewegung in den Bildungsinhalten berücksichtigen.« Zum anderen mußte in der Verwaltungsstelle Duisburg in den Jahren 1979 und 1980 die bittere Erfahrung gemacht werden, daß eine Reihe von Kollegen, die maßgeblich am gewerkschaftlichen Wiederaufbau nach der Befreiung vom Faschismus beteiligt waren, innerhalb weniger Monate starben und ihr großes Erfahrungswissen mit ins Grab nahmen.

Aus diesen Gründen stellte mich die IG Metall Verwaltungsstelle Duisburg im Sommer 1981 zur sachlich befristeten Tätigkeit der Erstellung einer Dokumentation zum Zwecke der historischen Fundierung der gesamten Verwaltungsstellenarbeit hauptamtlich an. Die hauptamtliche Anstellung eines Historikers zur Aufarbeitung der örtlichen Organisationsgeschichte, der Spurensicherung dieser Geschichte, der Dokumentation der heutigen Verwaltungsstellenarbeit sowie der Historisierung der Organisationsarbeit der Verwaltungsstelle ist sicherlich nur in einer Verwaltungsstelle von der Größenordnung Duisburgs möglich. In der Verwaltungsstelle Duisburg der IG Metall sind derzeit über 67 000 Mitglieder organisiert und 33 Kolleginnen und Kollegen hauptamtlich beschäftigt. Damit ist Duisburg die zweitgrößte Verwaltungsstelle der IG Metall.

Dokumentationsbereiche

Die Dokumentationsarbeit umfaßt verschiedene Bereiche und Ebenen und integriert sich in die laufende Verwaltungsstellenarbeit. Das gilt auch für die damit verbundene Spurensicherung.

1. Spurensicherung

Unter der Voraussetzung, daß sämtliche Aktenbestände aus der Zeit vor 1933 sowie der größte Teil aus der Zeit von 1945 bis 1960 vernichtet sind, ist die Spurensicherung eine der vorrangigen Aufgaben der Dokumentationsarbeit. Dazu gehören Gespräche und Interviews mit älteren Kollegen und der Aufbau eines Kreises von ständigen Informationspersonen über die verschiedenen gewerkschaftsgeschichtlich wichtigen Ereignisse bzw. über die Entwicklung der betrieblichen Gewerkschaftsarbeit und der Bereiche der Verwaltungsstellenarbeit. Ich mußte die Erfahrung machen, daß für die Spurensicherung nur in seltenen Fällen ein Gespräch oder auch ein Interview ausreicht, weil sich viele Fragen erst durch das vertiefte Eindringen in die jeweilige Entwicklung stellen. Dabei hat sich ergeben, daß häufigere gezielte Gespräche effektiver sind als lange Interviews. In diesem Zusammenhang haben sich Tonbandinterviews als nur begrenzt sinnvoll erwiesen. Sinnvoll waren sie insbesondere dort, wo Gesprächs- und Interviewpartner nur schwer erreichbar waren, wo es nur eine einmalige Gelegenheit zum Gespräch gab und wo die Tonbandaufnahme selbst zum Dokument werden sollte. Das trifft sowohl auf das Erleben herausragender Ereignisse wie die in einem Gespräch deutlich werdende Erinnerungsarbeit zu. Dort wo ständige Rückfragen möglich sind, hat sich das Tonband als ineffektiv erwiesen: 1. Weil das Abschreiben zu aufwendig ist und 2. weil Aussagen durch Nachfragen auch im zeitlichen Abstand differenziert, verbessert und ergänzt werden können.

Ein zweiter Bereich der Spurensicherung ist die Sichtung sämtlicher Literatur, die je in irgendeiner Form mit der Gewerkschaftsarbeit der Verwaltungsstelle zu tun hatte. Neben intensivem Quellenstudium gehört hierzu die Sichtung von Zeitschriften und Zeitungen. Als wichtigste Quelle stellten sich die früheren Gewerkschaftszeitungen heraus, allerdings ist ihre lückenlose Sichtung bezüglich der örtlichen Berichterstattung über einen Zeitraum von fast 120 Jahren enorm arbeits- und zeitaufwendig. Das gilt in viel größerem Maße noch für die Lokalzeitungen, deren systematische Auswertung über diesen Zeitraum völlig unmöglich ist wegen des damit verbundenen Arbeitsaufwandes. Hier können nur mit dem Mut zur Lücke gewisse Schwerpunkte gesetzt werden. In einem etwas geringerem Maße gilt dies auch für die in Duisburg erschienenen und erscheinenden Werkszeitschriften (Mitarbeiterzeitschriften), deren Zahl besonders hoch ist. Die unvermeidbaren Informationslücken hinterlassen bei mir ständig das ungute Gefühl, etwas Wesentliches übersehen zu können.

Der dritte Bereich der Spurensicherung betrifft die Archivarbeit. Bei der Auswertung der sicherlich informationsreichsten Akten, nämlich der Polizei- und Gestapoakten, ergibt sich die Schwierigkeit der Interpretation, der Umwertung und Einordnung von Aussagen, denn diese Akten wurden ja nicht zwecks Ausbau der Gewerkschaftsarbeit erstellt, sondern zu ihrer Unterdrückung und zur Verfolgung von Gewerkschaftern. Das Problem der Informationslücken durch systematisch nicht bewältigbare Informationsmengen trifft auch für die Archivarbeit zu. Es gibt ungeheuer viele Aktenbereiche in öffentlichen Archiven wie in Firmenarchiven, in denen Details über betriebliche Gewerkschaftsarbeit versteckt sein können.

Als relativ unergiebig hat sich die Sammlung von Dokumenten aus der Mitgliederschaft trotz vielfältiger Aufrufe und Aufforderungen erwie-

Gebäude des Vorstandes des CMV in Duisburg.

Aus: Rundbrief Nr. 6, S. 15 und 17.

sen. Einzig Bilder konnten in einer größeren Anzahl aus dem Privatbesitz von Kolleginnen und Kollegen, teilweise als Originale, teilweise als Reproduktion, übernommen werden.

Viel ergiebiger waren demgegenüber meine Kontakte mit professionellen Historikern und Hobbygeschichtsforschern. Durch diese Kontakte und dem damit verbundenen Materialaustausch konnte eine größere Zahl von Dokumenten für die Verwaltungsstelle Duisburg sichergestellt werden. Des weiteren wurden Betriebsrats- und Vertrauensleuteakten aus stillgelegten Betrieben übernommen.

2. Gegenständliche Dokumentation

Neben der Sicherung von Schriftstücken, Dokumenten, Meldungen und Berichten, Örtlichkeiten und Erinnerungen dokumentierten wir Ereignisse aus der Geschichte der Gewerkschafts- und Arbeiterbewegung in gegenständlicher Form durch Schriftzüge, Tafeln und Denkmale. Diese gegenständliche Dokumentation führten wir teilweise im Rahmen von Aktionen der Verwaltungsstelle zu historischen Ereignissen, teilweise in Einzelmaßnahmen durch. Zur Spurensicherung an Örtlichkeiten gehörte beispielsweise die Anbringung einer Gedenktafel am ehemaligen Gewerkschaftshaus des Deutschen Metallarbeiter-Verbandes, in dessen Keller am 2. Mai 1933 vier Kollegen von den Nazis auf brutalste Weise ermordet worden waren. Dazu gehörte auch die Initiative, das noch erhaltene Gebäude der Brotfabrik Germania in Duisburg-Hamborn als soziales Kulturdenkmal unter Schutz stellen zu lassen. Hier wurde auch im Rahmen einer Aktion zum Antikriegstag eine Gedenktafel angebracht. Ergänzend erstellten wir über die Tätigkeit des Widerstandskreises von Gewerkschaftern um die Brotfabrik Germania eine Ausstellung, die an vielen Stellen (Gewerkschaftshäusern, BfG, Ausbildungszentren) und bei vielen Gelegenheiten (Versammlungen, Jubilarfeiern usw.) gezeigt wird.

Der Antikriegstag 1983 gab den Anlaß, die schreckliche Geschichte eines KZ-Außenlagers in Duisburg-Ratingsee aufzuarbeiten. In diesem Zusammenhang versuchten junge Gewerkschafter eine Straße symbolisch in »KZ-Ratingsee« umzubenennen. Dabei wurden sie verhaftet und erkennungsdienstlich behandelt. Am Antikriegstag 1984 wurde hier unter breiter Beteiligung ein Mahnmal enthüllt, das von unseren Kollegen bei der Thyssen-Gießerei durch Mithilfe des Betriebsrates und des Arbeitsdirektors hergestellt werden konnte. Weiter soll durch die Benennung von Versammlungsräumen nach Duisburger Gewerkschaftern in unseren beiden Gewerkschaftshäusern die Gewerkschaftsgeschichte lebendig erhalten werden. Die Räume wurden mit Schrifttafeln versehen und mit Bildern bzw. Büsten ausgestaltet.

Zwei Schulen konnten in Zusammenarbeit mit der GEW nach Gewerkschaftskollegen umbenannt werden, und einige nach Gewerkschaftern benannte Straßen erhielten Legendenschilder.

Durch solche Maßnahmen kann die Erinnerung wachgehalten werden, daß auch »kleine« Leute aus unserer Bewegung Geschichte gemacht haben und nicht nur »große« Männer.

3. Schriftliche Dokumentation

Zu historischen Anlässen hat die Verwaltungsstelle Duisburg eine Reihe von Schriften erstellt, die Ausschnitte der Duisburger Gewerkschaftsgeschichte dokumentieren:

1. Zur 90-Jahr-Feier der IG Metall als Industriegewerkschaft 1981 das Heftchen »Ein Jubilar ehrt seine Jubilare«.
2. Zum 50. Jahrestag der Zerschlagung der Gewerkschaften am 2. Mai 1983 das Buch »Die Gleichschaltung der Gewerkschaften. Die Ereignisse um den 2. Mai 1933 in Duisburg«.
3. Zum Symposium der Universität Duisburg »Die Arbeiterbewegung im westlichen Ruhrgebiet im Kaiserreich« anläßlich der 1100-Jahr-Feier der Stadt Duisburg den Beitrag »Die Anfänge des Deutschen Metallarbeiter-Verbandes in Duisburg«.
4. Zur 50-Jahr-Feier der Stadtwerdung Rheinhausens 1984 den Beitrag »Wie die Arbeiter für Krupp die Kohlen aus dem Feuer holten«. Um diesen Beitrag gab es eine heftige Auseinandersetzung zwischen der IG Metall Duisburg und dem Bezirksvorsteher Rheinhausens, weil dieser die Namen von Naziaktivisten, deren Wiedereinstellung der Betriebsrat des Krupp Hüttenwerkes in Rheinhausen nach dem Zweiten Weltkrieg abgelehnt hatte, überklebt hatte.
5. Zum 40. Jahrestag der Befreiung vom Faschismus am 8. Mai 1985 das Buch »Von der Enheitsgewerkschaft Deutscher Arbeitnehmer Groß Duisburg zum Deutschen Gewerkschaftsbund, Ortsausschuß

Duisburg. Der gewerkschaftliche Wiederaufbau in Duisburg 1945 – 1947«.

6. Zum Antikriegstag 1986 das Heftchen »Der Widerstandskreis um die Brotfabrik Germania in Duisburg-Hamborn«.

Darüber hinaus ist eine dreiteilige Dokumentation über die gesamte Geschichte der IG Metall in Duisburg geplant und in Arbeit mit folgenden Teilen:

Teil 1: Die Vorläuferorganisation 1868 bis 1947

Teil 2: Die Gewerkschaftsarbeit in den Betrieben der Duisburger Stahl- und Metallindustrie

Teil 3: Die Verwaltungsstellenarbeit von 1947 bis zum Stahlstreik 1978/79

Maßnahmen zur historischen Unterstützung der laufenden Verwaltungsstellenarbeit

Dazu wurden u. a. erstellt: Plakate über die Vernichtung von Arbeitsplätzen in verschiedenen Bereichen, zahlreiche Artikel für die Lokalseite der Zeitung Metall zum Hintergrund aktueller Themen, ein Konzept über die strukturelle Reorganisation der 1. Mai-Feiern aufgrund der historischen Erfahrungen in Duisburg und die Reihe: »Gewerkschaftsgeschichtliche Stadtrundfahrten« mit Fahrten u. a. zu den Themen »Zerschlagung der Gewerkschaften«, »Brotfabrik Germania«, »Arbeitsplatzabbau«, »Zwangsarbeiterlager«.

Aufbau eines Verwaltungsstellenarchivs

Aus der Perspektive der historischen Fundierung der Verwaltungsstellenarbeit ergibt sich als zweite Hauptaufgabe neben der Dokumentation der Aufbau eines umfassenden Verwaltungsstellenarchivs. Dieses Archiv umfaßt folgende Bereiche:

1. Aktenarchiv
2. Bücherei
3. Zeitschriftensammlung

4. Zeitungsausschnittsammlung
5. Bildarchiv (Bilder/Dias/Folien)
6. Filmarchiv
7. Tonarchiv (Kassetten/Tonbänder)

Das Aktenarchiv umfaßt dabei sämtliche laufenden wie abgelegten Akten in einem bereits entwickelten Gesamtaktenplan. Ziel dieses Aktenplanes ist es, jedes Schriftstück seit den Anfängen der Gewerkschaftsarbeit der Verwaltungsstelle Duisburg 1868 bis heute innerhalb von 5 Minuten verfügbar zu haben. Die Umstellung auf dieses umfassende System eines Gesamtaktenplanes ist zur Zeit noch im Gange. Sie ist eine wesentliche Voraussetzung für eine umfassende historische Fundierung der gesamten Verwaltungsstellenarbeit. Dies muß das langfristige Ziel der historischen Aufarbeitung der eigenen Geschichte einer Verwaltungsstelle sein.

Kontaktadresse:
IGM Verwaltungsstelle Duisburg
z. Hd. Jürgen Dzudzek
Stapeltor 17–19
4100 Duisburg 1

DOKUMENT 12

Historischer Arbeitskreis des DGB Wilhelmshaven

von Hartmut Büsing

Unser Arbeitskreis besteht seit 1978. Ab 1981 arbeiteten wir vor allem zur Arbeiter- und Gewerkschaftsbewegung in Rüstringen und Wilhelmshaven. Je nach Schwerpunkt wechselten unsere Teilnehmerzusammensetzung und unsere Organisationsform. Die örtliche Gewerkschaftsjugend stellte jedoch stets das Gros der Mitglieder.

Wir beschäftigen uns alle ehrenamtlich mit Geschichte. Angebote verschiedener bundesweiter Organisationen zu aktiver Mitarbeit (z. B. Aktion Sühnezeichen Friedensdienste e. V. mit ihrer Gedenkstätteninitiative) nahmen wir nicht wahr. Hier waren unsere Zeit- und Arbeitsbelastung ausschlaggebend, aber auch unsere anderen inhaltlichen Interessen. So standen wir solchen Angeboten zwangsläufig ein wenig reserviert gegenüber.

Ziele unserer Arbeit

Wir haben in unserer Arbeit folgende Ziele:

■ Der herkömmlichen Geschichtsschreibung in unserer Stadt die »Geschichte der kleinen Leute« entgegenstellen!

■ »Don isn Ding – snacken könnt wi all«: sich selbst kompetenter, kritischer und sicherer machen!

■ Schöne wie schlimme Erfahrungen der Alten den Jungen nutzbar machen!

■ Kritische Aufarbeitung von örtlichen Erfolgen und Niederlagen in der Geschichte der Arbeiter- und Gewerkschaftsbewegung. Diese ermöglicht letztendlich fruchtbare und konkrete politische Entscheidungshilfen und dient damit langfristig den Gewerkschaften (nicht nur am Orte)!

■ Dem Zusammenhang der Gewerkschaften nach innen und ihrem Erscheinungsbild nach außen dienen!

Die Krökel-Spiele

Ich bin seit 1971 als Lehrer an Wilhelmshavener Sonderschulen tätig. Mein Geschichtsunterricht befriedigte weder mich noch meine Schüler. So stellte ich 1978 bei meinem GEW-Kreisvorstand den Antrag, den DGB-Kreis zu bitten, einen »Wilhelm-Krökel-Pokal« zu stiften. Krökel war vor 1933 Vorsitzender des Arbeitersport-Kartells Weser-Ems Nord, außerdem Vorstandsmitglied des Deutschen Metallarbeiter-Verbandes (DMV), weiterhin Vorsitzender des Betriebsrates der Marinewerft und Ratsmitglied für die Wilhelmshavener SPD. Während des Nationalsozialismus war er im Widerstand tätig. Krökel wurde 1945 im KZ Neuengamme ermordet. Die Geschichte Krökels schien mir eine günstige Möglichkeit zu sein, die eigentliche Geschichte meiner Schüler und ihrer Eltern (auch Krökel wurde im Werftviertel geboren) aufzuarbeiten.

Der Krökel-Pokal ist im Herbst 1985 zum 6. Male innerhalb eines Fußball-Turniers ausgespielt worden (Abb. 1). Im Durchschnitt nahmen seit 1980 10 von 16 existierenden Schulmannschaften der 7. bis 9. Klassen teil. Die Wettkämpfe werden vom Stadtschulsportbeauftragten (Koll. Emil Heydt / GEW) organisiert. Schulmannschaften, die am Pokalspiel teilnehmen, erhalten kostenlos eine Broschüre. Diese von mir erstellte Dokumentation setzt sich inhaltlich mit der Lebensgeschichte Wilhelm Krökels und der Wilhelmshavener Arbeiterbewegung auseinander. Die Broschüre wurde 2500 mal gedruckt (Abb. 2). Der DGB stiftet einen Wanderpokal, der vom Kreisvorsitzenden überreicht wird. Von der GEW werden die Urkunden zur Verfügung gestellt und die Einzelgewerkschaften spendierten reihum 3 Bälle für die ersten Drei. Über eine gute Öffentlichkeit konnten wir uns nicht beklagen. In der »Wilhelmshavener Zeitung« waren sehr positive und ausführliche Berichte über die Spiele und unsere Absichten.

Für uns ist die persönliche Geschichte Krökels Ansatzpunkt, um das

Geschichtsbewußtsein der Bevölkerung am Ort (uns natürlich eingeschlossen) zu verändern. Unsere Initiative trug dazu bei, daß die Stadt Wilhelmshaven 1982 im Banter Werftviertel einen Platz anlegte, der den Namen »Wilhelm-Krökel-Platz« trägt. Im Frühjahr 1985 wurde dort die Bronze-Plastik »Die andere Meinung« der Künstler Kruda und Wölbern feierlich eingeweiht. Gestiftet wurde sie von Firmen, der SPD und den Gewerkschaften am Ort.

Seminar über die Arbeiterbewegung Rüstringen und Wilhelmshaven

Bei der Erarbeitung der Dokumentation über Krökel stellte sich heraus, daß auch auf DGB-Kreisvorstandsebene nur sehr bruchstückhafte und kaum verwertbare Informationen vorhanden waren. Wir richteten deshalb ein Seminar ein, um die Arbeiter- und Gewerkschaftsbewegung in Rüstringen und Wilhelmshaven (Schwerpunkt: Nationalsozialismus und Widerstand) zu erforschen. Das Seminar begann am 10. September 1981 und lief 3 Semester. Die Teilnehmer kamen aus dem Jugendbereich der verschiedenen Einzelgewerkschaften.

In diesen Rahmen sammelten wir grundlegende Erfahrungen und gewöhnten uns an die folgenden Arbeitsprinzipien:

1. Sammeln und Archivieren:

    Wir kopieren alles, tippen Protokolle mit Zeitzeugen, lassen die Kopien binden und richten unser eigenes Archiv incl. Dokumenten- und Photarchiv ein. Wir verfügen inzwischen über ca. 30 Bände mit Dokumenten zur Geschichte der Arbeiterbewegung in Rüstringen und Wilhelmshaven. Hinzu kommt umfangreiche Spezialliteratur.

2. Ständige Diskussion und Analyse.

3. Ständige Konfrontation der Bevölkerung am Ort mit unseren Ergebnissen. Die im folgenden beschriebenen Aktivitäten dienen der Verwirklichung dieses Punktes.

Alternative Stadtrundfahrt

Neben den Krökel-Spielen führen wir eine alternative Stadtrundfahrt durch. Hierzu entwickelten wir ein Begleitheft, das jeder Teilnehmer

der Rundfahrt erhält. Da unsere Stadt im Kriege zu 60 Prozent zerstört wurde, zeigen erst die entsprechenden Dokumente auf, was früher gewesen ist. Das Begleitheft wurde vom DGB Wilhelmshaven/Land 3000fach gedruckt. Der Text für die 40 Anlaufpunkte der örtlichen Arbeiter- und Gewerkschaftsbewegung wird ständig überarbeitet.
Die Rundfahrt dauert 1½ Stunden und kostet, alles inclusive, 150 DM für einen 50-Personen-Bus. Bis zu fünf Kollegen stehen für die Führung bereit. Die Fahrt ist für interessierte Gruppen und Schulklassen jederzeit abrufbar. Nach jeder Rundfahrt findet im Willi-Bleicher-Jugendzentrum des Gewerkschaftshauses eine Diskussion statt. Von Mai 1983 bis Oktober 1985 führten wir 21 Stadtrundfahrten mit insgesamt 900 Teilnehmern durch.

Aktivitäten zum 1. Mai

An verschiedenen Feiertagen gestalten wir das gewerkschaftliche Kulturprogramm mit. Am 1. Mai 1984 legten wir auf einem Tisch Auszüge aus unserer Seminarbibliothek aus, stellten unsere ausleihbare Wanderausstellung (50 Tafeln / DIN A 1) aus und führten eine Gesprächsrunde mit Veteranen des Arbeitersports und eine alternative Stadtrundfahrt durch.

Gedenkstätte KZ Wilhelmshaven

Ein Anlaufpunkt unserer Rundfahrt ist das »Gelbkreuzlager«, also das ehemalige Wilhelmshavener Konzentrationslager – eine Außenstelle des KZs Neuengamme. Innerhalb unseres historischen Arbeitskreises wurde gefordert, die völlig verschüttete Geschichte dieses Lagers aufzuarbeiten. Wir initiierten eine stadtweite Diskussion zur Errichtung und Gestaltung einer »Gedenkstätte KZ Wilhelmshaven«. Basis der Auseinandersetzung war eine Dokumentation, die wir Anfang 1984 erstellten (2 Auflagen mit je 100 Exemplaren, die alle vergriffen sind). Wichtig war, daß der gesamte DGB-Kreis geschlossen hinter uns stand.
Nach ausgezeichneter Zusammenarbeit mit Parteien, der Wilhelmsha-

Wilhelm Krökel

URKUNDE GEW
WILHELMSHAVEN

FERNANDO TEJEDA

Pokal

KRÖKEL-SPIELE 1981: DGB-
VORSITZENDER B. WEBER
ÜBERREICHT DEN POKAL
BILD: HARTMUT BÜSING

TEILNEHMERLISTE 1982
GEW: ROHRSTOCK 25/82

**12 Wilhelmshavener Schulmannschaften
bei den KRÖKEL-SPIELEN 1982**

SCHULE HEPPENS	SCHULE RÜSTERSIEL
HUMBOLDTSCHULE	INTEGRIERTE GESAMTSCHULE
COMENIUSSCHULE	PESTALOZZISCHULE
MAX-PLANCK-SCHULE	CÄCILIENSCHULE
HERBARTSCHULE	NOGATSCHULE
FRH.-V.-STEIN-SCHULE	AGNES-MIEGEL-SCHULE

Aus: Rundbrief Nr. 1, S. 6. **Abb. 1**

Wilhelm Krökel

geboren 1890 in Bant
gelitten und
gestorben 1945 im
KZ Neuengamme

Aus: Rundbrief Nr. 1, S. 6. **Abb. 2**

vener Zeitung, städtischen Ämtern, mit der Firma Kuhlmann und mit einer internationalen Jugendgruppe (IJGD, Internationale Jugendgemeinschaftsdienste) wurde die erste Ausbaustufe des Lagers Anfang 1985 ihrer Bestimmung übergeben. Anwesend waren ehemalige französische Häftlinge des KZs.

Der GEW-Kreisverband hat die Patenschaft übernommen, um in Zusammenarbeit mit den Wilhelmshavener Schulen eine zielgerichtete Tätigkeit an und mit Hilfe der Gedenkstätte zu gewährleisten.

Unsere DGB-Jugend pflegt seit 1960 zusammen mit dem städtischen Grünflächenamt das Ehrenmal für die Opfer des Nationalsozialismus sowie die Gräber auf dem Aldenburger Friedhof, in denen die im KZ Wilhelmshaven ermordeten KZ-Häftlinge bestattet sind.

Broschürenreihe zur Geschichte der Arbeiter- und Gewerkschaftsbewegung in Rüstringen und Wilhelmshaven

Unser eigentliches Vorhaben nimmt nun Formen an. Wir brachten kürzlich den 1. Band über die Geschichte der Arbeiterbewegung an unserem Ort heraus. Er trägt den Titel »Arbeitersport in Rüstringen und Wilhelmshaven – Die freie Wassersportvereinigung Jade«. Bearbeitet wird darin die Arbeiterkultur und der Arbeitersport in Wilhelmshaven und Rüstringen während der Weimarer Republik. Dann, welche Veränderungen mit dem Jahr 1933 eintraten und schließlich, was vom alten Arbeitersport nach 1945 übrig geblieben ist. Unsere Broschüren wollen wir so gestalten, daß sie Denkanstöße, Eigenbeschäftigung und Weiterarbeit ermöglichen sollen, und zwar nicht nur im gewerkschaftlichen Bereich. Die Resonanz auf den ersten Band unserer Reihe war durchweg sehr positiv.

Band 2 unserer Geschichte ist bereits in Arbeit. Unter dem Titel »Juden in Rüstringen und Wilhelmshaven« wird er Anfang nächsten Jahres erscheinen.

Zum Abschluß noch eine Bemerkung zu unserem Selbstverständnis. Unsere Arbeit ist fest im DGB-Kreis verankert und genießt von dort jegliche und volle Unterstützung. Wir arbeiten alle ehrenamtlich und selbstverständlich ohne Bezahlung. Unsere nach Bedarf abgehaltenen

Zusammenkünfte finden nach alter Tradition im Kleingartengelände statt.

... und weil auf der DGB-Kundgebung am 19. Oktober in Leer zum ersten Male nach 52 Jahren wieder die eben aufgetauchte Fahne der »Freien Turnerschaft Accum« mitgeführt wurde, grüßen wir Euch mit einem kräftigen und dreifachen

»Frei Heil«

Der »Historische Arbeitskreis des DGB Wilhelmshaven« hat sich seit unserem Bericht im ersten Rundbrief des DGB-Projekts »Geschichte von unten« gefestigt:

- An den diesjährigen »7. Wilhelm-Krökel-Spielen« haben 12 von 16 möglichen Schulfußballmannschaften teilgenommen.

- »Wilhelm-Krökel-Platz« und »Gedenkstätte KZ Wilhelmshaven« konnten durch verschiedene Aktionen und Arbeitseinsätze weiter im Bewußtsein der Wilhelmshavener Bevölkerung verankert werden.

- Wir führten unsere 23. »Alternative Stadtrundfahrt« (mit insgesamt 1 000 Teilnehmern) durch.

Weiterentwickelt haben wir uns in den folgenden Bereichen:

Film »Wenn sie mich holen, komme ich nie wieder«
Kollege Karl Heinz Fürst (IGM Betriebsrat) hat in 8 Jahren Arbeit nun seinen »Wilhelm-Krökel-Film« fertiggestellt. Die eindrucksvolle 1½-Stunden-Produktion (Super-8; Farbe) dokumentiert Leben, Arbeit, Widerstand und Tod unseres Kollegen Krökel. Sie steht in der besten Tradition von Arbeiter-Fotografie und Arbeiter-Film und wurde zum Antikriegstag 1986 im Gewerkschaftshaus uraufgeführt.

Historische Stadtbeschilderung
Angeregt durch eine unserer Stadtrundfahrten durch die Geschichte der Rüstringer und Wilhelmshavener Arbeiter- und Gewerkschaftsbewegung entwickelten die Abschlußklassen einer Wilhelmshavener Hauptschule die Idee, die einzelnen Anlaufpunkte durch Holz- und Metallschilder zu markieren. Vor kurzem nun konnten wir mit einer kleinen Feierstunde dort die erste Tafel enthüllen, wo 1933 SS und SA

unser damaliges Gewerkschaftshaus stürmten und verwüsteten. Die Gravur von Text und Bild wurde von der Belegschaft der Olympia-Werke geleistet. Weitere Schilder sollen im Laufe der Jahre folgen; angesprochen sind die Einzelgewerkschaften, schulische Projektgruppen und Kolleginnen und Kollegen Wilhelmshavener Betriebe.

IG Metall-Bibliothek

Unsere IG Metall-Geschäftsstelle hat in diesem Jahre ihre historischen Unterlagen geordnet. So wurden wertvolle Buchbestände der Arbeiter- und Gewerkschaftsbewegung, die überall verstreut, unbeschadet die Nazi-Zeit überstanden hatten, und umfangreiche Literatur zum Wiederaufbau der Gewerkschaften nach 1945 sichergestellt. Die Bibliothek ergänzt das DGB-Archiv hervorragend.

»Projekt Erinnerungen«

Nach längeren Überlegungen haben wir unsere Wanderausstellung aufgelöst. An ihre Stelle ist das »Projekt Erinnerungen« getreten. Wir wollen im »Wilhelm-Krökel-Saal« des Gewerkschaftshauses eine »Traditionswand« als ständige Ausstellung einrichten. Im Sommer hängten wir die ersten 2 wiederaufgetauchten alten Fahnen und 6 gerahmte Bilder und Dokumente auf. Sie sind mit kurzen, erläuternden Texten versehen und verdeutlichen wichtige Stationen der örtlichen Arbeiter- und Gewerkschaftsbewegung.

Schulungsbriefe

Auch im Kernbereich unseres Gesamtvorhabens sind wir ein gutes Stück vorangekommen. Unser Archiv hat sich weiter vergrößert. Im August erschien der 2. Band unserer Dokumentationsreihe »Arbeiter- und Gewerkschaftsbewegung in Rüstringen und Wilhelmshaven« für Schule und Erwachsenenbildung mit dem Titel ». . . so viel unnennbare Leiden erduldet – Zur Geschichte der Rüstringer und Wilhelmshavener Juden« (156 S., DIN 4, Aufl. 500, s. Abb. 3). Durch die tatkräftige Unterstützung von GEW, IGM und DGB läuft die Verteilung sehr gut. Das Buch kann noch (zum Preis von 10,– DM) im Wilhelmshavener Gewerkschaftshaus, Kieler Str. 63, bestellt werden. Der nächste Band, der sich mit den hier wichtigsten Jahren 1917 bis 1920 (Marine-Justizmorde, Revolution, Nationalversammlung, Kapp-Putsch) befassen

Hartmut Büsing

... so viel unnennbare Leiden erduldet (Homer, Odyssee)
Zur Geschichte der Rüstringer und Wilhelmshavener Juden

Band 2.
Historischer Arbeitskreis der DGB Wilhelmshaven

Aus: Rundbrief Nr. 6, S. 6.

wird, ist in Vorbereitung und erscheint rechtzeitig zum 70. Jahrestag der Revolution. Er soll zudem die Diskussion um ein »Werft-Marinemuseum« in Wilhelmshaven nachhaltig beeinflussen.

Das Engagement unseres Arbeitskreises wirkt durch Verdeutlichung unserer Traditionen in die Gewerkschaften hinein, gleichzeitig hilft es, das Bild des DGB und seiner Gewerkschaften zu festigen und weiter zu entwickeln. Unsere Konzeption zielt also nach innen *und* außen. Didaktisch-methodisches Prinzip ist das der Vielfalt. Die verschiedenen Tätigkeitsbereiche ermöglichen sowohl ständige als auch zeitlich begrenzte Mitarbeit von Kolleginnen und Kollegen der Einzelgewerkschaften je nach Interessenlage sowie Identifikations- und zunehmende Aufnahmebereitschaft durch die Wilhelmshavener Bevölkerung. Unsere gesamte Arbeit ist weiterhin ehrenamtlich. Sie wird Erfolg haben, wenn sie kontinuierlich auf Jahre hinaus angelegt ist und durchgeführt wird.

Zum Schluß lege ich dem Großen Vorsitzenden Mao ein Wort in den Mund:

»Kein Strohfeuer – Schwelbrände entfachen!«

Kontaktadresse:
Hartmut Büsing
Rheinstr. 14
2940 Wilhelmshaven

DOKUMENT 13

Arbeitskreis Faschismus der DGB-Jugend Schweinfurt

Unser Arbeitskreis besteht seit Mitte 1981. Er ist entstanden auf einem DGB-Jugend-Seminar, welches Anstöße geben wollte, die örtliche Jugendarbeit wieder zum Laufen zu bringen. Leider hatte nur unser Arbeitskreis längeren Bestand.

In der 1. Phase trafen sich 4 Kollegen, um für den Antikriegstag im September 1981 eine Wandzeitung zum Thema »Nazikrieg und Großindustrie« zu erstellen. Diese Ausstellung, die wir dann später zu allen möglichen Gelegenheiten (Mai-Feier, Kreisjugendfestival, Kulturfest usw.) zeigten, weckte den Wunsch, noch mehr über diese Zeit am Ort zu erfahren. Man hatte von alten Kollegen immer wieder Anekdoten gehört, aber nie etwas Genaues erfahren. Deshalb machten wir uns auf, die Mythen von der Wahrheit zu trennen.

Im Herbst 1981 beschlossen deshalb zwei »alte« und eine ganze Reihe neuer Leute weiterzumachen. Jetzt begannen wir erstmals zielgerichtet mit der Forschungsarbeit. Wir sammelten Adressen von Veteranen, versuchten an schriftliches Material zu kommen und stöberten im Stadtarchiv die Zeitungsbestände der Zeit durch. Anfänglich blieb uns der Mund vor Erstaunen immer offen, wenn wir hörten, daß keine Materialien über diese Zeit vorhanden wären (Archiv, Gewerkschaften, Parteien). Mit der Zeit haben wir uns daran gewöhnt und ließen uns davon nicht mehr abschrecken.

Nach einem halben Jahr stellten wir unsere Ergebnisse (im März 1982) in einer Veranstaltung der Volkshochschule vor. Der Erfolg war überwältigend. Nicht nur, daß es uns gelungen war, das Material gut zu verarbeiten und ein inzwischen schon ansehnliches Wissen zusammenzutragen, auch die ca. 100 Besucher (größtenteils Jugendliche und nicht »Szene-Publikum«) waren von unserer Arbeit sehr angetan. Trotzdem

205

brach der Arbeitskreis danach erst einmal zusammen. Die Anspannung, vor allem kurz vor der Veranstaltung, und die aufwendige und intensive Archiv-Arbeit führten dazu, daß nichts mehr ging. Dies wird verständlich, wenn man weiß, daß wir die Arbeit nur nach Feierabend und durch Verwendung einiger Urlaubstage (für Archiv-Besuche) geleistet haben. Einige Zeit gab es nur noch sporadische Treffs, keiner hatte mehr große Lust auf intensive Forschungsarbeit, obwohl erst jetzt die Lücken und Mängel sichtbar geworden waren.

Ende des Sommers 1982 nahmen wir zu dritt wieder die Arbeit auf, weil wir uns sagten, wenn wir das, was wir zusammengetragen haben, nicht wenigstens festhalten, dann geht es wieder verloren und muß neu aufgearbeitet werden. Wir stellten uns die Aufgabe, unser Wissen zu systematisieren und es in einer Dokumentation zu veröffentlichen.

Bei der Zusammenstellung dieser Dokumentation packte uns dann das Forscherfieber. Die geplante Seitenzahl von ca. 30 vergrößerte sich nach und nach auf 160. Die Herausgabe wurde deshalb auch mehrmals verschoben, von Frühjahr auf Herbst 1983 und dann auf Frühjahr 1984. Erschienen ist das Buch dann im Oktober 1984, in einer wesentlich besseren Aufmachung als ursprünglich geplant, mit Fotos und professionellem Äußeren.

Bei dieser Arbeit merkten wir, daß eine Reihe von Fragen tiefer und breiter aufgerollt werden müßten, und so stürzten wir uns nochmals in die Untersuchungs- und Interviewtätigkeit. Trotz aller Bemühungen gelang es dabei nicht, neue Kollegen zur Mitarbeit zu gewinnen. Als »Abfall« dieser Arbeit kamen dann allerdings noch einige Nebenprodukte an die Öffentlichkeit: Für die Maifeier des DGB-Kreises Schweinfurt 1983 führten wir ein Sprechstück zum Thema »Die Zerschlagung der Gewerkschaften 1933 in Schweinfurt« auf, das sehr gut angekommen ist. Außerdem wurde dies zum Anlaß genommen für einen 5-Minuten-Film in der Frankenchronik des Bayerischen Fernsehens, in dem unser Arbeitskreis kurz dargestellt wurde.

Im Juni des gleichen Jahres fand ein Landesparteitag der NPD in Schweinfurt statt. Dagegen rief der DGB zu Protestaktionen auf. In diesem Rahmen entwickelten wir eine Stadtrundfahrt »Das andere Schweinfurt«, in der wir auf die NS-Vergangenheit aufmerksam machten. Diese Rundfahrt ist inzwischen regelmäßig im Programm der Volkshochschule Schweinfurt enthalten und wird gut besucht. Dane-

»Nach dem Krieg
war keiner
Nazi gewesen...«

Arbeiterbewegung in Schweinfurt
zwischen 1928 und 1945

Aus: Rundbrief Nr. 4, S. 2.

ben wird die Rundfahrt auch nach Bedarf durchgeführt, sei es für Vereine, Schulklassen oder Organisationen.

Die Herausgabe unseres Buches verbanden wir mit einer Veranstaltung und mit einer breiten Werbung in den Gewerkschaften. Das Ergebnis war sehr gut, und wir haben innerhalb von eineinhalb Jahren die Auflage verkauft.

Inzwischen haben sich ein Teil der alten Mannschaft und einige neue Kollegen wieder zusammengesetzt, um weiterzuarbeiten. Ziel ist diesmal die Aufarbeitung der Entnazifizierung am Ort. Dieses Thema scheint allerdings noch um einiges heikler zu sein, und es bestehen noch größere Probleme, an Material zu kommen.

Zusammenfassend läßt sich sagen, daß wir am Ort bekannt geworden und so zum Anlaufpunkt für Leute geworden sind, die sich mit örtlicher Geschichte beschäftigen wollen (z. B. Schüler und Studenten, die Facharbeiten, Zulassungsarbeiten etc. schreiben).

Die örtliche Presse ist uns gegenüber sehr zurückhaltend. Mit unseren Aussagen störten wir zu oft die gefällige Hofberichterstattung über die hiesige Großindustrie.

Unsere jüngste Arbeit war ein Vortrag für die 90-Jahr-Feier des Gewerkschaftskartells Schweinfurt, in dem wir anhand einiger Beispiele versucht haben, die örtliche Geschichte der Gewerkschaftsbewegung darzustellen und einige Lehren daraus zu ziehen. Aufgrund der sehr guten Resonanz wollen wir das Manuskript, mit einigen Dokumenten versehen, als Broschüre herausgeben.

P.S.: Heute im Mai 1988 haben wir unsere Broschüre »Es hat sich was geändert – 90 Jahre Gewerkschaftskartell Schweinfurt« nahezu restlos vertrieben. Auch von der Neuauflage unserer Dokumentation »Nach dem Krieg war keiner Nazi gewesen ...« ist bereits über die Hälfte wieder verkauft.

Die geplante Untersuchung der Entnazifizierung mußten wir aufgeben, da uns das örtliche Amtsgericht beharrlich die Spruchkammerunterlagen verweigert.

Eine Reihe Nebenprodukte unserer Arbeit entstehen weiterhin, so im vergangenen Jahr eine Veranstaltung zum 8. Mai und zum »Historiker-Streit« sowie 1988 eine historische Beschreibung der 1. Mai-Demonstrations-Route.

Neuerdings existiert wieder ein arbeitsfähiger Kreis, der sich mit der
»Reichskristallnacht 1938« beschäftigt und eine Veranstaltung vorbereitet.

Kontaktadresse:
DGB-Kreis Schweinfurt
z. Hd. Klaus Hofmann
Wilhelm-Leuschner-Str. 2
8720 Schweinfurt

DOKUMENT 14

Arbeitsgruppe »Spurensicherung« des DGB-Kreises Schwalm-Eder

von Hajo Rübsam

Die Arbeitsgruppe ist beheimatet im ländlich strukturierten DGB-Kreis Schwalm-Eder (Nordhessen) und wurde auf einem Wochenendlehrgang zum Thema »Regionale Spurensicherung« ins Leben gerufen. Dieser Lehrgang basierte auf der Erkundung eines ehemaligen Kriegsgefangenenlagers, dem STALAG IX A. Neben einer Zeitzeugenbefragung konnten sich die Lehrgangsteilnehmer anhand vergleichbarer Spurensicherungs-Projekte über Herangehensweisen und Ideen informieren. Dabei wurde sehr schnell klar, daß ein Wochenendlehrgang nur einen Impuls für eine kontinuierliche Gruppenarbeit geben kann. Dieser Impuls wurde von einem Großteil der Teilnehmer aufgenommen, so daß zur Zeit eine Arbeitsgruppe aus 8 bis 10 Kollegen besteht.

Die Entwicklung zeigte, daß die Aufarbeitung der Geschichte, wie sie die Arbeitsgruppe im Interesse der Sicherung des Friedens und einer demokratischen Entwicklung begonnen hat, über den Kreis der unmittelbar Beteiligten hinaus konstruktive und kritische Aufmerksamkeit erfuhr.

Dies ermutigte uns, anhand des folgenden Konzepts weiter zu arbeiten:

- ■ Die Entwicklung des STALAGS IX A soll kurz skizziert und aufgearbeitet werden, um zu verdeutlichen, daß es kaum eine Stätte im Schwalm-Eder-Kreis gibt, an der die jüngere deutsche Geschichte so gut studiert werden kann.

- ■ Es soll die Notwendigkeit neuer und angemessener Formen des historischen Gedenkens verdeutlicht werden.

- ■ Evtl. werden wir ein Projekt zur Errichtung einer Gedenkstätte daraus entwickeln.

Die Lagerstraße des Stalag IX A, aufgenommen 1941 (die heutige Hauptstraße von Trutzhain).
Aus: Rundbrief Nr. 4, S. 5.

STALAG IX A, Ziegenhain

Die Geschichte des STALAG IX A beginnt 1939. Nach dem Überfall der Wehrmacht auf Polen begann auch die Gefangennahme polnischer Soldaten in größerer Anzahl. Kriegsgefangenenlager wurden gebraucht. So kaufte die Wehrmacht nordöstlich der Kleinstadt Ziegenhain eine ehemalige Jungviehweide. Außer einem Zaun deutete in den ersten Monaten nichts darauf hin, daß hier Gefangene untergebracht werden sollten. Dann wurden Lagerstraßen aus Knüppeldämmen angelegt. Wachtürme errichtet und Holzbaracken im Lager für die deutschen Wachmannschaften erstellt. Vom 5 Kilometer entfernten Bahnhof Ziegenhain Nord schleppten sich alsbald halbverhungerte Kriegsgefangene auf angeschwollenen Beinen ins STALAG. Sie wurden in großen Zelten untergebracht. Die Kriegsgefangenen wurden immer mehr, so daß das Lager bald überfüllt war, obwohl die noch arbeitsfähigen Kriegsgefangenen vom Gauarbeitsamt im Lager auf andere STALAGs verteilt und von dort in die Landwirtschaft und besonders in die Rüstungsindustrie verschickt wurden.

Der Nachschub aus dem Osten riß nicht ab. Nach den polnischen trafen im Sommer 1940 dann noch englische und französische Gefangene ein. Diese mußten sich selbst feste Baracken aus Holz und Stein bauen. Ebenfalls befanden sich im Lager belgische, niederländische, italienische und jugoslawische Gefangene. Wahrscheinlich im Winter 1941/42 trafen die ersten Transporte sowjetischer Gefangener ein. Die Kapazität des Lagers wird auf 6 000 bis 8 000 Gefangene geschätzt. Hinzu kamen noch ca. 1 200 Arbeitskommandos zu ca. je 25 Mann, so daß insgesamt zum Lager wohl um die 40 000 Gefangene gehört haben müssen.

Es ist nicht mehr festzustellen, wieviel Tote die Lagerverwaltung registrierte. Anfangs wurden die Toten in Einzelgräbern beigesetzt, später in Sammel- und Massengräbern verscharrt. Entkräftung, Kälte, Hunger etc. waren die Ursachen für den Tod vieler Gefangener. Zahlreiche sowjetische Gefangene starben schon beim Transport und auf dem Weg vom Bahnhof zum Lager. Die Toten wurden von einem Fuhrwerk eingesammelt und in Massengräber gekippt. Bei den sowjetischen Gefangenen war die Sterblichkeitsrate besonders groß. Nach den Erkenntnissen der Arbeitsgruppe waren die sowjetischen Gefangenen bedeutend schlechter als die übrigen Gefangenen untergebracht (wahrscheinlich in sogenannten Schattenlagern). Ihre Verpflegung bestand aller Wahrscheinlichkeit nach, wie anderenorts auch, pro Tag aus 200 Gramm Ersatzbrot mit Sägemehl, einem halben Liter Ersatzkaffee und einer Wassersuppe mit weißen Rüben und Baumblättern. Alles deutete darauf hin, daß gerade in den letzten Kriegsmonaten ein Sonderkommando der SS im Lager nach jüdischen Gefangenen und sowjetischen Offizieren gesucht hat. Die Enttarnung führte zur sofortigen Exekution. Bevor das Osterfest 1945 die ersehnte Befreiung brachte, wurden noch Tausende in Viehwagen verladen und in unbestimmte Richtungen abgeschoben.

Nach 1945 wurde das Lager zunächst Internierungslager für führende Nationalsozialisten. Eine geringe Zahl dieser Internierten starb im Lager. Ab 1948 wurden Flüchtlinge aus dem Osten im Lager untergebracht. In den folgenden Jahren entstand dann aus der ehemaligen Stätte des Grauens die meist als »Flüchtlingsgemeinde« bezeichnete Gemeinde Trutzhain. Ab 1. April 1951 erhielt sie eine eigene Verwaltung. Zur wirtschaftlichen Blütezeit der Gemeinde bestanden dort drei Webereien, drei Holzverarbeitungsbetriebe, eine Seifenfabrik, eine Wäschefabrik, ein Omnibus- und Fuhrunternehmen, eine Kunstblumenfabrik und mehrere Handwerksbetriebe. Die meisten Betriebe konnten sich nicht halten. Trutzhain (heute ein Stadtteil von Schwalmstadt) ist ein Ort, der im Kern immer noch die Strukturen (Barackengebäude) des STALAGs enthält. Es wird hier die Tradition der Heimatvertriebenen gepflegt, allerdings bestehen auch Kontakte zu ehemaligen französischen Kriegsgefangenen. Besonders hervorgehoben wird, daß der jetzige französische Ministerpräsident François Mitterrand einige Zeit im STALAG IX A inhaftiert war.

Der ehemalige französische Kriegsgefangenenfriedhof (die Toten sind schon sehr früh exhumiert und nach Frankreich überführt worden) ist heute Gemeindefriedhof. Der Friedhof, auf welchem zu Tausenden (nach Ermittlungen der Arbeitsgruppe, offizielle Angaben sprechen nur von mehreren Hundert) sowjetische Kriegsgefangene begraben sind, ist ungefähr einen halben Kilometer vom heutigen Gemeindefriedhof entfernt. Zu diesem Friedhof gibt es ein Hinweisschild mit der Aufschrift »Internierten-Friedhof«. Dieser Friedhof ist in einem gepflegten Zustand, von Hecken und einem Jägerzaun umgeben. Das Holzportal des

Einganges soll wohl an das Lager erinnern. Vom Eingang aus befinden sich links und rechts zwei Reihen Einzelgräber mit steinernen Grabplatten. Die rechte Grabreihe wird durch einen großen Gedenkstein abgeschlossen. Die Inschrift auf diesem Stein lautet: »Ehre den in den Lagern Ziegenhain und Schwarzenborn verstorbenen Internierten. Ihr Leben war Treue und Hingabe 1945 – 1946«. Es wird hier deutlich, daß es sich bei den in diesem Teil des Friedhofs liegenden Toten um internierte Nationalsozialisten und SS-Leute handelt. Diese Grabanlage bekommt anscheinend eine besondere Pflege. Hier sind frische Blumen und Kranzschmuck (mit Kranzschleifen einer »Gräberfürsorge« des als faschistisch geltenden Interniertenverbandes) keine Seltenheit. Den restlichen Teil des Friedhofs nimmt eine mit Gras bewachsene und mit Bäumen bepflanzte Fläche ein, auf der sich in der Mitte ein Steinkreuz mit folgender Inschrift befindet: »Hier ruhen mahnend in fremder Erde Tote des Weltkrieges 1939 – 1945«. Dies ist die Grabanlage für die im Lager umgekommenen sowjetischen Kriegsgefangenen. Hier gibt es keinen Hinweis auf die Nationalität und die Anzahl der hier liegenden Toten.

Die Arbeitsgruppe versucht hier Licht in ein dunkles Kapitel Heimatgeschichte zu bringen. Die Bemühungen haben bisher unbekannte Quellen aufgedeckt und zu Kontakten zu einigen Zeitzeugen geführt. Jetzt versuchen wir, Namen und Adressen noch lebender ehemaliger Gefangener des Lagers ausfindig zu machen, um über die Bedingungen im Lager und bei der Zwangsarbeit, die Zahl der Toten und wie sie bestattet wurden, näheres zu erfahren. Mit dieser Fragestellung haben wir uns inzwischen an die sowjetische Botschaft gewandt. Aber auch die amerikanische Botschaft wurde angeschrieben, um in Erfahrung zu bringen, wie die alliierten Truppen am Karfreitag 1945 das STALAG IX A-Ziegenhain vorgefunden haben, welche Maßnahmen getroffen wurden, was mit den Insassen des Lagers geschah und ob strafrechtliche Verfahren gegen die Verantwortlichen eingeleitet und durchgeführt wurden.

Besondere Priorität für die Arbeitsgruppe hat die Suche nach örtlichen Zeitungen und die Suche nach Dokumenten in heimischen Archiven sowie die Befragung der Behörden. Eine Zusammenstellung der bisherigen Ergebnisse wird in nächster Zeit veröffentlicht. Der DGB-Kreis Schwalm-Eder plant für den Antikriegstag 1986 eine Veranstaltung, die

Bezug nimmt auf das STALAG IX A, vielleicht in Form eines Gedenk- und Mahnmarsches vom ehemaligen Ausladebahnhof der Gefangenen zum Ort Trutzhain und von dort aus zum beschriebenen Friedhof.

Perspektivisch soll für den Ort Trutzhain die Zeit nach 1945 bis heute untersucht und dargestellt werden. Vielleicht werden dann Antworten gefunden, warum diese »Geschichte von unten« hier verdrängt wurde.

Kontaktadresse:
DGB-Kreis Schwalm-Eder
Postfach 12 32
3588 Homberg/Efze

DOKUMENT 15

Spurensicherung in der Provinz

von Jürgen Wittmann

Ausgehend von einem Wettbewerb des DGB-Bundesjugendausschusses, der im Herbst 1985 ausgeschrieben wurde und der unter dem Motto »Leben nach der Stunde Null« stand, erarbeiteten einige Kollegen eine Broschüre über Streiflichter aus der Arbeiter- und Gewerkschaftsbewegung in Hessisch-Lichtenau 1945/46.

Die Teilnahme an dem Wettbewerb klappte dann jedoch nicht mehr, weil sich die Fertigstellung bis jetzt – Sommer 1986 – hinzog. Vom Beginn bis zum Abschluß verging also fast ein Jahr. Dies zeigt schon, wie schwer es ist, sich in der Provinz, zumal noch ehrenamtlich, mit der Geschichte von unten zu beschäftigen. Man sagt zwar: »Was lange währt, wird endlich gut«, aber es bleibt wohl festzustellen, daß für Gewerkschafterinnen und Gewerkschafter in den Kleinstädten, die ja auch noch einem Beruf nachgehen müssen, der Zeitfaktor ein erhebliches Problem darstellt.

Ein Besuch in den für unsere Gegend wichtigen Archiven (das Hessische Staatsarchiv in Marburg und das Archiv der Regionalzeitung in Kassel), erfordert einen erheblichen Zeitaufwand. Auch Gestaltung, Layout und das Tippen einer solchen Schrift passiert nicht von alleine.

Ein großes Problem hier in den nordhessischen Wäldern ist es, daß die Stadtarchive wenig über die Anfänge der Gewerkschaftsbewegung aufbewahrt haben. Dies entspricht, salopp gesagt, der bürgerlichen Geschichtsauffassung, die mehr auf Fürsten, Gutsherren und Honoratioren Wert legt, als auf diejenigen, die unten leben. Das zeigt auch die Zusammensetzung der üblichen Geschichtsvereine in den meisten Gemeinden – wie man wohl behaupten kann. Selten einmal findet man einen Gewerkschafter unter den Mitgliedern.

Es ist außerordentlich zu begrüßen, daß der DGB sich seit einiger Zeit auf das Thema Geschichte von unten »gestürzt« hat. Bei allen Schwierigkeiten ist so doch ein Anfang gemacht.

Gerade für jüngere Kolleginnen und Kollegen bringt die Beschäftigung mit der Gewerkschaftsgeschichte »vor Ort« sicherlich viele Anregungen und schafft möglicherweise unter den jüngeren Mitbürgern mehr Bewußtsein für das Grundanliegen der Gewerkschaft: die Solidarität der Arbeiter- und Gewerkschaftsbewegung.

Wichtig für die Erforschung der »Geschichte von unten« ist die enge Zusammenarbeit mit älteren Kolleginnen und Kollegen, die als Zeitzeugen die früheren Geschehnisse teilweise noch in guter Erinnerung haben. Mit einem Kassettenrecorder bewaffnet, sollte man öfters einen Besuch bei ihnen wagen, um das festzuhalten, was sie erzählen können.

Im Vorwort der nun erschienenen Broschüre weisen wir darauf hin, daß unsere Arbeit in dieser Richtung weitergehen soll. Ältere Mitbürger und Gewerkschafter unserer Heimatstadt sollen mit Anregungen, Hinweisen und Material helfen, eine weitere Broschüre zu erstellen.

Die vorliegende Arbeit befaßt sich mit dem Einmarsch der amerikanischen Truppen in und um Hessisch-Lichtenau, Streiflichtern aus dem Nachkriegsjahr unserer Heimatstadt und dem Neubeginn auf kommunalpolitischer, betrieblicher und gewerkschaftlicher Ebene.

Die Auseinandersetzungen um die Hessische Landesverfassung und die weitere Geschichte des FGB Hessen wollen wir für unsere Region mit der erwähnten Mitwirkung älterer Kollegen in einer späteren Arbeit darstellen.

Unsere Broschüre (Preis: 2.50 DM) ist zu bestellen bei:

Kontaktadresse:
Jürgen Wittmann
Henri-Dunant-Str. 15
3436 Hess.-Lichtenau

DOKUMENT 16

Geschichtsgruppe
ARBEIT UND LEBEN
Osnabrück

Entstanden ist unsere Gruppe 1981 im Rahmen eines langfristig angelegten Projektes der Stadt und Universität Osnabrück, zu deren Mitarbeit auch die DGB-Gewerkschaften aufgefordert wurden. Zum 50. Jahrestag der Bücherverbrennungen fanden in Osnabrück ein Kongreß über Exilliteratur sowie zahlreiche Ausstellungen statt. Als Beitrag des DGB-Kreises Osnabrück wurde von der Bildungsvereinigung ARBEIT UND LEBEN die Ausstellung »Die Zerschlagung der Gewerkschaften in Osnabrück 1933« erstellt.

Hinzu kam das bei ARBEIT UND LEBEN Niedersachsen formulierte Interesse, sich unter dem Begriff »Grabe, wo du stehst« an der Aufarbeitung regionaler Geschichtsereignisse insgesamt zu beteiligen bzw. diese zu initiieren.

Bis heute wurden von uns zwei Gruppenprojekte abgeschlossen. Diese Arbeiten haben uns trotz der Belastungen aber nicht davon abhalten können, weiter zu wühlen, obwohl es sich auch bei uns um Kolleginnen und Kollegen handelt, die »Geschichte von unten« zwar nicht mal so nebenbei, aber eben auch »nur zusätzlich« zur eigentlichen Tätigkeit betreiben.

Eine Ausstellung

Es liegt schon eine Weile zurück: Als wir am Tag der Eröffnung der Ausstellung »Zerschlagung der Gewerkschaften in Osnabrück 1933« die Eingangstüre zur Ausstellungshalle der Dominikanerkirche mit einem Drohbrief beklebt vorfanden, erwarteten wir einiges mehr: Auf den Tag genau 50 Jahre lagen schließlich zurück, als am 10. Mai 1933 die Nazis, so wie im ganzen Deutschen Reich so auch in Osnabrück, Bücher verbrannten. Die neuen Nazis, vielleicht auch die alten, hatten dieses Datum doch bestimmt nicht vergessen? Wir waren vorbereitet auf etwaige Übergriffe, aber es kam glücklicherweise nicht soweit.

Durch die Schilderung der alten Kolleginnen und Kollegen während der anderthalb Jahre Vorbereitungszeit für diese Ausstellung, durch Berichte, Artikel und Dokumente hatten wir zunehmend ein Gespür dafür entwickelt, auf Äußerungen zu achten, über die sonst leichtfertig hinweggegangen wird. Da sind sie wieder, die Worte vom »Gewerkschaftsbonzen« und die Rufe »Ausländer raus« oder »Rotfront verrekke«! Vor 50 Jahren geiferten die Nazis u. a. über das damalige Gewerkschaftshaus am Kollegienwall mit dem haßerfüllten Wort »Bonzenkloster«.

Das, was da an der Tür zur Ausstellungshalle klebte, galt auch denen, die sich 1983 – so wie wir mit unserer Ausstellung – an dem Projekt der Stadt Osnabrück »Woche der verbrannten Bücher« beteiligten und mit eigenen Beiträgen an den Naziterror erinnerten. Und wenn es für dieses Mal auch nur bei einem schmierigen Blatt Papier blieb, so zeigt es doch, wie stark, fast schon wie selbstverständlich, noch immer derartig menschenverachtende Gedanken und Absichten vorhanden sind. Die Ausstellung sollte ein Beitrag sein, dem entgegenzutreten. Aber es mußte wohl erst ein Jahrestag kommen, um uns auf den Gedanken zu bringen, die Entwicklung der Jahre 1928 bis 1933 und ihre Auswirkungen auf das gewerkschaftliche Geschehen zu schildern und aufzuarbeiten.

Wir, die wir im Auftrag des DGB-Kreises Osnabrück diese Aufgabe übernahmen, hatten nicht daran gedacht, daß uns dieses Thema über 4 Jahre beschäftigen würde. Die Probleme eines solchen Projektes sind nicht im voraus einzuplanen, und es bedarf einer festgefügten Gruppe, die es unbedingt schaffen muß, sich ständig auszutauschen und mit Spaß zu arbeiten. In einem zähen Diskussionsprozeß wurde das Konzept für die Ausstellung und auch die Texte für den später entwickelten Katalog von allen Mitwirkenden der Arbeitsgruppe besprochen, hinterfragt, korrigiert, ergänzt und umformuliert.

Es stand sehr früh fest, daß wir uns bei unseren Arbeiten schwerpunktmäßig auf die freien Gewerkschaften beziehen würden. Es gibt in der Region Osnabrück fast keine Dokumente über die christlichen oder nationalen Gewerkschaften der damaligen Zeit. Aber auch für die freien Gewerkschaften ist die Materiallage dürftig. Bis auf einen Bericht des Osnabrücker Metallarbeiter-Verbandes von 1930, zwei Protokollbüchern des Bildungsverbandes der deutschen Buchdrucker und der Sparte der Maschinensetzer sowie zwei »Quittungen«, die die Beschlagnahme der Einrichtungsgegenstände und Kassen der Osnabrücker Gewerkschaften durch die Nazis belegen, ist nichts vorhanden. Vieles wurde bei der Stürmung des Gewerkschaftshauses vernichtet, unzählige Dokumente mußten Gewerkschaftsmitglieder verbrennen oder verstecken, um sich nicht der Verfolgung auszusetzen. Denn wer damals etwas versteckte, riskierte mitunter Kopf und Kragen. So beispielsweise ein Arbeitersportler, den Vereinswimpel in einer Blechkiste vergraben hielt. Durch einen Bombenangriff freigelegt, wäre der Wimpel fast entdeckt worden. Aber es kam nicht so weit und so konnte damit in unserer Ausstellung an den Arbeitersport in Osnabrück erinnert werden. Unsere Suche mußte sich also vorrangig auf private Dokumente beschränken. Viele haben uns dabei unterstützt. Und in den Werksarchiven? Gerade hier sah der Aktenzustand zumeist düster aus. Alles verbrannt?

Aber es ist möglich, solche Materiallücken zu schließen. Wir griffen dabei auf Dokumente aus anderen Städten bzw. auf Dokumente zu Ereignissen von übergreifender Bedeutung zurück. Materialien anschaulicher und repräsentativer Art fanden wir im DGB-Bundesarchiv in Düsseldorf, im Archiv der Sozialen Demokratie Bonn sowie im hiesigen Niedersächsischen Staatsarchiv. So entgingen wir auch der Gefahr einer »Kirchturmspolitik«, denn Lokalgeschichte erklärt nicht alles aus sich selbst heraus. Sie bedarf der Einordnung in die reichsweite Entwicklung, was natürlich erneut das Thema komplexer machte.

Den Weg zu den damaligen Ereignissen wiesen uns die Zeitzeugen. Die Gespräche mit ihnen machten sehr bald deutlich, daß auch das Osnabrücker Gewerkschaftsleben nicht von dem zu trennen war, was darüber hinaus den proletarischen Alltag prägte: Das Genossenschaftswesen, die eigenen Organisationen in Sport, Freizeit und Bildung. Hier konnten uns viele alte Gewerkschafter aus Osnabrück weiterhelfen. Ohne sie wären wir nur sehr schwer vorangekommen. All das, was uns berichtet wurde und was wir Stück für Stück ausgraben konnten, mußte in den Lebenszusammenhang der damaligen Zeit und in die Geschichte der Organisation eingeordnet werden.

Aus: Rundbrief Nr. 3 S. 3 und 4.

Die Ausstellung fand in einer von der Stadt Osnabrück für sechs Wochen zur Verfügung gestellten Ausstellungshalle, einer ehemaligen Kirche, statt. Auch Stellwände und Wechselrahmen für die Originaldokumente wurden zur Verfügung gestellt. Über 5000 Besucher kamen, und das ist für Osnabrücker Verhältnisse ein beachtliches Ergebnis. Wir boten selbst Führungen an (besonders für Schulklassen, die einen Fragenkatalog zum Thema als Anreiz bekamen), bauten eine Video-Ecke auf und gewannen die Büchergilde Gutenberg, die während der gesamten Zeit einen Verkaufsstand in der Halle unterhielt. Die Aufsicht wurde von der Gruppe selbst organisiert.

Ein Katalog

Mit dem Katalog zur oben genannten Ausstellung haben wir im Herbst 1983 den Versuch begonnen, zum einen die gesamte Ausstellung im Dokumententeil wiederzugeben und zum anderen die Möglichkeit zu bieten, sich durch Lektüre unserer Aufsätze einen Eindruck über die letzten Jahre der Weimarer Republik zu erarbeiten. Dieser Texteteil ist darum bewußt in Grau abgehoben, um eine leichte Unterscheidung zu erreichen. Es besteht so die Gelegenheit – je nach Zeit und Interesse – einfach nur in dem Bildteil des Buches zu schnüffeln, einige Dokumente zu entdecken, oder aber intensiv darin zu arbeiten. Sozusagen eine Dauerkarte für eine Ausstellung, die man sich mehrmals ansehen muß, um alles aufnehmen zu können, und zugleich ein Buch, mit dem man arbeiten kann. Wiederholungen sind daher auch absichtlich eingebracht, denn die ausführlichen Texte dienen zur Vertiefung des dokumentarischen Teils. Das Buch ist keine detaillierte Aufarbeitung der Geschichte. Uns war wichtiger, Eindrücke darüber zu vermitteln, was alles mit dem 2. Mai 1933 zerschlagen wurde.

Als wir seinerzeit die Ausstellung konzipierten, war beabsichtigt, sie später durch einige Osnabrücker Betriebe wandern zu lassen. Der Umfang machte dies unmöglich. So entstand die Idee zu dem Katalog. Wir hoffen, damit noch ein wenig mehr mitzugeben, als dies mit der Ausstellung möglich war.

Nach zwei Jahren konnte ein Projekt abgeschlossen werden, dessen Ausgang zu Beginn durchaus fraglich war. Mit nicht einmal 6 000 DM

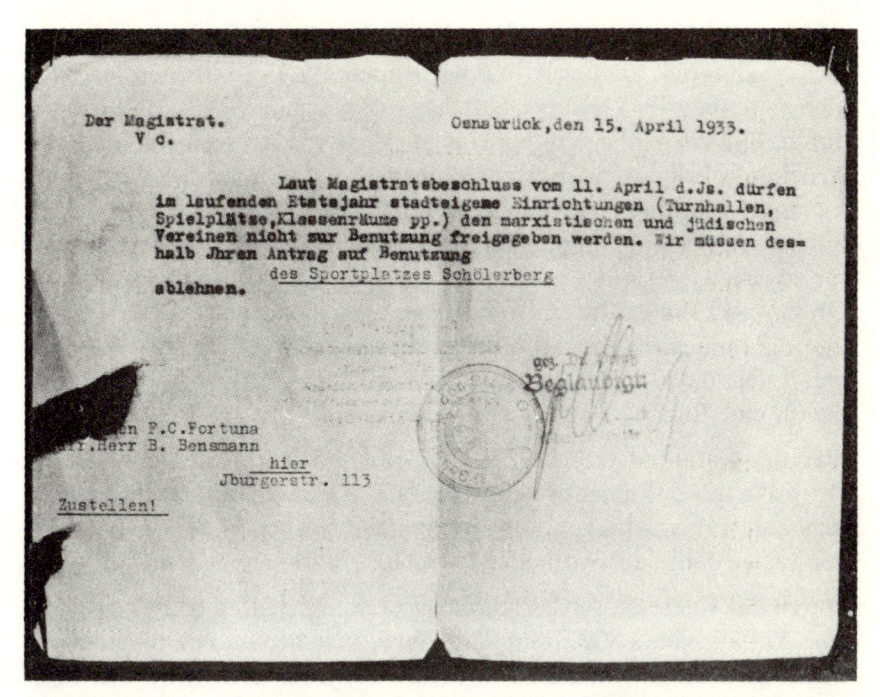

```
Der Magistrat.                           Osnabrück, den 15. April 1933.
    V c.

              Laut Magistratsbeschluss vom 11. April d.Js. dürfen
       im laufenden Etatsjahr stadteigene Einrichtungen (Turnhallen,
       Spielplätze, Klassenräume pp.) den marxistischen und jüdischen
       Vereinen nicht zur Benutzung freigegeben werden. Wir müssen des-
       halb Jhren Antrag auf Benutzung
                    des Sportplatzes Schölerberg
       ablehnen.


   n F.C.Fortuna
   .Herr B. Bensmann
                  hier
            Jburgerstr. 113
Zustellen!
```

Gruppe bei der Arbeit.
Aus: Rundbrief Nr. 3, S. 5 und 6.

Grundkapital läßt sich eine so umfangreiche Arbeit normalerweise nicht realisieren. Dadurch, daß wir jedoch alle Fotoarbeiten in einem kleinen Labor im Gewerkschaftshaus selber anfertigen konnten, dadurch, daß ein Kollege monatelang täglich vor Arbeitsbeginn Repro-Arbeiten erledigte und Farbsätze herstellte, dadurch, daß wir die gesamte Gestaltung der Katalogseiten bis hin zur Montage selbst durchführten, war es überhaupt erst möglich, einen Verlag zu finden, der sich für unsere Arbeit interessierte. So konnten wir praktisch bis auf Satz-, Druck- und Bindearbeiten weitgehend alles in eigener Regie erledigen und die immensen Kosten reduzieren. Als Nebeneffekt für uns selbst ergab sich, daß wir bis hin zum Umbruch alle Arbeiten kennenlernten, die für eine Buchherstellung erforderlich sind.

Daß der Katalog letztlich über 400 Seiten umfaßt, liegt zum einen an der Fülle des dokumentierten Materials, zum anderen daran, daß wir regionale Entwicklungen auf übergreifender Ebene in die Geschichte der letzten Jahre der Weimarer Republik einordnen wollten.

Durch das Interesse der Osnabrücker Gewerkschaften war es möglich, eine Auflage von 3 800 Exemplaren fertigzustellen und damit eine Verbreitung zu erreichen, die für regionale Projekte vielleicht etwas ungewöhnlich ist. Gleichzeitig wurde damit aber auch das Vertrauen der Gewerkschaften in die Gruppe zum Ausdruck gebracht, was für diese Art Geschichtsarbeit unerläßlich ist.

Eine Gruppe

Heute besteht unsere Gruppe aus einer Kollegin und sieben Kollegen. Zu Beginn unserer Arbeit zählten zum Kreis noch sechzehn Mitwirkende. Damals wie heute gemischt, was Alter, Beruf und Gewerkschaftszugehörigkeit betrifft. Viele derjenigen Kolleginnen und Kollegen, die zu Beginn dabei waren, haben sich arbeitsmäßig nicht mehr in dem hierfür erforderlichen Maße einbringen können; ein Kollege verstarb, andere wechselten den Wohnort. Man könnte von der üblichen Fluktuation sprechen. Durch die beschriebenen Projekte ist unsere Arbeit jedoch soweit gefestigt, daß die verbliebenen Mitarbeiter der Geschichtsgruppe nun auch an neuen Vorhaben beteiligt sind: Am 1. Mai 1986 wird in einem Ortskartell des DGB-Kreises Osnabrück eine kleine Ausstellung unter dem Titel »40 Jahre 1. Mai in Melle« vorgestellt. Dort haben wir, einmal von der Gegenwart ausgehend – der 1. Mai 1986 vor dem Hintergrund der Auseinandersetzung wg. § 116 AFG –, die Entwicklung bis 1946 zurückverfolgt. Die Gruppe, die dort tätig ist, besteht aus acht Kolleginnen und Kollegen und wird die Arbeit nach dem 1. Mai als offener Arbeitskreis fortsetzen.

An der Aufarbeitung der Geschichte der IG Metall-Verwaltungsstelle Osnabrück sind die meisten Mitarbeiter der Geschichtsgruppe ARBEIT UND LEBEN Osnabrück ebenfalls beteiligt. Hier wurde von der Verwaltungsstelle Wert darauf gelegt, unsere gesammelten Erfahrungen in das neue Projekt einzubringen und mit einem neuen Kreis von älteren IG Metall-Mitgliedern bis 1991 100 Jahre Metallarbeiter-Geschichte aufzuarbeiten.

Was uns bei all diesen Arbeiten Mut gemacht hat und uns zusammenhielt, die selbstgesteckten Ziele zu bewältigen, war unser Arbeiten »aus dem Bauch heraus«. Dies gab und gibt uns auch heute die Gewißheit, nicht falsch zu liegen, obwohl wir durchaus unsere Lücken einzuschätzen wissen und die typischen Ermüdungserscheinungen einkalkulieren können. Ohne die vielen Mithelfer, die durch praktische, bei uns vor allem auch durch technische Hilfe, sozusagen im Hintergrund, aktiv dabei waren, wäre vieles nicht realisierbar und vor allem auch nicht finanzierbar gewesen. Plakat- und Transparentenmaler unterstützten uns, Spezialisten übernahmen Foto- und Lithoarbeiten, eine Ausbilderin verrichtete die Buchbindearbeiten und ehrenamtliche Kolleginnen und Kollegen sprangen bei Organisationsarbeiten, wie Transportfahrten ein.

Kontaktadresse:
Wer Detailfragen hat, kann sich mit dem Büro der Bildungsvereinigung ARBEIT UND LEBEN, Neuer Graben 39, 4500 Osnabrück, Tel. 0541 – 2 12 77 (Heiko Schlatermund) in Verbindung setzen. Über das Büro ist auch der Katalog unter dem Titel »Freiheit, Krise, Diktatur. Die Zerschlagung der Gewerkschaften in Osnabrück 1933« zum Preis von 30 DM zzgl. Porto zu beziehen.

Und noch etwas: Wer an einer Aufarbeitung der Geschichte von unten »ganz unten« interessiert ist, findet immer Gleichgesinnte und das Durchhalten über Jahre ist schon eine erstaunlich schöne Erfahrung.

DOKUMENT 17

100 Jahre Bosch-Geschichte

Für die Jubiläen unserer industriellen Hochburgen, zu denen auch Bosch gehörte, verfassen meist gut bezahlte Lobhudler reich ausgestattete Bände, in denen verkündet wird, was wir dem Genie unserer Wirtschaftsführer zu verdanken haben. Um dem entgegenzuwirken, um eine Geschichte von »unten« zu verfassen, aus dem Blickwinkel der Frauen und Männer, deren Arbeitskraft in Werkstätten und Büros auch den Bosch-Konzern vorantreibt, haben sich Kolleginnen und Kollegen (alle IG Metall-Mitglieder mit unterschiedlichen Standpunkten) aus mehreren Bosch-Betrieben (Reutlingen, Stuttgart-Feuerbach, Hildesheim und Waiblingen) seit April 1985 zusammengefunden, um eine Anti-Festschrift zu verfassen. Unsere Anti-Festschrift lag rechtzeitig zum Jubiläum fertig gedruckt vor!

Unser Produkt kann sich sehen lassen, und es zeigt, daß »Geschichte von unten« durchaus auch wissenschaftlichen Ansprüchen genügen kann. Auf 62 DIN A 4-Seiten wird die Entwicklung der Firma Bosch abgehandelt; es wird nachgewiesen, daß die der Firma Bosch nachgesagte Großzügigkeit gegenüber ihren »lieben Mitarbeitern und Mitarbeiterinnen« nur in den »Schönwetterzeiten« der deutschen Sozialgeschichte bestand.

In sämtlichen Konfliktsituationen der 100jährigen Boschgeschichte zerbrach Boschs gutes Verhältnis zu den Gewerkschaften; und sobald die betrieblichen Gewerkschaftsstrukturen zerschlagen waren, scheute die Geschäftsführung vor keiner Lohnkürzung und Steigerung der Arbeitshetze zurück. Das dunkelste Kapitel in dieser Hinsicht stellt die Behandlung der deutschen Zwangsarbeiter und KZ-Häftlinge im Zweiten Weltkrieg dar: Die Firma Bosch behandelte sie genauso unmenschlich wie die Firma Krupp.

In dieser Anti-Festschrift erfährt man auch, daß der Lebenslauf von »Gottvater persönlich«, dem Aufsichtsratsvorsitzenden Hans L. Merkle, in den offiziell verbreiteten Lebenslegenden (z. B. in Who is who?) nicht vollständig ist, da über dessen Tätigkeit im »Dritten Reich« fast nichts zu lesen ist; hier wird enthüllt, daß Merkle 1942 als Direktor der Reutlinger Firma Gminder in der »Reichsvereinigung Textilveredlung« tätig war, die dem Reichswirtschaftsministerium angegliedert war: ».. . Merkle ist hier das ganze Jahr 1942 beschäftigt und leistet so als ›Schreibtischtäter‹ seinen Beitrag zum vorgesehenen Sieg des Nazi-Reiches.« (S. 31)

Diese Anti-Festschrift hat einen wichtigen Strang verfolgt, der die Geschichte von Bosch mit der allgemeinen Geschichte verbindet, wobei wir die Gefahr vermieden haben, Geschichte durch (Betriebs-)-Geschichten zu ersetzen. Wir haben uns einmal die Mühe gemacht, sowohl mit Hilfe mündlicher Berichte von Beteiligten (»Oral History« [mündliche Geschichte] nennen das die Fachleute!) als auch mit Hilfe von Dokumenten die Geschichte des Bosch-Konzerns zu durchleuchten. Große Unterstützung gewährte uns dabei Eugen Eberle (langjähriger Betriebsratsvorsitzender von Bosch-Feuerbach; 1951 fristlos entlassen aufgrund seines Widerstandes gegen die Wiederaufrüstung der BRD), der uns sein umfangreiches Archiv zur Verfügung stellte.

In der Anti-Festschrift-Redaktion nimmt der »35-Stunden-Woche-Arbeitskreis« in Reutlingen eine Sonderstellung ein: 1984 gegründet, bestehend aus Gewerkschaftsmitgliedern, die vorwiegend bei Bosch beschäftigt sind, hat dieser Arbeitskreis 1984/85 im Raum Reutlingen die Solidaritätsarbeit für die streikenden britischen Bergarbeiter und ihre Familien getragen. Er ist inzwischen eine ständige Einrichtung geworden.

Aufgabe des Reutlinger »35-Stunden-Woche-Arbeitskreises« war es, die Geschichte der Firma Gminder und des Firmendirektors H.L. Merkle – beide sind von Bosch übernommen worden – aufzuarbeiten. Dazu sichteten wir die Bestände des Reutlinger Stadtarchivs, wo wir u. a. die Werkszeitschrift der Fa. Gminder, »Der lange Eugen«, fanden. Ein Glücksfall für unsere Arbeit war es, daß uns Dokumente von 1945 bis 1948 aus dem Nachlaß von Dr. Graf, einem Gminder-Direktor, überlassen wurden. Die Darstellung der Geschichte der Fa. Gminder füllt tatsächlich eine Lücke in der Lokalgeschichte Reutlingens. Dieser

Teil der Anti-Festschrift wurde deshalb in der Tübinger Ausgabe der Südwestpresse auf den Seiten des »Reutlinger Blatts« abgedruckt (diese Zeitung ist kein linkes/alternatives oder sonstiges »Szeneblatt«!).
Was war nun das Echo auf unsere Anti-Festschrift? In der Südwestpresse, Tübinger Ausgabe, wurde sie positiv gewürdigt; die Verkaufszahlen signalisieren ebenfalls ein positives Echo: In 10 Tagen wurden in Reutlingen und in Tübingen 400 Exemplare der ersten Auflage verkauft (inzwischen nahezu 1 000!). Bei der Veranstaltung des Reutlinger »35-Stunden-Woche-Arbeitskreises« zum 100jährigen Bosch-Jubiläum, wo Eugen Eberle und Jakob Moneta sprachen, waren 70 Leute anwesend.

Bei der Firma Bosch haben vor allem Vertrauensmänner und Vertrauensfrauen diese Anti-Festschrift gekauft und vielleicht auch gelesen; leider wurde sie vom Kollegen Schwarz, dem Betriebsratsvorsitzenden von Bosch-Reutlingen, nicht zur Kenntnis genommen: Auf der Betriebsversammlung im September 1986 sang auch er das »Hohe Lied« auf den »roten Bosch«, den er den jetzigen Bosch-Direktor als positives Beispiel entgegenhielt. Dabei verfuhr er ähnlich wie der Gesamtbetriebsratsvorsitzende Rau auf der offiziellen Jubelveranstaltung am 23. September 1986 in der Stuttgarter Liederhalle. Beide fügten sich in den allgemeinen Jubel über Bosch ein, und in diesem Zuge stimmen sie dann auch einer Überzeitarbeit zu (einschließlich Arbeit an Samstagen und Feiertagen!).

Das 100-Jahre-Jubiläum des Unternehmens Bosch bot Wirtschaftsgrößen, Politikern und Journalisten reichlich Gelegenheit, unter Verweis auf den »roten Bosch« alle Register von Volksgemeinschaft und Betriebsgemeinschaft zu ziehen. Wir haben mit unserer Anti-Festschrift versucht, dem gegenzusteuern. Es ist nur bedauerlich, daß wir dies als das gute »schlechte Gewissen« der IG Metall allein machen mußten. Eigentlich hätte es der IG Metall – gemeint ist hier die Bezirksverwaltung Baden-Württemberg, wo sich ja der Hauptsitz von Bosch befindet, und die Ortsverwaltung Reutlingen, wo ein wichtiges Bosch Zweigwerk ist (dieses hatte bis nach dem Streik 1984 eine kämpferische Belegschaft und einen kämpferischen Betriebsrat) – gut angestanden, dieses beispielhafte Produkt einer »Geschichtsschreibung von unten« herauszugeben, um ihm eine größere Verbreitung zu sichern. In Artikeln von verschiedenen Gewerkschaftszeitungen wird die kluge Einsicht verkündet, man müsse aus der Geschichte lernen, um diese nicht wiederholen zu müssen. Aber wie soll man aus der Geschichte lernen, wenn man diese nicht kennt, weil sie (auch von der IG Metall) nicht verbreitet wird.?

Kontaktadresse:
Peter Langos
Am Stadtgraben 31
7400 Tübingen 1

DOKUMENT 18

Geschichtskreis Zeche Ewald

von Adolf Tenhaaf

Kurze Beschreibung der Zeche Ewald

Das Grubenfeld »Ewald« mit den drei Schachtanlagen Ewald 1/2 in Herten, Ewald 3/4 in Gelsenkirchen-Resse und Ewald-Recklinghausen ist 39 Quadratkilometer groß. Es liegt im Bereich der Gemeinden Herten, Gelsenkirchen und Recklinghausen. Die Zeche Ewald baut im Nordflügel der Emschermulde und in beiden Flügeln des Hochlarmarker-Sattels. Die Flöze fallen in der Emschermulde mit 3 bis 12 Grad nach Süden und im Hochlarmarker-Sattel mit 30 bis 60 Grad nach Süden bzw. Norden ein. Überlagert ist das Karbongebirge von Gebirgsschichten der oberen Kreide, die an der südlichen Markscheide mit 220 Metern anstehen und bis zur nördlichen Markscheide um 60 Meter an Mächtigkeit zunehmen. Darüber folgen noch geringmächtige diluviale Fließablagerungen und Alluvialschichten.

Am 14. November 1871 wurde die »Gewerkschaft des Steinkohlenbergwerks Ewald« gegründet. Den Namen erhielt sie von ihrem Repräsentanten Ewald Hilger. Mit dem Teufen des Schachtes 1 wurde im Februar 1872 begonnen. Heute fördert die Zeche Ewald täglich 14 000 t Steinkohle.

Bisher erschienene Jubiläums- und Festschriften

Im Besitz des »Geschichtskreises Ewald« befindet sich eine Festschrift der Zeche mit dem Titel »50 Jahre Gewerkschaft des Steinkohlenbergwerks Ewald«, die 1921 zum 50jährigen Jubiläum der Schachtanlage Ewald erschien. Der Autor ist nicht genannt. Außer der Zeche Ewald

Aus: Rundbrief Nr. 8, S. 40.

werden hierin auch die übrigen zur »Gewerkschaft des Steinkohlenbergwerks Ewald« gehörenden Anlagen beschrieben. Es wird berichtet über »Beamte und Bergleute«, und vier Seiten der 111seitigen Festschrift sind den Themen Wohnungsfürsorge, Belegschaft, Leistung, Löhne, Kriegsteilnehmer und Wohlfahrtspflege gewidmet.

Im Jahre 1946 bestand die Zeche Ewald 75 Jahre. Zu diesem Anlaß wurde Bergrat Alfred Drissen beauftragt, eine Jubiläumsschrift zu verfassen. Drissen war im Ersten Weltkrieg Offizier und kam 1935 in ein Göringsches KZ, wie er selbst schrieb. Seine Festschrift, 223 Schreibmaschinenseiten umfassend, wurde jedoch nie gedruckt und existiert nur als Konzept. 1947 etwas drucken zu lassen, war wohl enorm schwierig. Bergrat Drissen überschrieb sein Konzept »Gedenkbuch zum 75jährigen Bestehen«. Er ging darin chronologisch vor: Aus jedem Jahr berichtete er über die Zeche Ewald, über das allgemeine Weltgeschehen, stellenweise über den gesamten übrigen Bergbau und über die Wehrmachtsberichte. Auch befinden sich in seinem »Gedenkbuch« die meisten Personalien der Zeche Ewald. Aufgelockert wurde seine Schrift durch bergmännische Lieder und Gedichte. Nachteilig ist nur das Fehlen von Fotos, Zeichnungen, Tabellen und grafischen Darstellungen.

Das 100jährige Bestehen der Zeche Ewald im Jahre 1971 wurde vergessen.

Erst 115 Jahre nach der Gründung der »Gewerkschaft Ewald«, also im Jahre 1986, erschien ein neues Buch mit dem Titel »Steinkohlenbergwerk Ewald, Herten/Westfalen«. Es umfaßt 184 Seiten und wurde dem »Geschichtskreis Zeche Ewald« von der Direktion der Zeche Ewald zur Verfügung gestellt. Die ersten 144 Seiten sind eine Wiederholung der vorher aufgeführten Jubiläumsschriften. Die restlichen 40 Seiten beinhalten ausschließlich technische Berichte aus den Unter- und Übertagebetrieben sowie eine Darstellung der großen Bergehalde Hoppenbruch im Süden der Stadt Herten.

Alle hier ausgeführten Schriften waren nie im Buchhandel erhältlich. Es wurden nur wenige Exemplare gedruckt oder vervielfältigt und waren den Bergleuten der Zeche Ewald gar nicht oder kaum zugänglich. Erstaunlich ist, daß in den älteren Jubiläumsschriften mehr über Wohnungen, Sozialfürsorge und den privaten Bereich der Ewald-Bergleute zu finden ist als in den Festschriften der neueren Zeit.

Außer diesen hier aufgeführten Aufzeichnungen und einigen wenige Seiten umfassenden technischen Berichten für Lehranstalten des Bergbaus sowie Veröffentlichungen in Fachzeitschriften gibt es kein nennenswertes Schrifttum über die Zeche Ewald.

Mit den verschiedenen Stillegungswellen in den sechziger und siebziger Jahren, die über die Zechen im Ruhrgebiet hinwegrollten, ging nicht nur technisches Know-how verloren, sondern auch viel Stadtteilkultur geriet in Vergessenheit. Die Bergleute der stillgelegten Schachtanlagen wurden zu anderen Bergwerken verlegt (die Zeche Ewald erhielt in den letzten zwanzig Jahren Belegschaftsmitglieder von neun stillgelegten Anlagen) und wechselten dabei oft auch den Wohnsitz.

Das Bürgerhaus Herten-Süd und das »Stadtteil-Info« entstehen

Im Jahre 1985 wurde in Herten-Süd auf dem ehemaligen Gelände der »Vestischen Straßenbahn« mit dem Bau eines neuen Bürgerhauses begonnen. Es ist inzwischen fertiggestellt und viele Aktivitäten spielen sich hier ab. Die jungen Mitarbeiter, teilweise von der Stadt Herten fest angestellt oder auch nur auf Zeit hier arbeitend, regten an, die Geschichte dieses Bergarbeiterstadtteils zu erforschen. Ihre Bemühungen werden in einem alle zwei Monate erscheinenden Stadtteil-Info als Fortsetzungsbericht seit fast zwei Jahren veröffentlicht. Dieses Mitteilungsblatt wird von der Stadt in 3 000 Exemplaren gedruckt und beschäftigt sich nicht nur mit der Geschichte der Zeche Ewald, sondern auch mit den verschiedensten Sportarten von gestern und heute sowie aktuellen Themen und Veranstaltungen.

Der Geschichtskreis Zeche Ewald

Zunächst aber mußten Leute gefunden werden, die sich für die verschiedenen Themen interessierten und ihr Wissen weitergeben wollten. In der Tageszeitung erschienen Einladungen zu Gesprächen im Bürgerhaus und bald bildete sich der »harte Kern« des »Geschichtskreises Zeche Ewald« (G.Z.E). Er besteht aus etwa zehn Personen, fast ausschließlich Bergleuten (ehemaligen Hauern, Schießmeistern, Ortsältesten, drei pensionierten technischen Angestellten und zwei einstigen Betriebsräten). Außerdem zählen zu dem Kreis ein evangelischer Geistlicher und ein Geschäftsmann, der in Herten geboren und aufgewachsen ist und sich somit als guter Kenner der Geschichte des Stadtteils erweist.

Wie arbeitet der G.Z.E.?

Jedes Treffen (etwa alle fünf Wochen) wird in der Tagespresse bekanntgegeben mit einer Einladung an weitere interessierte Bürger der Stadt. Bei den ersten Zusammenkünften wurde eine Chronologie erstellt, die alle wichtigen Daten des Bergwerks Ewald enthält: Das Schürfen auf Steinkohle in Herten, daß man fündig wurde, Einreichung der Mutung (Antrag auf Verleihung eines Grubenfeldes) und wie die »Gewerkschaft Ewald« ein Grubenfeld erhielt, das Abteufen des ersten Schachtes sowie das Fördern der ersten Steinkohlen in der Gemeinde Herten. All diese Ereignisse wurden zeitlich festgehalten. Inzwischen hat es sich herumgesprochen, daß alte Fotos, Dokumente oder mündliche Überlieferungen vom G.Z.E. gefragt sind. Bei jedem Treffen wird ein neues Thema festgelegt, zu dem ein Mitglied des Geschichtskreises aus allen vorhandenen Unterlagen (auch aus der Bergbauliteratur und den Zeitungen) einen Bericht verfaßt. Dieser wird von den Mitarbeitern des Bürgerhauses fotokopiert und allen Mitgliedern des G.Z.E. zugeschickt. Bei der nächsten Zusammenkunft wird er dann durchdiskutiert, evtl. vervollständigt oder gekürzt und zuletzt dem »Stadtteil-Info« zum Druck übergeben.

Was ist eigentlich Geschichtsschreibung?

Es ist die Erforschung des Lebens der Menschen und der Völker und Gruppen, ihres staatlichen, gesellschaftlichen sowie kulturellen Lebens und als solche ein Teil der Geisteswissenschaft. Durch Erforschung der Quellen versucht man, geschichtlichen Aussagen gegen Unwissenheit, Irrtum und Betrug Sicherheit zu verleihen.
In der jüngsten Vergangenheit taucht in der Geschichtsschreibung der

Begriff »Geschichte von unten« auf, ein Schriftsteller stellt sogar »Geschichten von ganz unten« zusammen. Ein etwas verwirrender Begriff für diese neue Art der Geschichtsschreibung. Aber sie ist wohl noch im Werden, und die deutsche Sprache ist reich genug, auch hier den richtigen Ausdruck zu finden.

Was will der Geschichtskreis Zeche Ewald?

Da es, wie eingangs erwähnt, wenig Schriftliches über die Schachtanlage Ewald, das Zusammenleben in den Kolonien der Zeche, die Lebensweise der damaligen Bergleute, das soziale Umfeld, die Freizeitaktivitäten und die frühere Technik gibt, versucht der G.Z.E. mit Hilfe der Bevölkerung des Stadtteils, alle Materialien dazu zusammenzutragen und zu bearbeiten. Einiges ist schon erreicht. So wurde z. B. anhand alter Aufzeichnungen herausgefunden, daß um die Jahrhundertwende auf der Zeche Ewald die Clanny-Lampe, eine Verbesserung der Davy-Lampe, in Gebrauch war. Viel muß noch getan werden. Zur Zeit ist »Der große Bergarbeiterstreik von 1889« das Theme des G.Z.E.

Auch hat der Geschichtskreis dem Ruhrfestspielensemble bei der Einstudierung des englischen Bergarbeiterstückes »Happy Jack« mit Rat und Tat bei den Proben im Bürgerhaus Herten-Süd zur Seite gestanden.

Der G.Z.E. möchte den für die Mehrzahl der Bevölkerung unbekannten, vielleicht auch unheimlichen Arbeitsplatz des Bergmannes bekannter und verständlicher machen. Er versucht auch gleichzeitig, dem mehr als 1 000 Meter unter der Erde schwerarbeitenden Bergmann die Anerkennung in der Gesellschaft zu verschaffen, die er auf Grund seines täglichen neuen Einsatzes verdient.

DOKUMENT 19

Als Einzelkämpfer im Umgang mit der Geschichte von unten

von Manfred Hundt

Das Interesse für lokale Geschichte wurde bei mir schon früh geweckt; spätestens jedoch, als mich Englisch-Lehrer Richter, dem meine Sütterlinstärke auffiel, bat, ihm beim Sortieren alter pergamentgebundener Gemeinderechnungen zu helfen. Das tat ich um so lieber, als ich mir eine bessere Notengebung erhoffte und mich nun, gerade 12-/13jährig, zu den wenigen Glücklichen zählen durfte, die ständigen Zugang zu einem mittelalterlichen Hexenturm hatten, von dem man sich die schauerlichsten Geschichten erzählte. Umgeben von flackerndem Petroleumlicht und verrotteten Folterinstrumenten mühten wir uns damals durch meterhohe Aktenberge und Handschriften, um unseren bescheidenen Beitrag zu leisten, Licht in die Vergangenheit des kleinen Saalestädtchens zu bringen, dessen Volksschule ich in den vierziger Jahren besuchte. Übrig blieb hiervon in den folgenden Jahrzehnten das Lesen und Sammeln jeglicher historischer Literatur und, nachdem ich in Hessen ansässig wurde, das Interesse für dessen Landes- und Ortsgeschichte.

1966 zog ich, inzwischen nach Frankfurt am Main verschlagen, in den Vordertaunus und wurde in einem der zahlreichen Steinbachs ansässig, denen pauschal Geschichtslosigkeit unterstellt wird. Diesen Umstand empfand ich damals als besonders glücklich. Brauchte ich doch nicht auf jede unbedeutende Regung eines Potentaten Rücksicht zu nehmen oder hierfür posthum nach Erklärungen zu suchen. Mit welcher Voreingenommenheit betritt schon der geschichtsbewußte Besucher eine Stadt, von der bekannt ist, daß hier z. B. während des Bauernkrieges Peter der Minderwertige 3 000 Landsleute erschlug, Waldemar von Asselborn bis zum Jahre 1907 das Recht der ersten Nacht ausübte oder Jonas Pickelhaube mit Kumpanen Anno 1815 die Regimentskasse versoff? Das belastet nicht nur den Orts-Historiker, sondern auch die Einwohner einer derart gestraften Stadt. Nicht ahnend, welche Folgen sich daraus ergeben würden, gründete ich 1969 einen Briefmarken-Sammler-Verein. Soviel Initiative gehört einfach bestraft, und bei der Gründungsversammlung wurde mir sogleich der Vorsitz aufgedrängt. Nachdem ich seit 1966 bereits DGB-Ortskartellvorsitzender bin, bedeutete dies den Anfang bekannter Ämterhäufung. So hatte ich mir den Übergang von der Jugend- zur Erwachsenenarbeit (bis 1965 war ich viele Jahre Falken-, Naturfreunde-, Gewerkschaftsjugendleiter oder Pfadfinderführer) nun doch nicht vorgestellt. Speziell aus der philatelistischen Ecke meiner Freizeitinitiativen wurde der Wunsch laut, ich könnte mich doch auch einmal mit der örtlichen Postgeschichte beschäftigen, was ich dann auch tat. Aus dieser »Beschäftigung« entwickelte sich ein neues Interessengebiet, das, wenn ich nicht gezwungen wäre, mein Leben in wirtschaftlicher Abhängigkeit zu verbringen, zur unbezahlten Vollzeitarbeit geführt hätte.

Zunächst verschaffte ich mir einen Überblick, zu welchen Orten der meinige in den zurückliegenden Jahrhunderten in Verbindung/Abhängigkeit stand und welche Archive mögliche Belege aufbewahrten. Ein reger Briefwechsel entstand zu diesen Einrichtungen, z. B. nach Oberursel, Bad Homburg, Frankfurt, Wiesbaden, Darmstadt, Marburg und Würzburg, und der gewünschte Überblick weitete sich aus. Dann besuchte ich zunächst nach Feierabend die in Reichweite befindlichen Archive und notierte mir alle interessant erscheinenden Vorgänge. Wichtige Blätter versah ich mit Zetteln und ließ sie mir kopieren oder Mikrofilme davon machen. Diese Kopien stellten übrigens den Anfang eines Ortsarchives dar, nachdem dessen Unterlagen während des Zweiten Weltkrieges verbrannt waren. Für die Sichtung der Akten in den Staatsarchiven opferte ich in den folgenden Jahren manchen Urlaub, um die dortigen Bestände eingehend durcharbeiten zu können. Hier empfiehlt es sich, sein Kommen rechtzeitig anzukündigen, damit die häufig an anderen Orten lagernden Bestände zur Stelle sind.

Meine Vorstellung, unter den Archivalien Poststempelabdrucke in großer Zahl vorzufinden, um damit deren Verwendungszeit eingrenzen zu können, stellte sich bald als Trugschluß heraus. Statt dessen fand ich viele Schreiben, die ortsgeschichtlich interessante Fragen aufwarfen und zu Aussagen meines Vorgängers in Sachen »Heimatgeschichte« (er starb, bevor ich ihn kennenlernen konnte) teilweise in Widerspruch standen.

1972 war das Manuskript der örtlichen Postgeschichte fertiggestellt. (Dabei mußte ich zwei Nachbarorte mit einbeziehen, weil sie sich postalisch gemeinsam entwickelten.) Es umfaßte 79 Seiten und hatte einen kopflastigen Anhang von 127 Seiten über »Korrespondenzen der Schultheißen« (die Amtsvorgänger der heutigen Bürgermeister). Die Stadtverwaltung zeigte wenig Interesse an einer Finanzierung der Schrift. Deshalb beschloß ich mich zur Herausgabe im Selbstverlag und bot, um die Satzkosten zu umgehen, dem in Steinbach 14tägig erscheinenden Anzeigenblatt Gewerbetreibender den Vorabdruck in Fortsetzungen an. Das funktionierte! Für den späteren Druck wollte ein mir bekannter Druckereibesitzer (damals noch ein 1-Mann-Betrieb) sorgen, wenn ich ihm bei Engpässen stundenweise unter die Arme griff.

Meine Überlegungen liefen inzwischen mehrgleisig: Einerseits war Material vorhanden, das für mindestens 6 oder 7 historische Hefte ausreichen würde, in denen ortsbezogene »Geschichte von unten« dargestellt werden konnte. Das war auch Grund genug, einen weiteren Verein zu gründen, der zwar nur aus mir bestehen sollte, vom Namen her aber so umfassend wirken sollte, daß sich jeder damit identifizieren konnte und der auf Grund der Namensgebung Anspruch auf öffentliche Hilfestellung erheben konnte. So entstand im Januar 1974 der »Geschichtskreis der Stadt Steinbach am Taunus« mit den »Sektionen: Forschung, Archiv, Museum«.

Seit August 1974 erscheint unter diesem Namen die Schriftenreihe *»Steinbacher Hefte«* – aus eigener Kraft, also ohne Förderung und sehr unregelmäßig. Meine Korrespondenz erfolgt auf Briefbogen, die ein ansprechender zweifarbiger Briefkopf ziert. Da ich noch keine Zeit fand, mir über werbewirksame Aktionen Gedanken zu machen, bin ich über 40 Abonnenten noch nicht hinausgekommen. Damit gelingt es mir aber doch, den Versand der Gratis- und Pflichtexemplare zu finanzieren. Darüber, daß dieses Hobby weitere Verpflichtungen nach sich zieht, sollte man sich auch im klaren sein. Alle nur denkbaren Gruppierungen im Ort erwarten geschichtsträchtige Vorträge oder tiefschürfende bebilderte Abhandlungen über die Frühgeschichte des Ortes oder von Vereinen/Verbänden in Jubiläumsschriften. Weil man hierzu aber Quellen benötigt (Kassen- und Protokollbücher), die nach vollständiger Auswertung, die nicht ausschließlich vereinsbezogene Erkenntnisse bringen muß, nicht zurückgefordert werden, mehrt der findige Hobbyhistoriker seinen Fundus an Handschriften.

Im Oktober 1976 gelang mir mit Hilfe eines Freundes der Beginn des letzten – im Briefkopf angekündigten – Projektes. Für wenige Monate zog ich in einen 12 Quadratmeter kleinen Raum ein, der die Bezeichnung »Archiv- und Ausstellungsraum« nicht verdiente und eigentlich ein Maler-Atelier werden sollte. Da meinem Bekannten die ständigen Mietkosten über den Kopf wuchsen, kündigte er den Vertrag und für kurze Zeit war ich Beimieter einer namhaften Versicherung. Bald vermischten sich auf dem einzigen Schreibtisch historische Aufzeichnungen mit Policen und ich wandte mich hilfesuchend an die Stadtverwaltung. Diese hatte bereits durch Anmietung eines alten Bauernhofes der Volkshochschule eine Bleibe verschafft und bot mir als neues Domizil die dortige Waschküche an. Nach Begradigung des Bodens und dem Anbringen eines Gitters vor dem einzigen Fenster zog ich noch im Winter 1977 ein. Zur Möblierung ließ ich mir stabile Holzregale fertigen, die die Bücher- und Aktenberge aufnahmen und veranlaßte die offizielle Auflösung eines seit Jahren nicht mehr existenten Gesangvereines, dem die Tenöre weggestorben waren. Dessen Fahne, Noten, Pokale nebst Pokalschrank waren der Grundstock meines beginnenden musealen Wirkens.

Binnen eines Jahres trug ich derartige Mengen an Haus- und Küchengeräten, Werkzeugen usw. zusammen (Dachböden und Flohmärkte wurden zum beliebten Ausflugsziel), daß ich nicht mehr an die Bücherborde herankam. Spaßige Ortsbewohner bezeichneten daraufhin meinen Raum als »Sperrmüllstudio«. Trotz (oder vielleicht gerade wegen) der Enge stimulierte mich diese ehemalige Waschküche zu mancher Ausarbeitung, die ihren Niederschlag in meiner Schriftenreihe fand. Diese, zwar zeit- und kapitalaufwendige Reihe spart mir aber als Tauschobjekt gegenüber Geschichtsvereinen die Bezahlung derer Ergüsse.

Die beengten Verhältnisse zweier »Kulturträger«, denn inzwischen klagte auch die Stadtbücherei über Raumnot, brachte uns das Mitgefühl von Stadtparlament und -verwaltung ein. Der Bürgermeister kündigte die Anmietung oder den Kauf des ersten geeigneten Objekts an und konnte diese Zusage bereits im Sommer des Jahres 1979 einhalten.

Daß ich hierbei nach meinen Möglichkeiten nachhalf, wird nicht nur daran dokumentiert, daß die Zusage gegenüber dem Vermieter um 3 Uhr morgens erfolgte, die Zustimmung des Parlaments erst 2 Monate später. Zentral gelegen, unweit des Rathauses, des Postamtes und des Feuerwehrdepots, konnte ein zuletzt als Wohn- und Geschäftshaus (Textilien) genutztes einstöckiges Gebäude angemietet werden, das unseren damaligen Bedürfnissen entsprach. Ihr merkt schon, wenn erst einmal die Sammelleidenschaft erwacht ist (und hier sage ich jedem Fragesteller, daß ich von der Briefmarke bis zum Zeppelin alles gebrauchen kann), dann reicht der Platz nie aus. Das gilt auch für die im Erdgeschoß befindliche Bücherei, die zudem mit Etatmitteln Einkäufe vornimmt, während ich nicht wenig stolz darauf bin, Museum und Archiv aus eigener Kraft, von gelegentlichen Zuwendungen begeisterter Besucher abgesehen, zu finanzieren.

Seit Oktober 1979 bin ich also Besitzer eines »Heimatmuseums«. Im ersten Stock besagten Gebäudes entfernte ich erst einmal alle störenden Zwischentüren ehemaliger Wohnungen, ließ die Zwischenwand, die ein Wohn- und Schlafzimmer trennte, herausschlagen und tapezierte die Wände des Treppenhauses und des vergrößerten Ausstellungsraumes. Ausstellungsvitrinen (aus Holz und mit verdecktem Neonlicht) ließ ich mir von einer Landeszentralbank schenken, die diese früheren Schaukästen für Sammlermünzen ausrangiert hatte. Nachdem ich die Füße der Schaukästen gekürzt und die Innenflächen mit grünem Filz (das war ein Sonderangebot, sonst hätte ich rotes Material genommen) ausgelegt hatte, entsprachen sie meinen Vorstellungen und erübrigten eine Deckenbeleuchtung. Hier habe ich nun Gelegenheit, meine Vorstellungen über ein »lebendiges« Museum zu verwirklichen.

Auf überschaubarer Fläche zeige ich in 3- bis 4monatigem Abstand Wechselausstellungen zu unterschiedlichsten Themenbereichen, die mir häufig kurzfristig einfallen, die ich schon längere Zeit plane oder für die ich genügend Material zusammengetragen habe. Dabei spielt die Ortsgeschichte am Beispiel von Vereinsjubiläen eine große Rolle. Um Dokumente von allzuviel Texten freizuhalten, lasse ich zu jeder Ausstellung einen Prospekt drucken, der allerdings nie über vier DIN A 4-Seiten hinausging. Hier nutze ich die Gelegenheit, auf den Einfluß der Arbeiterbewegung vor 1933 bei örtlichen Entwicklungen hinzuweisen, um so gegen den allgemeinen Verdrängungsprozeß anzukämpfen. Um

Archivraum, anfänglich (1979) noch mit Lücken.

»Waschküche« von innen.

für die Vorbereitung dieser historischen Präsentationen genügend Zeit zu haben, lasse ich auch einmal örtliche (bildende) Künstler ihre Werke ausstellen. Von diesen feucht-fröhlichen Vernissagen weiß der Fußboden Bände zu erzählen. Auch das verstehe ich unter dem angesprochenen lebendigen Museum, denn durch das ständig wechselnde Publikum mehrt sich die Zahl der zu allen weiteren Ausstellungen kommenden Besucher. Daß ein Besucherbuch (inzwischen das dritte) ausliegt, versteht sich von selbst.

Häufig äußern sich skeptische Gäste dahingehend, daß es bei mir nach allem aussähe, nur nicht nach einem Heimatmuseum. Wo seien denn z. B. die üblichen handwerklich-bäuerlichen Geräte und Werkzeuge zu sehen? Natürlich habe ich in Kästen verwahrt große Mengen dieser (von mir gar nicht) vermißten Gerätschaften, die allerdings nur dann das Tageslicht erblicken, wenn sie sich thematisch in eine Ausstellung einfügen lassen.

Jetzt zeige ich gerade die Arbeiten von 10 alten Damen (das Durchschnittsalter beträgt 78 Jahre), die sich in einer Seniorenwohnanlage einmal wöchentlich treffen und viele handwerkliche Produkte – vom Topflappen bis zur Wäschetruhe – hergestellt haben. An diesem kleinen Beispiel merkt ihr schon, wie vielseitig die Beschäftigung mit heimatgeschichtlichen Dingen sein kann und daß der Phantasie bei der Themenwahl – sowohl im Bereich des Ausstellungswesens als auch bei der Veröffentlichung historischer Ausarbeitungen – keine Grenzen gesetzt sind. Wenn es mir gelungen ist, einige Kolleginnen/Kollegen für die Beschäftigung mit der Geschichte von unten zu begeistern, dann haben diese Zeilen ihren Zweck erfüllt.

Eine Bitte möchte ich anfügen: Für 1987 kündigt sich bei mir im Ort eine gewerkschaftliche Ausstellung an, nachdem vor 90 Jahren als erste Gewerkschaftsgliederung in Steinbach eine Zahlstelle des »Zentralverbandes der Maurer Deutschlands« entstand. Sie wurde 1933 verboten und ihre Unterlagen vernichtet. Wer kann mir leihweise Ausweise, Anstecknadeln, Zeitungen, Flugblätter oder Plakate des Maurer-Verbandes zur Verfügung stellen?

Kontaktadresse:
Manfred Hundt
Hessenring 52
6374 Steinbach/Ts.

DOKUMENT 20
Wie ich zum Schreiben kam
von Adolf Mirkes

Wenn ich mir die Liste meiner bisherigen Veröffentlichungen ansehe, dann stelle ich mir die Frage: Wann hast du eigentlich angefangen über Geschehnisse und Menschen aus der Arbeiterbewegung, über das, was jetzt »Geschichte von unten« genannt wird, zu schreiben?

Ich muß da schon etwas weit zurückgreifen in die letzten Jahre meiner Kindheit und meiner Jugend. Dies auch deshalb, weil Schreiben immer und unverzichtbar mit Lesen verbunden ist. Dank meines sehr belesenen Vaters und der guten Gemeindebücherei meines Heimatortes Mühlheim am Main kam ich schon sehr früh zum Lesen. In Mühlheim hatten Sozialdemokraten, deren Wähler von 1910 bis heute die Mehrheit haben, nach dem Motto »Wissen ist Macht« eine fast vollständige Sammlung der sozialistischen Literatur aufgebaut. Mit 19 Jahren kannte ich viele der »klassischen« Schriften von Marx, Engels, Lassalle, Bernstein, Kautsky und Bebel, um nur einige zu nennen. Die meisten dieser Bücher wurden am 10. Mai 1933 öffentlich verbrannt, ein barbarischer Akt, den ich mitangesehen habe.

Einige junge Linke hatten 1931 einen Diskussionskreis gebildet, der sich mit den großen deutschen Philosophen auseinandersetzte, getreu dem Satz von Marx, daß die Philosophen die Welt nur verschieden interpretiert hätten, es aber darauf ankomme, sie zu verändern. Dem Kreis gehörte ich an, und so schrieb ich eine kleine Arbeit mit dem Titel »Der kategorische Imperativ von Kant und der klassenbewußte Arbeiter«. Diese kleine Schrift ist in der Nazizeit verlorengegangen. In ihr hatte ich versucht aufzuzeigen, daß der einfache Arbeiter gar nicht in der Lage ist, dem großartigen Gedankenflug eines Kant zu folgen. Das sei erst möglich nach der Befreiung der Arbeiterklasse vom Kapitalismus. Der Arbeiter, eingespannt in die industrielle Arbeitswelt, müsse froh sein, nach »einer Woche Hammerschlag« mit Genossen in die Natur ziehen zu können.

Diese Meinung war sicher mitbestimmt von meiner beruflichen Entwicklung. Buchdrucker oder Schriftsetzer wollte ich werden. Die Lehrlingsskala der Gutenberg-Jünger verhinderte das. So wurde ich das, was man einen Fabrikschuhmacher nennt. Das hat geprägt, aber auch die Augen geöffnet für die kleinen Leute, wie sie ringen mußten um ihre Akkorde im Betrieb und ihr Leben in der Familie. Und wir haben begriffen, daß die Solidarität in den Arbeitervereinen durch nichts anderes zu ersetzen ist.

Dann habe ich 1933 und 1934 etwa 4 bis 5 illegale Flugblätter gegen die Nazis, die in meiner Heimatgemeinde verteilt worden sind, geschrieben. In ihnen riefen wir, alles junge Antifaschisten, zum Widerstand gegen die Nazis auf. Leider habe ich keines der Flugblätter trotz Suchen in den Archiven mehr finden können.

Mit dem Schreiben fing es 1946 wieder an. In meiner 30jährigen hauptamtlichen Arbeit bei der Gewerkschaft LEDER habe ich zahlreiche Reden und Artikel im »Leder-Echo« verfaßt, alles ohne Mithilfe selbst erarbeitet. Darunter viele Reden bei Jubilarfeiern in Orten mit alter gewerkschaftlicher Tradition. Bei solchen Reden habe ich immer Wert darauf gelegt, Ereignisse aus der Geschichte der Ortsvereine, also »Geschichte von unten« mit einfließen zu lassen. Das kam gut an.

So ganz richtig fing das Schreiben größerer Arbeiten aber nach Beendigung meiner Vorsitzenden-Arbeit in der Gewerkschaft LEDER an. Nach etwas Atemholen begann es im Jahr 1979 und ist bis jetzt nicht unterbrochen.

Es würde den Rahmen dieser Selbstdarstellung sprengen, wollte ich alle meine Veröffentlichungen hier skizzieren. Deshalb will ich mich auf einige, mir besonders lieb gewordene Arbeiten beschränken.

Dazu zählt mein Buch »Ein neues Haus aus Trümmern«, eine Geschichte der politischen und organisatorischen Entwicklung der Offenbacher Gewerkschaften von 1945 bis 1948. Den Anstoß hatte eine Vortragsveranstaltung der Volkshochschule Offenbach Anfang 1980 gegeben.

Das Buch schildert die heute kaum mehr vorstellbaren Schwierigkeiten, die die Männer und Frauen der »ersten Stunde« beim Wiederaufbau zu überwinden hatten. Bereits bei dieser Arbeit habe ich Wert darauf gelegt, mit der Aufnahme von biographischen Daten die Lebensläufe der Funktionäre zu beleuchten, die sich an die Spitze der neuen Bewegung bereits in den ersten Monaten nach Kriegsende gestellt haben. Das Buch wird bei Schulungsveranstaltungen der Offenbacher Gewerkschaften verwendet. Es hat sich gelohnt!

Wieder aus einem Vortrag in einer Funktionärskonferenz im Stuttgarter Gewerkschaftshaus am 15. Oktober 1979 zum 30jährigen Bestehen des DGB ist mein Beitrag »Wegmarken« in der Festschrift zum 60. Geburtstag von Leonhard Mahlein »Auf eigene Kraft vertrauen«, entstanden (erschien 1981). In dem Beitrag konnte ich einige Einzelheiten über den Anfang der Gewerkschaftsarbeit in Stuttgart, noch unter der kurzen Zeit der französischen und dann unter der amerikanischen Besatzung, aufzeigen, die bis dahin so noch nicht bekannt waren.

Erwähnen möchte ich meine »Kornwestheimer Chronik« aus dem Jahr 1982. Wer an Kornwestheim denkt, denkt an Salamander, die größte deutsche Schuhfabrik, die dort seit 1891 ihren Sitz hat. All diejenigen, die meinten, bei Salamander sei alles so ohne Konflikte verlaufen, konnte ich mit dieser Arbeit eines Besseren belehren. Nicht weniger als sieben Arbeitskämpfe konnte ich aus den Jahren 1905 bis 1932 nachweisen.

Zwei meiner Veröffentlichungen beschäftigten sich mit dem Machtantritt der Nationalsozialisten 1933 und der damit beginnenden Nazidiktatur. So ist 1983 in gemeinsamer Arbeit mit zwei Freunden das Buch »Mühlheim unter den Nazis 1933 – 1945« erschienen. Das Buch zu meiner Heimatgemeinde hat manchen Ärger gebracht. Viele meinten, man solle doch endlich nach 50 Jahren alles ruhen lassen. Dem standen Meinungen aus der jüngeren Generation gegenüber. Jüngere wollten wissen, wie es in dem Ort, in dem sie leben, von 1933 bis 1945 gewesen ist. Im allgemeinen waren die Reaktionen zum Buch positiv.

Das zweite Buch, wieder entstanden aus einem Vortrag am 23. März 1983 in Leonberg, enthält neben der Wiedergabe der Vorträge eine umfangreiche Sammlung von Dokumenten und Schilderungen über die Nazizeit in den Orten des heutigen Kreises Böblingen. Erfreulich, daß dieses Buch gerne von den Schulen und ihren Geschichtslehrern im Kreis Böblingen aufgenommen worden ist.

Es sei das »ehrgeizigste und gelungenste unter seinen Produktionen« meinte Gerhard Beier in einer Besprechung zu meinem Buch »Josef Simon«. Ich hatte Josef Simon nur noch in Verbindung mit seinem Todestag am 1. April 1949 in Erinnerung, dem Tag der Gründung der Gewerkschaft LEDER in Kornwestheim, und der Enthüllung einer Gedenktafel 1959 auf dem Friedhof in Nürnberg. Dann habe ich seine Erinnerungen gelesen und mir vorgenommen, sie zu veröffentlichen. So ging ich 1981 an diese Aufgabe heran.

Nachdem ich feststellte, daß Josef Simon und seine Frau in ihrer Offenbacher Zeit in derselben Schuhfabrik gearbeitet hatten, wie später meine Frau und ich, und nachdem ich eine Urkunde in Händen hatte, aus der hervorgeht, daß meine Großmutter, die aus dem Kahlgrund kam, im vorigen Jahrhundert an einen Verwandten von Josef Simon Äcker verkaufte, um ihr kleines Haus in Mühlheim am Main zu bezahlen, wollte ich mehr wissen über den Menschen Simon und seine Zeit. Deshalb ist in dem Buch recht viel enthalten über seine Heimat, sein Herkommen, seine Familie und die Begegnung mit Genossen. Es ist beeindruckend, wie der Schäferbub aus dem Spessart ein führender Funktionär in der deutschen und internationalen Arbeiterbewegung geworden ist. Seine Erinnerungen habe ich ergänzt mit einer Auswahl aus seinen Reden und Schriften. Großartig ist die Rhetorik in seinen Reden als Landtags- und Reichstagsabgeordneter. Ja, der »Josef Simon« ist mein liebstes Buch!

Ich will noch zwei Ortsgeschichten erwähnen:

Die eine ist die Jubiläumsschrift »Pirmasens – 100 Jahre Schuhmacherbewegung – Neugründung 1945«. Nur der fast vergessenen Schrift »Die Arbeiterbewegung in der Pirmasenser Schuhindustrie« aus dem Jahr 1929 von Jean Feldmüller ist es zu verdanken, daß es mir möglich war, eine ziemlich genaue Beschreibung der 100jährigen Geschichte der Schuhmacherbewegung in Pirmasens bis zum Jahr 1985 zusammenzustellen. Besonderen Wert habe ich auf das Jahr 1933 gelegt und auf die Wiedergründung der Gewerkschaften in Pirmasens 1945. Die Geschichtslehrer in Stadt und Kreis Pirmasens seien dankbar, daß mit dieser Schrift erstmals eine Darstellung der sozialen Verhältnisse für den bedeutendsten Wirtschaftszweig in diesem Gebiet vorliege, so sagte man mir.

Das andere Buch ist die kleine Geschichte des DGB-Ortskartells Mühlheim am Main, »40. Maifeier 1946 – 1986«, verfaßt von ehrenamtlichen Kolleginnen und Kollegen. Meine hauptsächliche Mitarbeit an dieser Veröffentlichung bestand in der Beratung und in meinem Beitrag zur Geschichte der Arbeiterbewegung in Mühlheim am Main von 1871 bis 1933. Es ist schön, wenn einem so gedankt wird, daß etwa 15 der Mühlheimer Funktionäre mich in meinem kleinen Haus in Böblingen besucht haben.

Gefragt danach, was ich noch vorhabe, antworte ich, daß ich bis Ende 1987 gemeinsam mit einem Offenbacher Freund eine Art Lesebuch zu Verfolgung und Widerstand 1933 – 1945 in der Stadt und im Kreis Offenbach und eine Chronik zur Geschichte der Arbeiterbewegung in Böblingen fertigstellen will. Es sollte zu schaffen sein!

Kontaktadresse:
Adolf Mirkes
Fichtestr. 70
7030 Böblingen

DOKUMENT 21

Heimatkunde endet nicht mit der Schulzeit

Informationen über das ehemalige Konzentrationslager Natzweiler-Struthof im Elsaß und die dazugehörigen Außenlager im Neckartal

von Jürgen Ziegler

Wer entscheidet eigentlich darüber, welche Geschichte stattgefunden hat? Der Lehrer in der Schule? Die Verfasser der für den Unterricht vorgeschriebenen Geschichtsbücher? Das Elternhaus? Der Bekanntenkreis? Diese Fragen stellte ich mir, als ich anläßlich des Studiums an der gewerkschaftlichen Akademie der Arbeit in Frankfurt Vorlesungen von Prof. Reinhard Kühnl über das Deutschland von 1933 bis 1945 besuchte. Hier bekam ich Informationen über ein Deutschland, das mir bis dahin nahezu unbekannt war. Ich fragte mich weiter, warum ich in neun Jahren Schule eigentlich so wenig über die Zeit des Faschismus erfahren hatte. War die Schulzeit zu kurz dafür? Gab es etwa einen wichtigeren Lehrstoff für das Fach Heimatkunde?

Bei einem Besuch der heutigen KZ-Gedenkstätte in Natzweiler-Struthof (Elsaß) wiesen mich ehemalige französische Widerstandskämpfer darauf hin, daß es neben dem Konzentrationslager Natzweiler-Struthof (Stammlager) noch eine Reihe weiterer Außenkommandos in Baden-Württemberg gegeben hat. Hier hörte ich zum ersten Male in diesem Zusammenhang von Mannheim-Sandhofen, Neckarelz, Neckargerach, Asbach, Bad Rappenau, Neckarbischofsheim, Guttenbach, Binau und Neunkirchen. Alles Ortsnamen, die mir wohlbekannt sind, Namen aus einer Gegend, in der ich seit über 30 Jahren lebe. Ich fragte mich abermals, warum muß ich als junger deutscher Mensch erst nach Frankreich fahren, um dort beim Besuch einer KZ-Gedenkstätte eher zufällig zu erfahren, was sich vor nicht einmal einem halben Jahrhundert in meiner Heimat unter der Nazi-Herrschaft zugetragen hatte?

Es blieb bei mir nicht nur eine Unsicherheit zurück, sondern es wurde auch das Interesse geweckt, mehr über das KZ Natzweiler-Struthof und seine Außenkommandos im Neckartal herauszufinden. Mit Kolleginnen und Kollegen aus verschiedenen DGB-Gewerkschaften (DPG, ÖTV, HBV, GEW) begab ich mich auf die Suche nach seinen Spuren.

Wir waren in den vergangenen Jahren viel unterwegs, haben mit ehemaligen Häftlingen Gespräche geführt und Aussagen von Wachtposten in Gerichtsprotokollen nachgelesen. Wir haben den Versuch unternommen, uns in Archiven zurechtzufinden und aus der Fülle des zusammengetragenen Materials eine übersichtliche und zusammenhängende Darstellung zu verfassen. Es ging uns darum, mit einer solchen Dokumentation einen kleinen Teil des bisher Versäumten nachzuholen. Wir wollen mit unserer Arbeit dazu beitragen, daß über die Zeit der Nazi-Diktatur mehr diskutiert, mehr nachgefragt und nachgeforscht und weniger verdrängt wird.

Da wir alle keine Historiker sind und jeder seinem Beruf nachgehen mußte, war es für uns selbstverständlich, daß wir nur in unserer Freizeit oder im Urlaub an das Sammeln von Informationen herangehen konnten. Deshalb brauchten wir auch die relativ lange Zeit von 6 Jahren, um die Dokumentation abzuschließen. Das bedeutete natürlich nicht, daß wirklich 6 Jahre gearbeitet wurde. Es waren, je nach der Arbeitsbelastung des einzelnen, auch große Lücken dazwischen, und mehrere Monate haben wir überhaupt nicht weiterarbeiten können.

Besonders enttäuschend war die Anfangszeit Ende der siebziger Jahre, wo wir noch sehr naiv an die Sache herangingen. Wir verschickten zuerst einmal Briefe an Gemeinden und Archive mit der Bitte, uns über Unterlagen zum KZ und seinen Außenlagern zu informieren. Diese Zeit kann als Durststrecke bezeichnet werden. Eine Reihe von Antworten kam mit lapidaren Sätzen zurück wie: »Wir besitzen keine Informationen« oder: »Beim Heranrücken der Amerikaner wurden sämtliche Unterlagen vernichtet«.

Sehr enttäuschend verlief die Zusammenarbeit mit dem Archiv des Deutschen Roten Kreuzes in Arolsen (Internationaler Suchdienst). Bis zum heutigen Tage haben wir für dieses Archiv, das eine Reihe von Unterlagen über Natzweiler-Struthof und seine Außenlager besitzt, kein Zutrittsrecht erhalten. Mehrmals haben wir in schriftlicher Form versucht, die Besuchs-Erlaubnis zu bekommen. Jedesmal wurde dies abgelehnt: Einmal waren die Akten ausgelagert, beim anderen Mal wurde gerade umgebaut, beim dritten Mal hat man sich auf die neue Datenschutzgesetzgebung berufen, und auf unser letztes Anschreiben erhielten wir die Antwort, daß eine Mitarbeit an historischen Forschungen nicht zum Mandat des Internationalen Suchdienstes gehöre. Da es aber noch andere Archive gibt, wie z. B. das Bundesarchiv in Koblenz, das Stadtarchiv in Mannheim oder das Archiv der Zentralen Erfassungsstelle der Landesjustizverwaltung in Ludwigsburg, die uns sehr behilflich waren, konnten wir im Laufe der Zeit noch eine Reihe von wichtigen Dokumenten ausfindig machen. Besonders die Gerichtsprotokolle über Zeugenaussagen und Anklageschriften waren für uns von erheblicher Bedeutung.

Eine große Hilfe waren Gespräche mit ehemaligen KZ-Häftlingen. Die Deutsch-Polnische Gesellschaft der Region Rhein-Neckar e. V. und der Zentralrat der Roma und Sinti in Heidelberg waren uns bei der schwierigen Kontaktaufnahme sehr behilflich. Nach den ersten Gesprächen ging unsere Arbeit etwas besser voran, weil doch der eine oder andere Häftling immer noch einen Namen oder eine Adresse eines Mithäftlings kannte. So gelang es uns, mit weiteren ehemaligen Häftlingen Kontakt aufzunehmen.

Es darf jedoch nicht verschwiegen werden, so traurig dies klingen mag, daß für diese Forschung die Zeit davonläuft, denn Gespräche mit ehemaligen KZ-Häftlingen können nur noch ein paar Jahre geführt werden. Unsere Kinder werden diese Chance nicht mehr haben. Deshalb darf mit der Fertigstellung der Dokumentation »Mitten unter uns – Spuren eines Konzentrationslagers« unsere Arbeit nicht aufhören. Im Gegenteil. Wir erwarten durch diese erste Veröffentlichung, daß wir Unterstützung aus der Bevölkerung erfahren, damit weitere Gespräche mit ehemaligen Häftlingen und anderen Zeitzeugen geführt werden können. Auch kann so das eine oder andere Dokument noch sichergestellt werden. Die vorliegende Dokumentation stellt nur einen Grundstock dar, an dem unbedingt weitergearbeitet werden muß.

Heimatkunde endet nicht mit der Schulzeit. Laßt uns deshalb die Zeit nutzen, mit Zeitzeugen aus dem Nazi-Deutschland zu reden, damit ihre Erfahrungen, die sie mit dem Faschismus, mit einer Diktatur gemacht haben, nicht für immer verlorengehen. Wir sollten immer an die warnende Aussage von Bertolt Brecht denken: ». . . daß keiner uns zu früh da triumphiert – Der Schoß ist fruchtbar noch, aus dem das kroch!«

Die Dokumentation »Mitten unter uns – Natzweiler-Struthof – Spuren eines Konzentrationslagers« ist im Juli d. J. im VSA-Verlag Hamburg

Konzentrationslager Natzweiler-Struthof nach der Evakuierung.

Hinrichtungsplatz und Arbeitsgeräte.

erschienen, umfaßt 272 Seiten mit über 100 Bildern und Faksimileabdrucken und ist für den DGB-Sonderpreis von 12,00 DM plus Versandkosten und für 19,80 DM im Buchhandel zu erwerben.

Kontaktadresse:
Jürgen Ziegler
Postfach 10 62 06
6900 Heidelberg

DOKUMENT 22

Wie entsteht aus Meinungsverschiedenheiten über ein Datum eine Amateur-Dokumentation?

von Heinz Raabe

Aus Anlaß der 50jährigen Erinnerung an den 1. Mai 1933 befaßte ich mich als Mitglied des DGB-Kreisvorstandes mit den örtlichen Begebenheiten – ausschließlich anhand von Presseberichten. Andere verwertbare Quellen waren nicht vorhanden bzw. nicht bekannt. Daraus entstand eine Dokumentation des DGB-Kreises Freising mit dem Titel »DGB-Dokumentation. Versuch zeitgeschichtlicher Darstellung (aus Artikeln im Freisinger Tageblatt). 1. Mai 1933 in Freising. Gleichschaltung der Gewerkschaften«.

Etwas später wurde im DGB-Kreisvorstand folgende Frage diskutiert: An welchem Datum hat die Wieder-(Neu-)Gründung der Gewerkschaften nach Kriegsende in Freising stattgefunden, war es am Tage der Genehmigung der Militärregierung für die Bildung einer Gewerkschaft im November 1945 oder war es zu einem anderen Zeitpunkt?

Ich war der Meinung, daß es nicht allzu schwierig sein könnte, dies herauszufinden. Das war ein großer Irrtum: Nachdem ich die im DGB-Kreisbüro befindlichen Unterlagen gelesen und in zeitlicher Reihenfolge geordnet hatte, war ich dem Ziel noch keinen Schritt näher gekommen. Die Durchsicht örtlicher Tageszeitungen (1945-1949) war dann auch nicht gerade ergiebig. Die Archivbestände beim Landratsamt, Arbeitsamt und bei der Stadtverwaltung lieferten keinerlei Hinweise. In der Stadtbibliothek stieß ich auf ein Buch mit dem Titel »Freising zwischen 1945 und 1950« von A. Wanniger (verlegt 1950), das nach meiner Meinung und Erfahrung die damaligen Zeitumstände treffend beschrieb. Vergeblich forschte ich im DGB-Landesbezirk nach Unterlagen. Schließlich wurde ich an die Bibliothek des DGB-Kreises München verwiesen. Dort waren die Jahrgänge 1946–1949 der »Gewerkschaftszeitung«, »Die Quelle« (1948–1949) und die »Geschäftsberichte des Bayer. Gewerkschaftsbundes« für 1947–1949 vorhanden. Ferner erhielt ich den Hinweis, daß im Archiv des DGB-Bundesvorstandes in Düsseldorf 6 Ordner »Bayer. Gewerkschaftsbund« vorhanden sind.

Aus all diesen Materialien war die Entwicklung des Bayer. Gewerkschaftsbundes und des Ortsausschusses Freising größtenteils zu rekonstruieren. Erzählungen und Berichte örtlicher Zeitzeugen, Berichte des Ortsausschusses an die amerikanische Besatzungsmacht (verfilmt) und an die Arbeitsverwaltung (Bayer. Hauptstaatsarchiv in München) ergeben ein aufschlußreiches Bild dieser Zeit.

Eigentlich sollte es ja nur ein Beitrag zur Neugründung der örtlichen Gewerkschaften nach Kriegsende 1945 in Freising werden, geworden ist daraus eine Dokumentation gewerkschaftlicher Aktivitäten im Rahmen der Lebensbedingungen zwischen 1945 und 1949. Sie ist gegliedert nach örtlichen Gewerkschaften, Landesgewerkschaften, Bayer. Gewerkschaftsbund, reicht bis zur Gründung des DGB und umfaßt 150 Blätter und 280 Seiten in DIN A 4-Format.

Die Bemühungen zur Gründung eines gemeinsamen Gewerkschaftsbundes aller vier Besatzungszonen wie auch bundesländerübergreifende Zusammenschlüsse von Einzelgewerkschaften und Gewerkschaftsbünden sind nicht erwähnt.

Kontaktadresse:
Heinz Raabe
Obervellacher Str. 4
8050 Freising

DOKUMENT 23

Von der Gruppe zu zwei Einzelkämpfern oder Wie ein Student der Geschichte und ein aktiver Gewerkschafter »Geschichte(n) von unten« schreiben

von Peter Nied

Zu Beginn der achtziger Jahre trafen wir Solinger in Frankfurt aufeinander. Die Bücher des Kollegen Wallraff über die Praktiken der Bild-Zeitung machten Schlagzeilen, das erste große überregionale Treffen der Gegen-Bild-Stellen fand im Club Voltaire statt. Beim Eintrag in die Anwesenheitsliste stellten meine Frau Angelika und ich fest, daß wir nicht die einzigen Solinger in Frankfurt waren. Eine ganze Gruppe Solinger Gymnasiasten war auch dort. So lernten wir uns kennen, Jürgen, Antje, Mathias, Andreas, Christina und Martina. Unsere kleine Tochter Natascha lag noch im Kinderwagen und brüllte eine Etage tiefer den Frankfurter Literaturfreunden die Ohren voll. Wieder in Solingen, schlossen wir uns zu einer Gegen-Bild-Stelle, die über drei Jahre aktiv arbeitete, zusammen.

Bei unseren wöchentlichen Treffen stellten wir wesentliche Übereinstimmungen fest: Die Geschichte der Arbeiterbewegung ist zwar in fest umschriebene Zeitabschnitte und Komplexe unterteilt, befindet sich aber in einem fortlaufenden Prozeß, den man nie trennen kann und darf.

So lagen zunächst unsere Schwerpunkte auf den Themenblöcken Arbeitergeschichte und Presse, Gesellschaft und Medien. Wir fanden Parallelen zwischen der Hugenberg-Presse und der Springer-Presse, erarbeiteten ein Konzept gegen die tägliche Manipulation der Bürger durch einseitige Berichterstattung der Presse. Wir gaben eine Zeitung heraus, die vor Solinger Schulen und Betrieben verteilt wurde. Mit Jürgen Frank brachte ich eine Broschüre über die Praktiken der Bild-Zeitung heraus, und ich arbeitete redaktionell an einem bundesweit erscheinenden Zeitungsprojekt »Killt – die Zeitung gegen Springers Bild« mit. Durch Strafanzeigen, Gegendarstellungen und Presseratsbeschwerden wurden wir zum aktiven Störfaktor und waren der Rechtsabteilung des Springer-Konzerns stets ein Dorn im Auge.

Im Herbst 1983 hatte ich mit dem Essener Kollegen Frank Berger und unserem Hamburger Freund Sven M. Veit meine erste Buchveröffentlichung. Das Buch »Wenn Bild lügt – kämpft dagegen« brachte neue Fälle und Beispiele der Gegenwehr. Günter Wallraff schrieb dazu das Vorwort.

Die Gruppe an die gewerkschaftliche Arbeit und Bewegung heranzubringen, war relativ einfach. Fast alle Mitglieder kamen aus Arbeiterhaushalten, die Elternteile waren in fast allen Fällen gewerkschaftlich organisiert. Durch das DGB-Jugendmagazin »ran« kamen wir ins Fernsehen. Der Journalist Uwe Herzog brachte eine Reportage in Radio Bremen über unsere Arbeit.

Durch Bundeswehr, Heirat und Studium begann der Zerfall der Gruppe. Was blieb, waren noch enge Freundschaften. Mit den Themen neue Technologien, Ausländerfeindlichkeit und Neofaschismus konzentrierten wir uns nun mit zwei Mann intensiver auf die Geschichte und Gegenwart der Arbeiter- und Gewerkschaftsbewegung. Von der Gruppe blieben nur noch Jürgen Frank und ich übrig. Im Frühjahr 1984 schrieb ich noch als Mitautor in dem Buch »Aus Fremden Freunde machen« über Ausländerfeindlichkeit in Solingen. Danach begann die gemeinsame Arbeit an einem echten Stück »Geschichte von unten«. Jürgen und ich schrieben das Buch »Auf Messers Schneide – Solinger Schneidwarenindustrie im technischen Wandel«.

Während die meisten Archive der Firmen für uns geschlossen blieben, half man uns in den Stadtarchiven und im Landesarchiv bestens weiter. Durch persönliche Gespräche mit alten Solinger Gewerkschaftern, Schleifern und Pliestern lernten wir viel dazu. Weiterer glücklicher Umstand und eigentlicher Geburtsort der Projektidee war mein Arbeitsplatz. Ich bin im größten Schneidwarenunternehmen dieser Branche als Güteprüfer beschäftigt.

Was uns jedoch nach Fertigstellung dieser Dokumentation erwartete, dürfte für den vorliegenden DGB-Info-Brief von großem Interesse sein, ist es doch ein exemplarisches Beispiel der »Geschichte von unten«: Zunächst fanden wir keinen Verleger für das Buch. Gut fanden das Buch zwar alle, nur durch das regionale Thema war es nicht verlagsreif. Bei der Wirtschaftlichkeit der Verlage hört das Verständnis für »Geschichte von unten« oben auf. Dann erfuhren wir, wie wichtig Klein- und Alternativ-Verlage sind. Der Essener Klartext-Verlag war bereit, das Buch in Satz und Druck herzustellen. Die Finanzierung sollte über Werbeanzeigen und/oder Förderbeiträge laufen. Hiermit begann ein trauriges Kapitel des Buches. Die Volksfürsorge ließ nichts von sich hören, der BfG war es zu links, der DGB hatte kein Geld, die IGM stand unter Sparmaßnahmen und die GEW hüllte sich in Schweigen. Durch politische Verbände und Parteien gelang es dann doch noch.

Als das Buch dann mit einer Auflage von 1 000 Exemplaren erschien, lief es fast überhaupt nicht. Die Buchhandlungen stießen sich an den Werbeanzeigen, die Parteien und Gewerkschaften nahmen nicht einmal kleinere Posten von 10 oder 20 Exemplaren ab. Meine Teilfinanzierung und die Werbemaßnahmen brachten mich mit 2 800 DM ins Soll.

Um das Geschichtsbewußtsein unserer Mitbürger zu verdeutlichen, einige Anmerkungen: »Auf Messers Schneide« kostet 10 DM. Zur gleichen Zeit erschien ein Buch »Luftaufnahmen von Solingen« (such mal deinen Vorgarten) zum Preis von 38 DM auf dem Markt. Dieses Buch war in kurzer Zeit vergriffen. Wir erhielten gute Buchbesprechungen in Fachzeitungen.

Hier zwei Resultate: Die Zeitschrift des Touristenvereins Naturfreunde erreicht über 70 000 Leser – keine einzige Bestellung. Die Funktionär-Zeitschrift des DGB erreicht über 300 000 Leser – eine einzige Bestellung. Die IGM Solingen legte einem Betriebsräte-Bundesschreiben einen Hinweis auf das Buch bei. Dieses Bundesschreiben erreicht alle IGM-Betriebsräte, Vertrauenskörperleiter und Jugendvertreter – keine Bestellung.

Die Buchhandlungen orteten nicht ein Exemplar. Durch diese negative Erfahrung kommen wir bei dem DGB-Projekt Geschichte von unten zu folgender Einschätzung: Dieses Projekt durch den DGB ist nicht nur äußerst notwendig, sondern war lange überfällig. Daß sich die Kollegen vom DGB nun den schreibenden Mitgliedern der Einzelgewerkschaften zuwenden, ist mehr als begrüßenswert. Es ist wie im alltäglichen Leben in der Fabrik: Stark ist man nur gemeinsam, nur mit einer starken Gewerkschaft. Geschriebene Geschichte und Gegenwart muß aber zuerst wieder den Werktätigen verständlich gemacht werden. Im Zeitalter der Verkabelung, Video, Bildschirmtext und anderen Formen der neuen Medien, wird dieses DGB-Projekt zur traditionellen Aufgabe der Gewerkschaften. Hier müssen Autoren und DGB gemeinsam den Interessen der Medien-Monopole trotzen. Geschichte und Gegenwart der arbeitenden Klasse darf weder verfälscht noch unterdrückt werden.

Einen ganz wichtigen Aspekt darf man bei diesem DGB-Projekt allerdings nicht außen vor lassen. Das Projekt muß in wesentlichen Bestandteilen noch weiter ausgearbeitet werden. Es ist schon eine große Hilfe, wenn sich Gruppen oder Autoren über die Grenzen hinweg miteinander in Verbindung setzen können, wenn die Gewerkschaften zu ihrem Wort stehen und den in Gang gesetzten Prozeß fortführen.

Hier gibt es dann eine Vielfalt an Möglichkeiten. Dazu haben wir hier in Solingen ein Konzept erarbeitet, das wir dem DGB noch bis zum Sommer des Jahres vorlegen werden. Demnach ist es bei guter Organisation für Einzelautoren und/oder Autorengemeinschaften möglich, »Geschichte von unten« zu publizieren. Für den DGB ist der anstehende finanzielle Aufwand nach unserer Kostenrechnung durchaus tragbar.

Auf diese Art und Weise muß regionale Geschichte durchaus nicht regional bleiben. Nehmen wir hierzu abschließend ein fiktives Beispiel: Einige Autoren, die sich durch das DGB-Projekt kennengelernt haben, einigen sich auf ein Thema zur Erarbeitung eines Buches »Fabriken sterben in unserer Stadt«. Das wären dann Kolleginnen und Kollegen aus München, Flensburg, Köln und Hamburg, die anhand konkreter Beispiele dokumentieren, wie Firmen in ihrer Stadt oder Region die Tore schließen. Was sich bei einem solchen Prozeß alles im Vorfeld und am Rande abspielt, ist aus der Sicht der Autoren durchaus »Geschichte von unten«, mag das nun 30, 20 oder 5 Jahre zurückliegen. Rüstungsbetriebe im »Dritten Reich«, Widerstand, Fremdarbeiter – es gibt Dutzende von Themen, die aufgearbeitet werden könnten.

Durch das DGB-Projekt bietet sich den Autoren nun eine völlig neue Perspektive: Man arbeitet überregional zusammen, es wird überregional veröffentlicht. Das müssen keine Bestseller sein, keine Kassenfüller und auch ein Spitzen-Verlag ist nicht erforderlich. Als Broschüre oder in Taschenbuchformat kann der DGB durchaus Herausgeber und Verlag sein.

Ich hoffe zunächst einmal, einen Anstoß zu einer breiten Diskussion gegeben zu haben.

Kontaktadresse:
Peter Nied
Friedrichstr. 7
5650 Solingen 1

DOKUMENT 24

Arbeiterfotografie

Gruppe Ludwigshafen

Die Arbeiterfotografie e. V. ist eine von Parteien unabhängige Vereinigung, deren Mitglieder die Interessen der demokratischen Bewegung unseres Landes durch ihr fotografisches Wirken unterstützen wollen und die selbst in dieser Bewegung mitarbeiten.

Arbeiterfotografie als realistische Fotografie soll die menschlichen und materiellen Probleme als gesellschaftlich bedingt bewußtmachen, soll die Dokumentation und fotografische Gestaltung der Lebens- und Arbeitsbedingungen der arbeitenden Menschen, ihren politischen Kampf, aber auch ihre Persönlichkeit, ihre Ideen, ihr Leid und ihre Freuden in den Mittelpunkt stellen. Sie knüpft an die Erfahrungen der Arbeiterfotografenbewegung aus den zwanziger und dreißiger Jahren an.

Die Gruppe Ludwigshafen ist eine der über 20 örtlich wirkenden Gruppen. Wir haben uns in der Vergangenheit bereits mit einigen kleineren Ausstellungen und Aktionen der Öffentlichkeit vorgestellt. In der Zusammenarbeit mit den Gewerkschaften haben wir bereits einige Erfahrungen gemacht. Hier wollen wir die Arbeit noch vertiefen bzw. ausbauen. Wir arbeiten in der örtlichen Friedensinitiative mit und haben zu diesem Thema schon mehrere Fotoserien und Ausstellungen gezeigt.

Unsere Gruppe entstand 1981 aus einigen Amateurfotografen und besteht derzeit aus 12 Arbeiterfotografen(-innen). Wir sind zwischen 25 und 39 Jahre alt; 9 Mitglieder sind Arbeiter oder Angestellte, einer gehört zu den Selbständigen, eine Arbeiterfotografin ist Hausfrau und eine ist Studentin; drei Mitglieder sind Betriebsräte. Wir treffen uns mindestens einmal wöchentlich in unserem Labor, wo wir unsere Projekte gemeinsam besprechen und fertigstellen.

Das Thema der Ausstellung »Industrie und Faschismus« ergab sich aus den konkreten Aktionen der letzten beiden Jahre gegen den immer wei-

*Der Hauptsitz
der IG-Farben in Frankfurt*

*Gruppe Arbeiterfotografie.
Aus: Rundbrief Nr. 5, S. 2 und 3.*

ter sich ausbreitenden und immer unverschämter auftretenden Neofaschismus.

Wir betrachten Ludwigshafen als einen geeigneten Ort, um die Wurzeln und die Folgen des Faschismus darzustellen. Der Faschismus wäre nicht möglich gewesen ohne die Unterstützung durch die Großindustrie, einschließlich der IG-Farben. Die Unternehmer haben durch Ausbeutung, Konzentrationslager und Krieg profitiert. Der Faschismus endetete 1945 nicht bevor die halbe Welt in Trümmern lag, auch die Stadt Ludwigshafen.

In diesem Sinne ist die Fotografie für uns ein Mittel zur Auseinandersetzung mit der Geschichte und zur Aneignung der Wirklichkeit.

Die Foto-Ausstellung »Industrie und Faschismus« umfaßt ca. 200 Bilder und Dokumente über das Zusammenwirken von Industrieunternehmen und Nationalsozialismus zwischen 1932 und 1945. Ein wesentlicher Teil des Materials zeigt auf, wie die IG-Farben an den Kriegsvorbereitungen beteiligt waren und wie sie zu Nutznießern der Arisierung und Zwangsarbeiterpolitik sowie der Vernichtung von KZ-Häftlingen wurden.

Das Beispiel IG-Farben steht hier gleichbedeutend für viele andere Industrieunternehmen.

Es wurde uns vielerorts schwergemacht, an Originaldokumente heranzukommen. Teilweise sind diese für uns nicht erreichbar in den USA, in England, Polen, der DDR und der UdSSR; teilweise sind sie immer noch gesperrt.

Unser Ziel ist nicht die Anklage von Personen, auch wenn wir ihre Namen nennen. Unser Ziel ist, an die schrecklichen Zusammenhänge zwischen Industrie und Faschismus zu erinnern. Wir wollen zur produktiven Erkenntnis beitragen und nicht zur Verdrängung. Wir wollen aber auch an die zumindest moralische Verpflichtung erinnern, die Opfer der unheiligen Allianz zwischen Industrie und Faschismus endlich angemessen zu entschädigen.

Die Ausstellung umfaßt:
49 Alu-Rahmen 30 x 40 cm
27 Alu-Rahmen 40 x 50 cm
22 Alu-Rahmen 50 x 70 cm
Für die Ausstellung werden mindestens 40 laufende Meter Stellwände

benötigt. Der Auf- und Abbau der Ausstellung wird auf Wunsch von uns vorgenommen. Die Ausstellung sollte nach Möglichkeit bei uns abgeholt werden. Ist dies nicht möglich, wird der Transport von uns gegen Erstattung der Kosten organisiert. Falls eine Eröffnungsveranstaltung vorgesehen ist, kann ein Mitglied unserer Gruppe die Arbeiterfotografie e. V. vorstellen und eine kurze Einführung in das Thema geben.

Als Begleitmaterial stellen wir eine Broschüre zur Verfügung, die für 4 Mark verkauft werden sollte.

Als gute Gelegenheit, die Ausstellung zu zeigen, bietet sich im November d. J. eine Fernsehserie zum Thema »IG-Farben« an.

Kontaktadresse für Arbeiterfotografie e. V. – Gruppe Ludwigshafen:
Karl-Heinz Heer
Marienstr. 10
6700 Ludwigshafen

Kontaktadresse für die Ausstellung:
Willi Faßbender
Dörrhorststr. 21
6700 Ludwigshafen
Tel.: 0621/51 85 38

DOKUMENT 25

Gesenkschmiede Hendrichs

Außenstelle des Rheinischen Industriemuseums –
als Museum der Arbeit

von Jochen Putsch

Der Landschaftsverband Rheinland plant für die kommenden Jahre die sukzessive Errichtung eines dezentralen Industriemuseums mit insgesamt acht Außenstellen. Als erste Außenstelle wurde im November vergangenen Jahres die Gesenkschmiede Hendrichs in Solingen eröffnet. Die Standorte des Museums – u. a. in Ratingen, Engelskirchen, Euskirchen und Oberhausen gelegen – repräsentieren nicht nur verschiedene Phasen der industriellen Entwicklung, sondern zugleich unterschiedliche Industriezweige – von der frühindustriellen Textilfabrik Comford in Ratingen – bis hin zur Gesenkschmiede Hendrichs in Solingen, einer klassischen Fabrik der hochindustriellen Expansionsphase.

Die Voraussetzungen für die Darstellung einer Geschichte der Arbeit sind in den einzelnen Museen recht unterschiedlich und im Falle Solingens besonders günstig. Entsprechend der Konzeption des Gesamtprojektes, das zugleich als ein Akt der Industriedenkmalpflege gedacht ist, wird das Museum am authentischen Standort, in der 1886 gegründeten Gesenkschmiede Hendrichs in Solingen-Merscheid eingerichtet.

Das gesamte Firmenensemble einschließlich der ehemaligen Dampfschleiferei (Vermietung von Arbeitsplätzen an selbständige Schleifer) und der Villa der Firmengründer sowie der gesamte Maschinenpark und Bestand an Werkzeugen, Rohwaren, Fertigwaren etc. konnten vom Rheinischen Industriemuseum übernommen werden.

Neben der Authentizität des Gesamtensembles prägt eine weitere Ausgangsbedingung den Charakter des Solinger Standortes ganz entscheidend und qualifiziert es ohne Zweifel als Museum neuen Typs: Dem Rheinischen Industriemuseum ist es gelungen, die ehemaligen Mitarbeiter der Gesenkschmiede, die noch bis zum 15. September 1986 in den

Aus: Rundbrief Nr. 8,
S. 15 und 16.

Diensten der Firma Hendrichs standen und Rohwaren für die Solinger Industrie produzierten, als Mitarbeiter des Museums zu gewinnen. Die acht, zum Teil seit ihrer Lehrzeit vor mehr als 30 Jahren, bei der Firma beschäftigten Fabrikarbeiter stehen weiterhin an ihren angestammten Arbeitsplätzen und demonstrieren den Herstellungsprozeß von Halbfertigwaren für die Kleineisenindustrie – von der Herstellung der Gesenke in der Werkzeugmacherei bis zum Entgraten der an den Fallhämmern geschmiedeten Scherenrohlinge durch den Exzenterpressen-Arbeiter.

Natürlich weist diese Demonstrationsproduktion erhebliche Unterschiede zum industriellen Ernst auf, wie er noch im vergangenen Jahr bestand. Davon zeugen nicht nur die Absperrungen, die sich im Interesse der Sicherheit der Besucher an vielen Stellen nicht vermeiden ließen, sondern auch die Sicherheitsvorrichtungen, die etwa an die Fallhämmer montiert wurden (bezeichnenderweise wurden erst nach der Umwandlung des Betriebes in ein Museum die Sicherheitsvorrichtungen angebracht, die bereits seit Jahren von den Berufsgenossenschaften vorgeschrieben waren). Da der Betrieb einst für mehr als 60 Mitarbeiter ausgelegt war, und somit noch zahlreiche Fallhämmer vorhanden sind, an denen diese Sicherheitsvorrichtungen nicht installiert sind, ergeben sich museumspädagogisch wünschenswerte Vergleichsmöglichkeiten.

Beim weiteren Ausbau des bislang nur in den Produktionsräumen und der mit einer einführenden Ausstellung versehenen Eingangshalle zugänglichen Museums wird konsequent darauf zu achten sein, daß die mit der Authentizität des Gebäudes und den Mitarbeitern gegebene Vermittlung nicht durch didaktische Inszenierungen am falschen Platz wieder aufgehoben wird. Die nach Jahrzehnten des Koksofenbetriebes rußgeschwärzten Wände oder der ohrenbetäubende Lärm der Fallhämmer bedürfen keiner analytischen Kommentierung.

Selbstverständlich ist die Demonstrationsproduktion des Museums, bei der die Maschinenarbeitszeit reduziert, der Akkord abgeschafft und die Arbeitssicherheit verbessert wurden, nicht mehr mit der einstigen Produktionsrealität zu vergleichen. Hinzu kommt, daß auch das Bewußtsein und das Selbstverständnis der Arbeiter spätestens seit der Eröffnung des Museums einen Wandel erfahren haben, der bereits in den mit Stolz auf die Brusttasche der blauen Arbeitsanzüge gehefteten Plaketten des Landschaftsverbandes zum Ausdruck kommt.

Der Besuch eines Industriemuseums sollte sich jedoch auch von einer Betriebsbesichtigung unterscheiden. Die Besucher haben weitgehend uneingeschränkt Gelegenheit, die Spuren der Geschichte der Arbeit, die auf dem Boden, an den Wänden und nicht zuletzt an dem Interieur der einzelnen Arbeitsplätze sowie den Arbeitsgeräten bzw. -maschinen sichtbar sind, selbst zu entdecken und im Gespräch mit den Mitarbeitern »zum Sprechen zu bringen«. Die Museumsarbeiter honorieren das mit dem Museumsbetrieb gegebene öffentliche Interesse an ihrer Arbeit mit einem ausgeprägten Engagement bei der Vermittlung ihrer Wahrnehmungen, Erlebnisse und Erfahrungen. Auf diese Weise erschließen sich dem Besucher zahlreiche Aspekte des Arbeitsalltags vom Produktionswissen über die Arbeitsbedingungen bis hin zu den spezifischen Eigenheiten des Betriebes einschließlich des Verhältnisses zur ehemaligen Unternehmensleitung.

Infolge der kommunikativen und entdeckenden Aneignung der musealen Präsentation, wie sie in den Produktionsräumen möglich wird, nimmt jeder Besuch des Museums Gesenkschmiede Hendrichs einen höchst individuellen Verlauf, der sich nicht nur aus den spezifischen Interessen und Wahrnehmungen des Besuchers, sondern auch aus den spezifischen Erfahrungen des jeweiligen Gesprächspartners ergibt.

Der bevorstehende Ausbau des Solinger Museums, bei dem die zur Zeit nicht zugänglichen Teile des Ensembles einbezogen und mit didaktisch konzipierten Ausstellungen zur (Solinger) Industriegeschichte versehen werden, erfolgt unter der Maxime, die gegebene Präsentation zu ergänzen, nicht aber zu ersetzen.

Kontaktadresse:
Jochen Putsch
c/o Rheinisches Industriemuseum
Gesenkschmiede Hendrichs
Merscheider Str. 297
5650 Solingen
Tel.: 0212 - 33 10 05

Öffnungszeiten:
Di – Sa 10 – 17 Uhr
So 10 – 16 Uhr
Hammerbetrieb:
Di – Sa 10 – 12 und 14.30 – 16 Uhr

DOKUMENT 26

Solinger Geschichtswerkstatt

Die Solinger Geschichtswerkstatt im Auf und Ab ihrer eigenen Geschichte

von Jochen Putsch

Die Erfahrungen der unter dem Begriff der »Neuen Geschichtsbewegung« zusammengefaßten Geschichtsinitiativen sind vermutlich so unterschiedlich und zahlreich wie diese Initiativen selbst.

Der folgende Erfahrungsbericht erhebt deshalb keinen Anspruch auf Exemplarität, sondern skizziert die spezifische Entwicklung der Solinger Geschichtswerkstatt entlang ihrer bisherigen Projekte.

Die Solinger Geschichtswerkstatt ist aus einer kleinen Gruppe (5 Personen) von lokalhistorisch Interessierten hervorgegangen, die sich Ende 1981 zusammengefunden hatte. Ein wichtiger Hintergrund war das neu erwachte Interesse an der Geschichte einer Stadt mit einer einst starken Arbeiterbewegung und einer langen industriellen Tradition. Das erste Projekt unserer Gruppe war die Geschichte der Fremdarbeiter/innen im Zweiten Weltkrieg. Die Anwesenheit von mehr als 10 000 ausländischen Arbeitskräften während der Jahre 1942 bis 1945 war lediglich in wenigen Grabsteinen auf den kommunalen Friedhöfen dokumentiert. Im öffentlichen Bewußtsein wurden die Fremdarbeiter zwar im Zusammenhang von Plünderungen in der unmittelbaren Nachkriegszeit oder des verwahrlosten Zustandes eines 1945 eingerichteten Polenlagers, nicht aber im Zusammenhang der Greueltaten des Nationalsozialismus gesehen.

Es galt deshalb, dieses vergessene bzw. verzerrte Kapitel der lokalen Geschichte in einer umfassenden Darstellung aufzugreifen. Die Arbeitsergebnisse wurden sowohl in einer Wanderausstellung als auch in einer ausführlichen Dokumentation veröffentlicht.

Der Entstehungsprozeß der Publikation war im wesentlichen durch folgende Faktoren geprägt:

1. Alle Mitarbeiter/innen studierten Geschichte und/oder Sozialwissenschaft bzw. hatten ihr Studium bereits abgeschlossen. Neben den regelmäßigen wöchentlichen Treffen blieb in den Semester- oder Schulferien ausreichend Zeit für teilweise tagelange Zusammenarbeit.
2. Das Stadtarchiv Solingen ermöglichte der Geschichtswerkstatt optimale Arbeits- und Tagungsmöglichkeiten – auch über die normalen Besuchszeiten hinaus.
3. Der Ortsverband der Gewerkschaft Erziehung und Wissenschaft unterstützte mit einer Vorfinanzierung den Druck der Dokumentation.

Die auf 16 Tafeln im »Kofferraumformat« aufgebrachte »Flachwaren«-Ausstellung war, abgesehen von den Zwängen der beschränkten finanziellen Möglichkeiten, bewußt so angelegt, daß sie problemlos transportiert und präsentiert werden konnte. Tatsächlich wurde die Ausstellung an vielen Orten – vom Theaterfoyer bis zum Klassenzimmer – und zu den verschiedensten Anlässen gezeigt.

Auch die von der Aufmachung her bewußt einfach und preiswert gehaltene, materialreiche Dokumentation stieß auf breites Interesse nicht nur in Solingen (insbesondere Solinger Schulen), sondern auch weit über die Stadtgrenzen hinaus. Anläßlich des 8. Mai 1985 erschien die Dokumentation mit Unterstützung der Stadt Solingen in der zweiten Auflage.

Obwohl drei Mitarbeiter nach diesem ersten Projekt aufgrund von examensbedingtem Zeitmangel ausstiegen, versuchten die Übriggebliebenen das »Erfolgsmodell« des »Fremdarbeiter-Projektes« fortzusetzen.

Neue Mitarbeiter/innen wurden über die Organisation der Arbeitstreffen als Kurse der Volkshochschule bzw. des Deutschen Paritätischen Wohlfahrts-Verbandes gewonnen. Auf diese Weise entstand in Zusammenarbeit mit ausländischen Mitbürgern eine als Erweiterung des ersten Projektes angelegte Ausstellung zum Thema »Ausländer in Solingen – 1960 bis heute«, zu der ebenfalls eine Broschüre herausgegeben wurde. Zur Zeit des Höhepunktes der Friedensbewegung, 1983, entstand ferner eine Ausstellung mit dem Titel »Krieg und Frieden in Solingen – 1914 bis heute«, die gemeinsam mit Aktivisten der lokalen Friedensbewegung erstellt wurde.

Auch wenn sich der feste Kern der Gruppe auf inzwischen vereinsfähige 7 bis 10 Mitglieder erweitert hat, war die Sturm- und Drangperiode der Solinger Geschichtswerkstatt nun beendet.

Bei dem anschließend begonnenen Projekt »Solinger Alltag im Zweiten Weltkrieg« zeigte sich schon nach einiger Zeit, daß die sehr langfristig und arbeitsaufwendig angelegte, stark produktorientierte und methodisch traditionelle Arbeitsweise sich weder beliebig oft wiederholen noch auf jegliche Mitglieder übertragen ließ. Das »Ausländer«- und das »Krieg und Frieden«-Projekt hatten eine Öffnung der Geschichtswerkstatt für nichtakademische Mitarbeiter gebracht. Angesichts der an den Ergebnissen deutlich erkennbaren Beibehaltung der traditionellen Arbeitsweise implizierte dies jedoch für diejenigen, die mit der Arbeit im Stadtarchiv vertraut waren, zusätzliche Aufgaben. Neben der inhaltlichen Arbeit erlangte die Vermittlung von methodischen Qualifikationen bei der Aneignung von Geschichte und der Erstellung von Broschüren und Ausstellungen ein zunehmendes Gewicht. Dieser Aspekt der Werkstattarbeit trat beim nächsten Projekt wieder zurück.

Das Thema »Alltag im Zweiten Weltkrieg« wurde in einer um einige neue Mitglieder ergänzten Gruppe beschlossen, die ähnlich homogen strukturiert war wie die Gruppe des »Fremdarbeiter«-Projektes.

Da den Beteiligten aus beruflichen oder vergleichbaren Gründen nur ein zeitlich stark eingegrenztes Engagement möglich war, gelang es zunächst nicht mehr, den mit der Themenwahl intendierten (es wurde bewußt ein Thema gewählt, bei dem sich auch diejenigen, die weniger oder gar nicht mit der Solinger Geschichte vertraut waren, gleichermaßen einbringen konnten) kollektiven Arbeitsprozeß in Gang zu setzen. Unter dem Druck der entfernten Zielsetzung, verschiedene Aspekte des Alltagslebens im Krieg in der Kombination von schriftlichen Quellen und Oral History zu erschließen, setzte sich bei den wöchentlichen Treffen im Stadtarchiv eine asketische Arbeitsatmosphäre durch, die weder genügend Raum für inhaltliche Diskussion noch für kommunikative Bedürfnisse ließ. Nachdem einige Mitglieder daraufhin ihre Mitarbeit aufkündigten, standen die Übriggebliebenen vor dem Problem, ein halb fertiggestelltes Projekt, dessen Finanzierung bereits gesichert war, zu Ende zu führen.

Die unvermeidlich stärkere Arbeitsteilung und damit Individualisierung führte zu einer paradoxen Situation:

Angetreten in der Absicht, bei der Erarbeitung der Geschichte der Unterdrückten und Abhängigen selbst neue Formen der Zusammenarbeit zu erproben, beherrschten nun Vereinzelung, Leistungsdruck und entsprechende Unlust das Bild. (...)

Inzwischen steht die Broschüre »Solinger Alltag im Zweiten Weltkrieg« kurz vor der Fertigstellung und die Aussicht auf die Befreiung aus der selbstverschuldeten Zwangslage beginnt wieder die Phantasie für die Gestaltung der künftigen Arbeit freizusetzen. Dabei steht fest, daß wir uns – ausgehend von einer realistischen Einschätzung unserer Arbeitsmöglichkeiten – von der bisherigen Vorgehensweise verabschieden und zu einer methodisch flexibleren, weniger umfassend angelegten und »spontaneren« Arbeitsweise finden müssen.

Verstärkt hinzugekommen ist auch das Bedürfnis, sich in die aktuelle historisch-kommunalpolitische Diskussion einzumischen. Dies würde bedeuten, daß wir Fragen des Denkmalschutzes aufgreifen, Diskussionsveranstaltungen organisieren und regelrechte Stadtteilprojekte durchführen.

In diesem Zusammenhang ist auch unsere Mitarbeit in der Stiftung Industriemuseum zu sehen, die den Aufbau des neuen Solinger Industriemuseums (vgl. den diesbezüglichen Artikel) begleiten möchte und in der auch der Bergische Geschichtsverein und der Verein für Technik und Industrie vertreten sind.

Neue Impulse hat unsere Arbeit durch die Einrichtung einer ABM-Stelle zur Geschichte der Solinger Metallindustrie (ohne Schneidwarenindustrie) bekommen. Die Arbeitsergebnisse werden ebenso wie andere lokalhistorische Projekte in gemeinsamer Runde diskutiert.

Die konkrete zukünftige Entwicklungsrichtung der Geschichtswerkstatt wird jedoch erst nach Abschluß des »Kriegsalltags«-Projektes in einem intensiven Diskussionsprozeß unter Auswertung der bisherigen Erfahrungen bestimmt werden können.

P.S.: Die Broschüren »Fremdarbeiter in Solingen 1939 bis 1945« und »Ausländer in Solingen« (jeweils ca. 100 Seiten) können zum Preis von je 5 DM bestellt werden bei:

Jochen Putsch
Schieferweg 23
5650 Solingen 1

Auch die Ausstellungen sind nach Absprache ausleihbar.

DOKUMENT 27

Frauenprojekt

von Jutta de Jong

»Wenn ich die Maloche unter Tage sehe, muß ich sagen: Ich bin ganz gerne Hausfrau!« – Zu Entstehung und bisherigem Verlauf des Projektes »Lebenserfahrungen von Frauen in Bergarbeiterfamilien am Beispiel der Stadt Herten«.

Die Initiative zu diesem Frauenprojekt einer »Geschichte von unten« kam von oben und – für ein Frauenprojekt heutzutage ungewöhnlich – von Männern!

Sie ging aus vom DGB-Projekt »Geschichte von unten« hervor und wurde im Rahmen eines ABM-Projektes am Forschungsinstitut für Arbeiterbildung in Recklinghausen (FIAB) umgesetzt. Die Nebenkosten übernahm die Hans-Böckler-Stiftung.

Am Anfang stand die Frage nach dem Schicksal der Frauen von Gewerkschaftsfunktionären, die sich zu der Frage nach Frauen in Bergarbeiterfamilien ausweitete. Hinzu kam das Interesse der »Männergewerkschaft« IG Bergbau und Energie (IGBE), den Reproduktionsbereich verstärkt in ihre gewerkschaftliche Arbeit einzubeziehen, nicht zuletzt um die noch unbekannten Arbeits- und Lebenserfahrungen der Frauen partizipatorisch einzubinden. Nach Absprache mit der Bezirksleitung Ruhr-Nord wurde das Umfeld der fördernden Zeche »Schlägel & Eisen« in Herten für das Projekt »Lebenserfahrungen von Frauen in Bergarbeiterfamilien« ausgewählt. Traditionelle Familien- und Wohnstrukturen in erhaltenen Kolonien nahe der Zeche sprachen für dieses Untersuchungsfeld.

Im September 1986 begannen wir mit der Arbeit. Unsere Gesprächspartner waren anfangs ausschließlich Männer: Der sehr kooperative Bezirksleiter organisierte die Unterstützung des Betriebsrates der Zeche, der in persönlicher Ansprache mit unseren Einladungszetteln Bergarbeiterfrauen verschiedener Generationen aus den Kolonien um die Zeche »rekrutieren« und für einen Gesprächskreis mobilisieren sollte.

Das erste vertrauensbildende Kennenlernen mit 9 vom Betriebsrat ausgewählten Frauen (zumeist Frauen von Betriebsräten) fand bei Kaffee und Kuchen in Anwesenheit des Bezirksleiters, des Betriebsratsvorsitzenden, des Bildungsobmannes der Zeche und des Projektleiters vom FIAB statt.

Die Ziele wurden bei dieser Gelegenheit vorgestellt: Einerseits sollen die Frauen sich selbst – als die Expertinnen ihres eigenen Lebens – in regelmäßigen Gesprächsrunden mit Hilfe unserer Moderation beforschen. Zugleich füllen sie in dieser Form eine Art Modellversuch gewerkschaftlicher Bildungsarbeit mit Ehefrauen aus, die eine sinnvolle Berücksichtigung des Reproduktionsbereichs in gewerkschaftliche Arbeit erleichtern helfen wollte. Andererseits sollen ihre Erinnerungen zur Typisierung des Frauenalltags in Bergarbeiterfamilien beitragen, die Wechselwirkung von der Arbeitswelt ihrer Männer in ihren Alltag ausloten und die Ausgrenzung eigener Lebenswelten leisten helfen.

Die institutionellen und organisatorischen Voraussetzungen schienen optimal, erwiesen sich aber für den Frauenzusammenhang (zunächst) als kontraproduktiv:

- Die Frauen dachten gar nicht daran, die IGBE-Disziplin ihrer Männer auch für ihre Gesprächskreisarbeit zu demonstrieren. Sie lieferten damit gleich zu Beginn einen ersten Befund: Die IGBE gehört für sie zur Welt ihrer Männer, sie selbst leben in einer anderen. Was sich nicht zuletzt darin zeigt, daß sie auch untereinander und damit auch für die Gesprächskreisarbeit anstelle des kollegialen »Du« das »Sie« bevorzugen.

- Sie waren nicht aus eigener Initiative, sondern bestellt zu einer Veranstaltung erschienen, deren Ziel sie zwar nicht uninteressant fanden, der sie aber auf ihrer Prioritätenliste nicht sogleich die Spitzenposition einräumten.

- Im Hinterkopf waren immer die Ängste und Interessen der Männer (Betriebsräte) mitgedacht und zum Teil als mit den Interessen der Frauen identisch erklärt worden.

Unbeschadet der erheblichen Anfangsschwierigkeiten hatte sich der Kreis nach einem Dreivierteljahr durch Flüsterpropaganda auf 7 Frauen konsolidiert, davon drei aus der ersten Einladungsrunde. Wir treffen uns alle 14 Tage nachmittags im örtlichen Jugendheim der IGBE in Langenbochum zu unserem Gesprächskreis. Die Gespräche werden mitgeschnitten und anschließend (ausschnittweise) transkribiert. Außerdem werden Einzelinterviews durchgeführt.

Alle Teilnehmerinnen verstehen sich als Hausfrauen, zwei von ihnen »jobben« nebenbei. Es sind drei Generationen vertreten. Eine Frau ist vor dem Ersten Weltkrieg, 5 sind in der Zwischenkriegszeit und eine ist in den fünfziger Jahren geboren. Der anfängliche, fremdbestimmte äußere Antrieb machte allmählich einer wachsenden inneren Motivation Platz.

Im Laufe der ersten Treffen zeigte sich, daß der thematische Zugriff über verschiedene Arbeitsbereiche ihres Alltags ergiebiger ist als der rein lebensgeschichtliche Ansatz (der sich wiederum in den parallel laufenden Einzelinterviews bewährt). Dabei bleiben wir nicht streng bei einem Themenfeld, sondern lassen unseren Assoziationen freien Lauf. Das führt zwar häufig auf Abwege, aber legt doch eher die vorherrschenden und sie bewegenden Erfahrungen frei als eine immer wieder aufs engere Thema (z. B. Kindheit oder Hausarbeit) zurückbiegende Gesprächsführung, die zu leicht antizipierte Antworten produziert. So ist ein Gesprächsverlauf, der über den Einstieg »Auswirkungen der Arbeitswelt des Mannes auf Frauenalltag« von der verdrängten aber dennoch allgegenwärtigen Angst vor Zechenunglücken, über das Waschen der Grubenkleidung, die Gartenarbeit, die Einkochtechniken und Arbeitsteilung im Haus bei den Erfahrungen mit Hausgeburten landen, nicht ungewöhnlich.

Schon nach acht Gesprächskreisen konnten »Anekdoten« bzw. Erinnerungen zu den dominanten Themenfeldern: »Nachbarschaft/Kolonie – Hausarbeit – Partnerschaft – Erziehung – Freizeit – Auswirkungen der Arbeitswelt des Mannes und/oder seines gewerkschaftlichen Engagements auf den Frauenalltag« wieder in den Gesprächskreis hineingegeben werden. Dadurch wurde das Bewußtsein der Frauen, »schon eine Menge geleistet zu haben« (in ihrem Leben wie auch im Gesprächskreis), deutlich geschärft und brachte überdies immer wieder neue Details oder weiterführende Ergänzungen.

Bergarbeiterfrauen!

Entdeckt Eure Geschichte ...

Aus: Rundbrief Nr. 8, S. 36.

Das in diesem Prozeß kommunikativer Geschichtsforschung mit angelegte intergenerative Lernen verläuft nicht nur von Alt zu Jung. Auch die junge Frau kann durch Erzählungen ihrer Lebensorganisation Vorurteile (»Die jungen Frauen sind sich ja nur noch am Selbstverwirklichen ...«) der älteren Frauen abbauen helfen.

Inzwischen haben bereits über 30 Gesprächskreise stattgefunden (Stand: April 1988). Die bisherigen Erinnerungen zu den verschiedenen Arbeits- und Lebensbereichen spiegeln in ambivalenter Weise sowohl die starke Abhängigkeit des Frauenlebens im Bergarbeitermilieu von den Zeit- und Sachzwängen der Arbeitswelt der Männer als auch einen hohen Grad an Selbständigkeit und Entscheidungskompetenz im familialen Alltagsmanagement wider. So verwalten die Bergarbeiterfrauen zum Beispiel das Familienbudget, aber die Erosion des sozialen Milieus in der Kolonie seit den fünfziger Jahren ist offensichtlich vorrangig auf die veränderten Arbeitsbedingungen der Männer zurückzuführen. An Stelle des Kameradschaftsgedinges und des langjährigen gemeinsamen Anfahrens zur Schicht Vereinzelung der Arbeit vor Ort und stündliche Anfahrt; Veränderungen, die sich als wachsende Anonymität auch auf die Kommunikationszusammenhänge in der Siedlung auswirken und von den Frauen als nicht auffangbar erlebt werden.

Diese Männerzentriertheit steht scheinbar im Widerspruch zu der betonten Befürwortung der geschlechtsspezifischen Arbeitsteilung: Für den häuslichen Lebens- und Arbeitsbereich melden sie ihre maßgebende Zuständigkeit, fordern aber auch die männliche Mithilfe ein. Über die Arbeitswelt ihrer Männer sind sie erstaunlich gut informiert, diese Arbeitswelt hat auch »die seine« zu bleiben. Ähnlich verhält es sich mit der Gewerkschaft. Es ist »seine« Gewerkschaft und nicht ihre. Denn sie fühlen sich von ihr nicht angesprochen. Informationen beziehen sie meist indirekt über die Gespräche der Kumpel untereinander. Diese distanzierte Einstellung hindert die Frauen aber nicht, das Engagement ihrer Männer zu unterstützen und aufgrund ihrer leidvollen Erfahrungen gewerkschaftliche Errungenschaften wie die 5-Tage-Woche, die Lohnfortzahlung im Krankheitsfall oder die 1970 durchgesetzte Gestellung und Reinigung der Grubenkleidung durch die Zeche als wesentliche Erleichterung ihres Frauenalltags zu erinnern. Eine direkte Ansprache der Ehefrauen durch die Gewerkschaft wäre sicher ein lohnender Schritt.

Bei der Gesprächskreisarbeit beschränken wir uns aber nicht nur aufs Erinnern. Es wird auch dokumentiert. Die Fülle des Materials wird gemeinsam zu Texten zu allen Feldern weiblicher Alltagsarbeit in einer Bergarbeiterfamilie strukturiert. Nachdem die Frauen bei vielen Treffen immer wieder auf die schwere Arbeit des Waschens, vor allem des Grubenzeugs zu sprechen gekommen waren, haben wir als erstes Zwischenprodukt gemeinsam die erzählten Erinnerungen zu diesem Thema in der Broschüre: »... Und die Wäsche, die war schwarz, ja, wie die Kohle!« zusammengefaßt und mit einer kleinen gleichnamigen Ausstellung im September 1987 auf dem Herbstfest der Ortsgruppe Langenbochum der IGBE der lokalen Öffentlichkeit vorgestellt. Die große Resonanz der Broschüre im Stadtteil und über die Lokalpresse auch bei Rundfunk und Fernsehen und in der gewerkschaftlichen Öffentlichkeit hatte mit Unterstützung der Hans-Böckler-Stiftung eine drucktechnisch verbesserte Wiederauflage der Broschüre zur Folge. Die Frauen erfahren dieses breite Interesse sowohl als Lob ihrer »Erinnerungsarbeit« als auch als öffentliche Anerkennung ihrer familialen Arbeitsleistung. Es spornt uns zur Fertigstellung einer zweiten, umfänglicheren Veröffentlichung an: Am Ende des Projektes, das bis September 1988 befristet ist, soll ein Lesebuch über das gesamte Spektrum des Lebens und Arbeitens von Frauen in Bergarbeiterfamilien vorliegen. Ein solches Buch fängt unter anderem auch den generativen Wandel der weiblichen Subsistenzleistung seit dem Zweiten Weltkrieg ein, den Frau J. mit den Worten umschreibt: »Damals ging's ums nackte Überleben, heute geht es um den Lebensstandard!«

Schon jetzt ist klar, auch die Männer können daraus eine Menge lernen!

Bisherige Veröffentlichungen des Projektes

Jutta de Jong: »Wenn ich die Maloche unter Tage sehe, muß ich sagen, ich bin ganz gerne Hausfrau!« – Zu Entstehung und bisherigem Verlauf des Projektes »«Lebenserfahrungen von Frauen in Bergarbeiterfamilien am Beispiel der Stadt Herten«. In: Rundbrief des DGB-Projektes »Geschichte von unten«, Nr. 8, 1987, S. 35–38 (Erstfassung des vorliegenden Beitrags mit Stand von Februar 1987).

Jutta de Jong: »... Und die Wäsche, die war schwarz, ja, wie die Kohle!« – Zur Wechselwirkung zwischen männlicher Arbeitswelt und weiblicher Arbeitserfahrung in Bergarbeiterfamilien am Beispiel des Waschens. In: Beiträge, Informationen, Kommentare des Forschungsinstituts für Arbeiterbildung Recklinghausen, Nr. 6/1987, S. 110–124 (in leicht gekürzter Form auch in »Die Einheit«, Organ der IGBE, vom 1. 3. 1988).

»... Und die Wäsche, die war schwarz, ja, wie die Kohle!« Erzählungen von der Großen Wäsche der Bergarbeiterfrauen. Zusammengetragen vom Gesprächskreis »Lebenserfahrung von Frauen in Bergarbeiterfamilien« (um »Schlägel & Eisen«/Herten). Redaktion: Jutta de Jong. Herten 1987 (2. Auflage 1988). 21 S.

Jutta de Jong: »Sklavin oder Hausdrache?« – Frauen in Bergarbeiterfamilien. In: Eine Partei in ihrer Region. Zur Geschichte der SPD im Westlichen Westfalen. Hrsg. von Bernd Faulenbach und Günther Högl. Essen 1988, S. 45–51.

DOKUMENT 28

Erforschung der Geschichte des ehemaligen KZs Flossenbürg

Bericht über die Aktivitäten der DGB-Jugendgruppe Weiden

von Lothar Kamp

1. Entstehung der Gruppe

Die ehemalige DGB-Jugendgruppe Weiden erforscht seit 1983 die Geschichte des früheren KZs Flossenbürg in der Oberpfalz, 20 Kilometer östlich von Weiden gelegen. Entstehung und Werdegang der Gruppe hängen mit der Geschichte der regionalen DGB-Jugendarbeit zusammen. Schon seit den fünfziger Jahren veranstaltet die DGB-Jugend Ostbayern jährlich Gedenkfeiern zur »Reichskristallnacht« in Flossenbürg. In der Nachkriegszeit wurden im DGB immer wieder die regionale Geschichte der Arbeiterbewegung und des Nationalsozialismus behandelt.

Als im Herbst 1983 Neonazis zum wiederholten Male auf dem Gelände des ehemaligen KZs Gräber verwüsten, Kränze zerstören und Parolen an die Wände sprühen (»Schluß mit der Millionenlüge«), rückt das Lager für einige Tage in die öffentliche Auseinandersetzung.

Die Weidener DGB-Jugendgruppe, sensibilisiert durch die regionale Tradition und Schulungsarbeit, nimmt die Ereignisse des Jahres 1983 zum Anlaß, mit der Aufarbeitung der Geschichte des ehemaligen KZs zu beginnen. Einige aus der Gruppe haben bereits 1982 und 1983 zur Entwicklung des KZs Hersbruck geforscht und können ihre Erfahrungen einbringen, die sie beispielsweise bei Zeitzeugen-Befragungen und Archivarbeiten gesammelt haben. Es entstehen die beiden Broschüren »KZ Hersbruck – größtes Außenlager von Flossenbürg« und »KZ Hersbruck: Überlebende berichten«. Über das KZ Hersbruck werden auch Dia-Vorträge und Führungen veranstaltet.

2. Ziele der Arbeit

In einer ersten Gruppendiskussion werden folgende Motive für die Erforschung des KZs Flossenbürg genannt:
»Die Tischgespräche im Wirtshaus und die Türkenwitze erschrecken mich.«
»In der Schule habe ich nie was darüber gehört.«
»In der Gruppe arbeiten und lernen macht mehr Spaß.«
»Durch die Arbeit vor Ort ist Faschismus für mich kein abstrakter Begriff mehr.«
»Als Ausgleich zu meiner Berufsarbeit wollte ich gerne einmal was anderes tun, wo ich mich nicht mehr fremdbestimmt fühle.«
»Ich habe viel über die NS-Zeit mit meinen Eltern diskutiert.«
»In einer immer stärker werdenden Unzufriedenheit mit Großorganisationen, in den ›Niederlagen‹ der Friedens- und Umweltbewegung ergriff ich die Flucht und wollte weg von verlogenen Geschichten.«
»Jüngste Anschläge von Neonazis schreckten mich auf.«
»Irgendwie ist es ein Ausdruck von Heimatverbundenheit.«
»Für mich ist unsere Arbeit über das ehemalige KZ eine Arbeit gegen den neuen kalten Krieg.«
1985 stellte die Gruppe ihren inhaltlichen Anspruch folgendermaßen dar:
»Der NS-Staat mit Auschwitz und Dresden ist immer noch sehr stark der Verdrängung bei Jugendlichen unterworfen. Zwar findet in den Schulen eine Behandlung des Zeitabschnitts ›Drittes Reich‹ statt, jedoch bezieht sich diese größtenteils auf eine reine Darstellung der Schrecken und Greuel des Nationalsozialismus (Holocaust) und klammert eine Analyse der Ursachen und Zusammenhänge aus.
Die Zeit des Nationalsozialismus mit ihren Auswüchsen wird gleichsam als ein Betriebsunfall verstanden. Aus diesem Grund glauben viele Deutsche, das Recht ableiten zu können, den ›Mantel des Schweigens‹ über dieses Kapitel deutscher Geschichte breiten zu können. Die bisherige Vergangenheitsbewältigung hat dazu beigetragen, diese Einstellung zu fördern. Ziel einer Beschäftigung mit der Geschichte darf es jedoch nicht sein, das Geschehen zu bewältigen und somit irgendwann abzuschließen und zu verdrängen, sondern muß eine kontinuierliche Auseinandersetzung, d. h. Aufarbeitung, werden; denn nur so kann der

aus einer Gleichgültigkeit resultierenden Anfälligkeit der Jugend für faschistische Tendenzen gegengearbeitet werden.

Wachsende Jugendarbeitslosigkeit, mangelnde Lebensqualität, Schwierigkeiten im mitmenschlichen Bereich und ein alltägliches Lebensgefühl, nicht gebraucht zu werden, nicht zuletzt Probleme wie Umweltbelastung, Rüstungswettlauf, Situation in der Dritten Welt, führen zu einer Orientierungslosigkeit bei der Jugend. Rechtsradikale Gruppen treffen hier in immer stärkerem Maße auf einen Nährboden für das von ihnen propagierte ›geschlossene Weltbild‹. Sie bieten den Jugendlichen, die aus den obengenannten Gründen keine Geschichtsaufarbeitung betreiben konnten und diffuse Schuldgefühle mit sich herumtragen, die Möglichkeit, diese im neofaschistischen Sinne zu überwinden. Erschwert wird eine Beschäftigung mit der Geschichte im aufarbeitenden Sinne dadurch, daß bei Jugendlichen nach der Schulzeit in der Regel nur ein Zugang durch Fachliteratur besteht; dadurch wird vor allem der werktätigen Jugend eine Hemmschwelle aufgebaut.«

Mit den Ergebnissen der Arbeit wollen sich die jungen Forscher vor allem an Jugendliche wenden. Die Aufarbeitung nationalsozialistischer Vergangenheit soll dazu beitragen, die weitere Ausbreitung des Neonazismus zu verhindern. Aus einem Gruppenpapier von 1985:

»Die Tatsache, daß junge Menschen sich mit dem NS-Staat beschäftigen, hat Jugendlichen gegenüber, die mit Neonazis sympathisieren, eine andere Beweiskraft als Gedenkreden und für Jugendliche oft nicht mehr nachvollziehbare wissenschaftliche Veröffentlichungen. Dies, so meinen wir, ist langfristig eine wirkungsvolle Möglichkeit, dem Neofaschismus das Wasser abzugraben.«

3. Zum KZ Flossenbürg

Das KZ Flossenbürg wurde in den Jahren 1938 bis 1940 aufgebaut und bis zur Befreiung 1945 ständig erweitert. Der wichtigste Grund seiner Entstehung dürfte in der beabsichtigten Ausbeutung der großen Granitvorkommen in dieser Region gelegen haben. Daneben ist zu vermuten, daß man neue Kapazitäten für Häftlinge aus dem zu besetzenden Sudetenland schaffen wollte. Wie üblich stand das Lager unter der Verwaltung der SS. Der Besuch Himmlers 1940 leitete eine erhebliche Erweiterung des KZs ein. Die SS veranschlagte für die erste Ausbaustufe 3,4 Millionen, für die zweite weitere 5,6 Millionen Reichsmark. Wieviel tatsächlich investiert wurde, kann anhand der verfügbaren Materialien noch nicht genau ermittelt werden. Die genannten Beträge müssen etwa mit 10 multipliziert werden, um sie in heutiger DM bewerten zu können. Ein Teil der beträchtlichen Investitionen kam Betrieben des Ortes oder der Region zugute.

Zugleich mit dem Lager gründete die SS die Deutschen Erd- und Steinwerke (DEST). In anfangs 4 Steinbrüchen bauten Häftlinge den Granit ab und verarbeiteten ihn weiter. Während der Hochphase arbeiteten bei der DEST etwa 2 000 Lagerinsassen. Belastet durch barbarische Arbeitsbedingungen kam der größte Teil der Häftlinge infolge Hungers und Überanstrengung um.

Die Gefangenen, die in den vom Lager nicht allzuweit entfernten Steinbrüchen arbeiteten, wurden morgens und abends nördlich am Ort vorbeigetrieben. Verlade- und kleinere Arbeitskommandos in der engeren Umgebung des Lagers waren hingegen direkt in der Ortschaft zu sehen, außerdem gingen alle ankommenden und abgehenden Häftlingstransporte durch den Ort.

Der zweite große, allerdings mittelbare Nutznießer des KZs war die Firma Messerschmitt. Mittelbar deswegen, weil die Deutschen Erd- und Steinwerke (DEST) unter eigener Verantwortung und auf eigene Rechnung im Auftrag von Messerschmitt das Flugzeug Me 109 produzierten. Erst durch Recherchen in amerikanischen Archiven stößt die Gruppe auf diesen Zusammenhang und stellt damit im Gegensatz zu einer Darstellung des Journalisten Siegert fest, daß es ein juristisch eigenständiges Messerschmit-Werk in Flossenbürg nicht gab. In der Flugzeugproduktion in Flossenbürg arbeiteten über 5 000 Häftlinge. Nachdem, so die heutige Regionalpresse, 1943 das Messerschmitt-Werk in Regensburg durch Bomben zerstört wurde, verlagerte man einen Teil der Flugzeugproduktion und -reparatur nach Flossenbürg. Die Gruppe zweifelt an, daß Bombenzerstörungen die Ursache hierfür gewesen seien und versucht zu belegen, daß die Verlagerung bereits vor dem Angriff geplant war.

Das KZ Flossenbürg hatte in der Endphase über 100 feste Außenlager und darüber hinaus zahlreiche »Außenkommandos«: also Einsätze von kleineren Häftlingsgruppen im äußeren Bereich. Die größten Außenlager waren in Leitmeritz (heute Litomerice in der ČSSR) und Hersbruck. Allein durch diese Außenlager gingen jeweils 10 000 Häftlinge. Das KZ Flossenbürg passierten etwa 100 000 Häftlinge. In sieben Jahren kamen ca. 30 000 von ihnen um.

Das wichtigste Ergebnis der Gruppenarbeit ist die Herausarbeitung vielfältiger Berührungsebenen zwischen der örtlichen Bevölkerung und den ortsansässigen bzw. regionalen Betrieben mit dem KZ. Nahe gelegene Bau- und Malerfirmen, so zeigen die Jugendlichen, waren am Aufbau und der Ausgestaltung des KZs beteiligt; metallverarbeitende Betriebe bauten, lieferten und installierten Kessel und Armaturen; die tägliche Versorgung des Lagers mit Lebensmitteln, Werkzeugen und sonstigen Materialien geschah aus der Region heraus. In mühevoller Kleinarbeit gelingt der Gruppe eine Auflistung fast sämtlicher Firmen, die mit dem KZ in Verbindung standen. Wesentliche Belegquelle ist die akkurate Buchführung der SS-Lagerverwaltung. Was die Gruppe in diesem Bereich zu Tage fördert, ist für die Erforschung des KZs Flossenbürg völlig neu.

An einem Beispiel schildern die Jugendlichen, wie der Alltag von Privatpersonen mit dem KZ vermittelt war: Die Mutter zweier Kinder, deren Vater an der Front umkam und ausgezeichnet wurde, lieh sich Häftlinge aus, die ihre Wohnung renovierten.

Zeitzeugen schildern den Jugendlichen, daß es im Lager Kinovorstellungen für die örtliche HJ gab. Die SS brachte einen Arzt ins Lager mit, so daß erstmals ein Mediziner am Ort vorhanden war. Ein Teil der örtlichen Bevölkerung kam so in den nicht geschlossenen Teil des KZs, um diese Einrichtungen zu nutzen.

In den fünfziger Jahren war die Zuständigkeit für den ehemaligen Lagerbereich auf mehrere Stellen verteilt. Die Verwaltung der Bayerischen Schlösser, Gärten und Seen verwandelte ab 1957 im Zuge der Umbettung Tausender Toter den südöstlichen Teil des ehemaligen Lagers in eine Parkanlage.

In sehr plastischer Form widerlegt die Gruppe durch ihre eigenen Recherchen, daß KZs nur im Verborgenen existierten. Dieses Ergebnis hat für die Jugendlichen einen großen Erkenntnisgewinn und führt sie zu der Aussage, daß sich die Kriegsgeneration hinter der Formel, »von nichts gewußt« zu haben, absichtlich versteckt und auch lange Zeit nach dem Krieg ihr Wissen nicht preisgibt.

4. Die Arbeitsformen der Gruppe

Wie schwierig es manchmal ist, an wichtige Dokumente zu kommen, verdeutlicht folgendes Beispiel. Die Unterlagen, die Aufschluß über die Verflechtung der Firma Messerschmitt mit dem KZ Flossenbürg geben, wurden bei Kriegsende von den Amerikanern beschlagnahmt. Später werden die Akten zwar dem Bundesarchiv in Koblenz übereignet. Ohne jedoch Kopien anzufertigen, gibt man die Dokumente an das Archiv von Messerschmitt-Bölkow-Blohm weiter, wo sie seitdem unter Verschluß gehalten werden. Die Gruppe muß deswegen in mehreren, teilweise weit entfernt liegenden Archiven nach geeigneten Quellen suchen: im Bundesarchiv Koblenz, im Archiv Dachau, im Institut für Zeitgeschichte des Hauptstaatsarchives München, im Staatsarchiv Amberg, in den Stadtarchiven Nürnberg, Hof und Hersbruck, in den Archiven regionaler Zeitungsverlage und in Privatarchiven. Nur wenige aus der Gruppe besuchen Archive in Wien, Prag und Theresienstadt, ausschließlich einzelne recherchieren nach Dokumenten in London, Amsterdam und Washington. Daß die Suche in ausländischen Archiven nur sehr bruchstückhaft geleistet werden kann, versteht sich von selbst. Teilweise gibt es Unstimmigkeiten darüber, wo die von einzelnen gefundenen Dokumente aufbewahrt werden sollen, ob sie in jedem Fall der Gruppe gehören und wer sie schließlich verwerten darf. Vorwürfe richten sich besonders an den Historiker, dem teilweise persönliche Interessen nachgesagt werden.

Getreu dem Anspruch der Gruppe arbeiten nicht nur die Historiker und Studenten in den Archiven, sondern auch Kolleginnen und Kollegen aus den Betrieben. Ein Fabrikarbeiter aus der Gruppe schildert, wie es ihm bei einem Archivbesuch ergeht:

»Meine ersten Vorstellungen über den Besuch im Bundesarchiv waren bereits geprägt durch Erzählungen von Leuten der Gruppe, die schon dort bzw. in anderen Archiven waren.

Zum einen wußte ich daher, daß die Arbeit da sehr intensiv sein würde. Ich konnte mir aber keine Vorstellung darüber machen, in welcher Atmosphäre ich mich bewegen würde, ich kannte ja nur das Verlagsarchiv (der örtlichen Zeitung, L.K.), in dem es sehr locker zuging. Das andere, was sich als ein Problem für mich darstellte: Welche Dokumente soll ich zum Kopieren herausnehmen?

Mit gemischten Gefühlen und etwas unsicher betrat ich das Bundesarchiv. Mein erster Eindruck war, ich käme in einen Prüfungssaal für Schulabschlußarbeiten – erdrückende Stille, es durfte nicht gesprochen werden, unpersönlich.

Die Personen, die bereits anwesend waren, musterten uns mit teils erstaunten, teils prüfenden kurzen Blicken.

Wir setzten uns, kurzes Warten auf das Material, das Bernhard bestellt hatte. Ich bekam dann einen Karton mit Dokumenten, nicht geordnet und teilweise in einem schlechten Zustand. Anfangs mußte ich bei Bernhard im Flüsterton nachfragen: ›Brauchen wir dieses oder jenes?‹, aber mit der Zeit wurde ich schon sicherer, auch zum Teil dadurch, daß Bernhard die Kopieraufträge schrieb und sich das Herausgesuchte nochmals ansah.

(Bernhard war der einzige von uns vieren, der bereits vorher im Bundesarchiv war und die Dokumente, die wir schon hatten, ziemlich genau kannte).

Dann, am Ende des ersten Tages erst mal befreiendes Aufschnaufen. Es war doch sehr anstrengend, da wir in Zeitdruck waren und ich als Fabrikarbeiter solche geistigen Anstrengungen nicht gewöhnt war.

Es war eine Erleichterung, daß ich schon im Verlagsarchiv gewesen war, aber das konnte man bei weitem nicht damit vergleichen.

Am Abend dann Gedankenaustausch. Ich stellte fest, daß ich anhand dieser Dokumente bereits an Wissen gewonnen hatte. Immer, wenn einer der anderen von einer bestimmten Sache sprach, konnte ich Bezug zu den Dokumenten herstellen, die ich herausgesucht hatte. Die weiteren zwei Tage fielen mir schon wesentlich leichter. Je mehr ich las, um so leichter fiel mir das Zuordnen der Dokumente.

Einschätzung aus meiner Sicht nachher: Ich kannte zwar in Flossenbürg die Gedenkstätte, aber jetzt könnte ich anderen Jugendlichen einiges mehr darüber erzählen.«

In den Archiven sucht die Gruppe besonders nach Unterlagen, die zu ihren Interessenschwerpunkten passen: die Berührung der regionalen Betriebe mit dem KZ und der Stellenwert des Lagers im Alltag der örtlichen Bevölkerung. Die Dokumente werden systematisiert. An der Auswertung beteiligen sich fast alle Gruppenmitglieder, wenn auch hier einige aus der Gruppe mehr Arbeit investieren können.

Neben den zeitlichen Problemen, den Orientierungsschwierigkeiten und den historisch-methodischen Problemen kommen bei den Archivbesuchen finanzielle hinzu. Allein zwei Kopieraktionen einiger Gruppenmitglieder im Bundesarchiv Koblenz verursachen 1 500,00 DM an Kosten (Fahrt-, Verpflegungs-, Übernachtungs- und Kopierkosten sowie Lohnausfall bei den Berufstätigen).

Zur eigenen Qualifizierung und zur Aufarbeitung von Primärliteratur und den Dokumenten sowie zur Vorbereitung von Gedenkfeiern, von alternativen Lagerbegehungen und von Ausstellungen, weiterhin zu Umsetzungsmöglichkeiten des Themas in der außerschulischen Bildungsarbeit führt die Gruppe zahlreiche Seminare und Arbeitstreffen durch.

5. Präsentationsformen und Veranstaltungen

Auch nach Beginn der Forschungsarbeiten zum KZ Flossenbürg beteiligt sich die Gruppe an der Ausgestaltung jährlicher Gedenkfeiern zur »Reichskristallnacht« in Flossenbürg. Teilweise fließen die Ergebnisse aus der Forschungsarbeit ein.

Unter großem Aufwand kommen zwei Wanderausstellungen zustande, in denen wichtige Ergebnisse der Forschungsarbeit präsentiert werden. Die erste Wanderausstellung, zahlreiche Stelltafeln mit Bildern und Texten unter dem Titel »Die wirtschaftlichen Verflechtungen des KZs Flossenbürg und seine Außenkommandos«, wird in mehreren Orten der Bundesrepublik gezeigt und dient als Beitrag der DGB-Jugend auf den Weltjugendfestspielen in Moskau 1985. Eine zweite Ausstellung, »Vermächtnis Flossenbürg – vom KZ zur Parkanlage«, erzielt beim DGB-Jugend-Wettbewerb »Leben nach der Stunde Null« 1986 einen ersten Preis. Behandelt wird vor allem die Nachkriegsgeschichte des Lagers, gezeigt werden zudem, über Fotos der SS veranschaulicht, die Produktionsbedingungen in den Steinbrüchen.

Im Laufe der eigenen Forschungsarbeit wächst unter den Geschichtsforschern die Unzufriedenheit mit der offiziellen Ausstellung in der Gedenkstätte Flossenbürg. Die Jugendlichen kritisieren, daß die Firma Messerschmitt nur noch in wenigen Zeilen erwähnt wird, was, wie sie betonen, eine neue Qualität des Verdrängens und Verschweigens darstelle, da die Aktivitäten des Unternehmens auf der Konzernebene zuvor immerhin noch mit einer relativen Offenheit behandelt worden seien.

Die Gruppe konfrontiert in alternativen Begehungen des Lagers diese offiziellen Aussagen mit den von ihr gefundenen Dokumenten und daraus gewonnenen Erkenntnissen. Wechselnde Mitglieder der Gruppe betreuen die »alternativen Lagerbegehungen«, die ein fester Bestandteil der Außenarbeit werden.

Aus den Ergebnissen der Arbeit sind Dia-Vortragsreihen zusammengestellt worden. Gruppenmitglieder präsentieren sie in Schulen und auf gewerkschaftlichen Veranstaltungen.

Sowohl in der regionalen Gewerkschaftsstruktur als auch in der Öffentlichkeit insgesamt erlangen die Forscher mit ihren Präsentationen große Bekanntheit.

6. Struktur der Gruppe

Die Gruppe hat den Anspruch, daß politisch und geschichtlich Interessierte, ungeachtet ihrer Vorbildung, in einem gemeinsamen Projekt arbeiten sollen. Die Trennung in praktisch und theoretisch orientierte Forschungsarbeit soll aufgehoben werden. Daß sich trotzdem eine Arbeitsteilung herausbildet, liegt an unterschiedlichen Fähigkeiten und Zeit-Budgets. Trotzdem werden immer wieder Anstrengungen unternommen, allzu starken Spezialisierungen entgegenzuwirken.

Unter den Berufen in der Gruppe finden sich 1985 11 Glas- und Porzellanarbeiter/innen, ein Verwaltungsangestellter, ein Elektriker, ein Papiermacher, zwei »Arbeiter«, drei Erzieher/innen bzw. Sozialpädagogen/innen, fünf Studenten/innen (größtenteils des zweiten Bildungsweges), zwei Schüler, eine Journalistin, ein arbeitsloser Historiker und ein hauptamtlicher DGB-Jugendbildungsreferent. Eine Reihe der in Industriebetrieben Beschäftigten leistet Schichtarbeit.

Die Beschaffung und Auswertung der Materialien wird im wesentlichen von zwei Personen koordiniert: einem (zeitweise arbeitslosen) Verwaltungsangestellten und dem regionalen DGB-Jugend-Bildungsreferenten. Daneben bringt der Historiker relativ viel Arbeitskapazität ein. Schreibarbeiten werden vor allem von den »geistig Tätigen« aus der Gruppe übernommen, während die Anfertigung der Schautafeln meistens in den Bereich der handwerklich Tätigen fällt.

Die Arbeitsteilung zwischen den Koordinatoren und den anderen bringt teilweise Spannungen und Mißtrauen, da die »Macher« oft mit fertigen Entscheidungen und Auswertungen auftreten.

Es gibt auch einzelne politische Konflikte. Einige aus der Gruppe sind Mitglied in der VVN, was bei anderen zu der Angst führt, von außen über diesen Kanal instrumentalisiert zu werden. Insgesamt haben die Jugendlichen die politische Konstellation jedoch gut im Griff, wozu die Koordinatoren Erhebliches beitragen.

7. Konflikte im politischen Umfeld

Bereits die ersten Auswertungen und Veröffentlichungen über das KZ Hersbruck führen zu Konflikten mit Außenstehenden.

So spricht sich der Hersbrucker Bürgermeister dagegen aus, das ehemalige Lager in Hersbruck als KZ zu bezeichnen. Der Schriftsteller Bernt Engelmann, einer der Überlebenden des Lagers Hersbruck, schaltet sich in den Streit ein und äußert seine Erschütterung und Wut über diese Kleinkariertheit angesichts der ungeheuren Leiden der KZ-Insassen. Das bayerische Regionalfernsehen sendet über die Auseinandersetzung eine Reportage.

Mit Unterstützung eines Teiles der Regionalpresse greift ein Historiker, von dem vermutet wird, daß er der CSU angehört, scharf die Forschungsarbeit der Gruppe an, die sich in dem lange währenden Streit aber gut behaupten kann.

Die heute als eigenständiger Verein arbeitende Jugendgruppe verfügt inzwischen über ABM-Stellen, die der Kontinuität der Forschung und Öffentlichkeitsarbeit zugute kommen. Es entsteht hieraus aber auch Mißtrauen bei einigen anderen Mitgliedern, ein Mißtrauen, das aber wohl in der Regel dann auftritt, wenn sich innerhalb ehrenamtlicher Strukturen eine Professionalisierung herausbildet.

Insgesamt ist die Arbeit der Gruppe von beachtlicher Energie, Kontinuität und Stetigkeit gekennzeichnet.

Dokumentation II

Berichte und Thesen

Geschichte »von unten« in gewerkschaftlichen Jugendgruppen

von Lothar Kamp

Die DGB-Jugendgruppe Weiden (vgl.: Dok. 28) ist praktisch die einzige Jugendgruppe im gewerkschaftlichen Bereich, die sich über einen längeren Zeitraum mit »Geschichte von unten« befaßte. Daneben existierten fünf weitere Jugendgruppen, die einen Teil ihrer Zeit der Geschichtsarbeit widmeten. Außerdem nahmen am DGB-Jugendwettbewerb »Leben nach der Stunde Null« 1985 dreizehn Jugendgruppen teil, die bis auf die Weidener Gruppe nach dem Wettbewerb ihre Arbeit sofort oder bald danach einstellten.

Daß in Ostbayern eine dauerhaft arbeitende Jugend-Geschichtsgruppe entstand, lag sicherlich an besonderen Bedingungen. Zu nennen ist eine besondere Ausprägung der regionalen Gewerkschaftsarbeit, in der die Geschichte der Arbeiterbewegung und die Aufarbeitung des Nationalsozialismus eine große Rolle spielen. Dazu kommt die ländliche Struktur, die Regionalbewußtsein und Gruppenzusammenhalt fördert. Die differenzierte Zusammensetzung der Gruppe, in der die unterschiedlichsten Fähigkeiten zum Zuge kamen, trug ebenfalls zur Langfristigkeit der Arbeit bei, ebenso wie die hohe Motivation der drei Personen, die für die Koordination der Arbeit, für das Hinweghelfen über die obligatorischen Klippen der Geschichtsarbeit und für die Kontinuität besonders wichtig waren. Die Koordinatoren verfügten auch über genügend Zeit. Die große und häufige Resonanz in der regionalen Öffentlichkeit bedeutete für die Gruppe eine ständige Neumotivation für die Weiterarbeit. Und schließlich bildeten die Anforderungen verschiedener Organisationen, bei deren Veranstaltungen die Gruppe ihre Ergebnisse darstellen konnte und viel Beifall erhielt, einen Anreiz.

Im Unterschied zu manchen hartnäckigen erwachsenen Laiengeschichtsforschern verloren viele DGB-Jugendgruppen, mit denen das

DGB-Projekt »Geschichte von unten« Kontakt hatte, meistens die Geduld, wenn sich nicht bald in den Archiven die erhofften Materialien fanden. So wollten etwa acht Mitglieder der DGB-Jugendgruppe Wesel (alle zwischen 17 und 18 Jahre alt) über die Geschichte ihrer Stadt im Zeitraum 1918 bis zur Gegenwart forschen, reduzierten aber bald ihren Anspruch auf die Erforschung des Nationalsozialismus oder die Zeit nach 1945. Im Stadtarchiv Wesel gab es aber nur sehr wenig brauchbares Material, so daß man zum Landesarchiv nach Düsseldorf oder zu anderen Fundstätten hätte fahren müssen. Dazu fehlte den Jugendlichen aber die Zeit und die Energie, da einige von ihnen Jugendvertreteraufgaben wahrnahmen, Mitglied in Theatergruppen waren oder sonstige Funktionen hatten. An möglichen Zeitzeugen war kaum jemand bekannt. Ein Erfolg schien den Jugendlichen sehr fragwürdig zu sein. Das Vorhaben schlief bald wieder ein.

Die Geschichtsgruppe der IG Chemie in Kelheim setzte sich aus etwa sechs Studenten zusammen. Der örtliche IG-Chemie-Sekretär war der Initiator des Vorhabens, sich mit der örtlichen Geschichte nach dem Kriege zu befassen. Bedingt durch zwei Anlässe begann man mit der Arbeit: In einem Seminar »Geschichtsschreibung der Arbeitnehmerbewegung in unserer Region« entstanden Begeisterung und konkrete Ideen: die Ausschreibung des DGB-Jugendwettbewerbs »Leben nach der Stunde Null« bot einen äußeren Anreiz, nach Geschichte zu forschen und für den Wettbewerb eine Broschüre zu produzieren.

Auch hier gab es zunächst Schwierigkeiten, geeignete Dokumente über die Zeit nach 1945 zu finden. Das von Älteren erhoffte Material blieb aus. An SPD-Unterlagen aus der Nachkriegszeit kamen die Jugendlichen nicht heran; Geschäftsberichte der örtlichen IG Chemie aus den ersten Nachkriegsjahren fehlten; niemand hatte eine allgemeine Geschichte über Kelheim verfaßt; im Stadtarchiv standen Akten über die Zeit nach 1945 nicht zur Verfügung. Vom Personal des Staatsarchivs Landshut wurde die Gruppe durch ein langwieriges Verfahren im Rahmen der Benutzungsgenehmigung erheblich behindert. Das Landratsamt Kelheim teilte mit, daß die Akten noch ungeordnet und deswegen nicht einsehbar seien. Erschwerend kam hinzu, daß Kelheim in der Nachkriegszeit kein eigenes Lokalblatt hatte und in der Regionalzeitung nicht allzuviel über die Stadt berichtet wurde. So konzentrierten sich die Jugendlichen schließlich auf drei Quellen: Zeitzeugen-Aussagen, auf die »Mittelbayerische Zeitung« (Jahrgänge 1945 – 1948) und die »Volkswacht für Oberpfalz und Niederbayern« (Jahrgänge ab 1948 und 1949) sowie auf die OMGUS-Akten aus Washington, Unterlagen, die aus der Hinterlassenschaft der damaligen amerikanischen Militärregierung stammen und im bayerischen Hauptstaatsarchiv in München lagern. Die zum Wettbewerb eingereichte Broschüre erzielte schließlich einen der ersten Preise. Da ein Teil der Gruppenmitglieder in stark verschulten ingenieur-wissenschaftlichen Studiengängen – meist an entfernten Orten – studierte, konnte keine kontinuierliche Geschichtsarbeit aufgebaut werden. In jüngster Zeit hat sich die Gruppe wieder an das alte Werk gesetzt, um es zu vervollständigen und zu verbessern.

Am »Historischen Arbeitskreis des DGB Wilhelmshaven« nahmen viele Jüngere teil. Allerdings handelte es sich hier bereits um eine gemischte Gruppe, die von einem Geschichtslehrer geleitet wurde. Daneben arbeiteten noch einige Studenten bzw. andere Lehrer mit, außerdem noch einige Ältere. Insbesondere durch den geschichtskompetenten Leiter des Kreises war eine Kontinuität der Arbeit, historische Sach- und Methodenkenntnis als auch Material sichergestellt. Einzelne Arbeiten im Kreis wurden von Jugendlichen bzw. für Jugendliche durchgeführt, z. B. das Fußball-Turnier um den »Krökel«-Pokal und die entsprechende Broschüre (vgl.: Dok. 12). Die alternative Stadtrundfahrt wurde, initiiert durch den Historischen Arbeitskreis, von der DGB-Jugend entwickelt; die DGB-Jugend beteiligte sich an der Pflege von Gräbern ermordeter Häftlinge des ehemaligen KZs Wilhelmshaven, an der Initiative zur Errichtung einer »Gedenkstätte KZ Wilhelmshaven«, an einer DGB-Wanderausstellung, an einer Ausstellung zur Geschichte der örtlichen Arbeiter- und Gewerkschaftsbewegung zum Pfingst-Jugendtreffen 1986 und an Schulungsseminaren zu historischen Themen.

Charakteristisch für ein Scheitern begonnener Arbeit ist der Versuch einer Gruppe von Jugendlichen der Firma Braun/Melsungen, die Firmengeschichte aufzuarbeiten. Das Projekt wurde in mehreren Wochenendschulungen in Kooperation des Jugendhofes Dörnberg mit der IG Chemie-Verwaltungsstelle durchgeführt. Man sammelte Material und ließ sich von älteren Aktivisten über frühere Zeiten berichten. Dann schlief die Arbeit wieder ein, das gesammelte Material blieb unverwertet. Die Gründe des Scheiterns lagen darin, daß die Jugendlichen keine ausreichende Motivation und Kompetenz besaßen, das Material selbst zu bearbeiten, daß keiner am Ort die Arbeit verantwortlich in die Hand nahm, daß der Jugendhof Dörnberg für eine kontinuierliche Betreuung der Arbeit zu weit entfernt lag und daß in der Gruppe eine starke Fluktuation zu verzeichnen war. Man versuchte daraufhin, einen jüngeren, ehemaligen Beschäftigten der Firma zu gewinnen, der nun studierte. Nachdem auch dies scheiterte, wurde schließlich kein weiterer Versuch mehr unternommen.

Zusammenfassende Bewertung

In der großen Mehrheit der Jugendgruppen, die sich mit Geschichte von unten befaßten oder befassen wollten, ist die Arbeit nicht begonnen worden, oder, wenn sie zustande kam, nicht weitergeführt worden. Die Gründe hierfür können folgendermaßen zusammengefaßt werden:

1. Geschichtsarbeit ist sehr aufwendig. Die Suche nach geeigneten Kontaktpersonen, die die richtigen Auskünfte geben, das Recherchieren nach aussagekräftigen Dokumenten, die meist auf viele Stellen verteilt sind, der komplizierte Prozeß mündlicher Geschichtsschreibung und der für Einschätzungen so wichtige Überblick über allgemeine Geschichtsliteratur erfordern einen Einsatz, der auf andere Arbeitsgebiete nicht zutrifft. Beispielsweise zeigen sich bei kultureller Arbeit nach kurzer Zeit Anfangserfolge, auf denen man aufbauen kann. In der Geschichtsarbeit wird man hingegen feststellen, daß als sicher geltende Einschätzungen oft wieder verworfen oder durch intensivere Nachforschungen überprüft bzw. fundiert werden müssen. So stellt sich der historische Forschungsprozeß für die Jugendlichen bald als quälender, langwieriger Prozeß heraus, der die Möglichkeiten der Jugendlichen überstrapaziert – wenn sie nicht entsprechende Hilfestellungen erhalten.

2. Auch Jugendliche haben Zeitprobleme. So gibt es Abschnitte in der Ausbildung, die den ganzen Einsatz fordern. Viele Jugendliche, die sich im gewerkschaftlichen Bereich an Geschichtsarbeit beteiligten, waren meist in mehreren anderen Funktionen tätig: als Jugendvertreter, als Jugendausschußmitglied, als Mitglied in einer Theater- oder sonstigen kulturellen Gruppe, möglicherweise noch als Mit-

glied in sonstigen Organisationen wie Sportvereinen. Entweder bleibt für die Geschichtsarbeit nicht viel Zeit, oder man erlebt Geschichtsarbeit als Beschäftigung, die viele der anderen Möglichkeiten einschränkt.

3. Arbeitende Geschichtsgruppen wurden auch durch laufende Ereignisse überrascht, bei denen man sich politisch einsetzte, beispielsweise bei den Auseinandersetzungen um den § 116, um Tschernobyl oder um betriebliche Probleme. Das Einschalten in aktuelle Politik führte nicht selten dazu, daß die Geschichtsarbeit ganz aufgegeben wurde.

4. Einige Gruppen erwarteten vom Projekt laufende praktische Hilfestellungen, die in dieser Form nicht gegeben werden konnten. Der örtliche Koordinator, der möglichst gute Geschichts- und Methodenkenntnisse besitzen sollte und ein *ständiger Ansprechpartner* sein muß, ist nicht durch eine Zentrale zu ersetzen. Ohne eine laufende praktische Hilfestellung kommt eine Jugendgruppe allzuschnell an unüberwindliche Barrieren. So ist es erklärlich, daß einige Gruppen zwar umfangreiches Material sammelten und sogar noch mit Spaß die Dokumente sichteten, nach dem Eintreten erster Auswertungsprobleme jedoch die Lust verloren und den Bearbeitungsprozeß beendeten.

5. Diejenigen Gruppen, die bereits gearbeitet hatten, kamen regelmäßig in finanzielle Schwierigkeiten. Die Mitglieder der Weidener Jugendgruppe legten beispielsweise erhebliche Geldbeträge aus der eigenen Tasche zu, weil sie den Bearbeitungsprozeß fortsetzen wollten. Dennoch mußten laufende Arbeiten abgebrochen werden, da die Mittel nicht ausreichten.

Konsequenzen für die Geschichtsarbeit in Jugendgruppen

Es können aus den bisherigen Erfahrungen hier nur einige Gesichtspunkte genannt werden, die minimale Voraussetzungen sind, um Geschichtsarbeit in gewerkschaftlichen Jugendgruppen zu fördern.

Wichtig sind Koordinatoren in der Gruppe, die sowohl die methodischen und inhaltlichen Schwierigkeiten, die bei Geschichtsarbeit auftreten, überwinden helfen und außerdem für eine Kontinuität der Arbeit sorgen, indem sie motivieren und die unterschiedlichen Aktivitäten zusammenfügen.

Entweder diese Koordinatoren selbst oder gewerkschaftliche Stellen auf örtlicher, regionaler oder zentraler Ebene oder andere Stellen wie Archivare müssen den Jugendlichen als Ansprechpartner bei der gezielten Dokumentensuchen oder der Vermittlung von Zeitzeugen zur Verfügung stehen, damit das notwendige Material in möglichst effektiver Form zusammengetragen werden kann.

Ohne ausreichende organisatorische Unterstützung ist der Geschichtsforschungsprozeß für die Jugendlichen kaum durchzuhalten. Dies fängt mit dem Vorhandensein von Räumlichkeiten an, in denen die Jugendlichen ungestört arbeiten und ihr Material aufbewahren können. Die unabdingbaren Reisen, das Aufbereiten des Materials in Diavorträgen, Ausstellungstafeln, Broschüren oder sonstige Präsentationsformen erfordern finanzielle Zuwendungen, die allerdings nicht unter dem Blickwinkel vergeben werden sollten, daß Produkte entstehen, die den Werken professioneller Historiker vergleichbar sind. Vielmehr geht es hier um die Unterstützung selbstorganisierter Bildungsarbeit, die Geschichte zum Gegenstand hat, die wesentliche Erkenntnisprozesse ermöglicht und die in dieser Form bei einer bloßen Teilnahme an gewerkschaftlichen Geschichtsseminaren nicht zu erreichen wäre. Gerade die komplizierte Auseinandersetzung mit gefundenen Dokumenten und deren Widerborstigkeit gegenüber vorgefaßten Interpretationsschablonen sowie das Gewinnen neuer Urteile aus geschichtlichem Material können überaus positive Effekte für das politische Urteilsvermögen und die kritische Meinungsbildung zu historischen Themen auslösen.

Den Jugendlichen müssen in Seminaren und in der gewerkschaftlichen Öffentlichkeit Möglichkeiten der Darstellung ihrer Ergebnisse gegeben werden, da hierdurch ein Austausch über geschichtliche Ereignisse und ihrer Bewertung auf eine breitere Basis gestellt wird, die Jugendlichen außerdem den Drang haben, ihre selbst erarbeiteten Ergebnisse mitzuteilen und durch die Auseinandersetzung mit anderen auf neue Fragestellungen stoßen.

Zusammen mit den Koordinatoren und interessierten Kontaktpersonen unter gewerkschaftlichen Hauptamtlichen könnten die Jugendlichen auch Veranstaltungen organisieren, z. B. alternative Stadtrund-

fahrten, Gedächtnisfeiern, Besichtigungen historischer Stätten, Diskussionen mit Aktivisten oder öffentlichkeitswirksame Veranstaltungen.
Eine zentrale Stelle in den Gewerkschaften sollte für die Jugendlichen Anlaufstelle für Informationen über interessante Ansätze oder Konzepte anderer Jugendgruppen sein, sie sollten sich dort auch Hinweise über wichtige Archive, Institutionen und Materialien holen können. Diese Stelle müßte den Austausch zwischen den arbeitenden Jugendgruppen über Seminare und andere Veranstaltungsformen (z. B. »Messe der Geschichtsjugendgruppen«) organisieren und auch Kontakte zu Jugendveranstaltungen und Gewerkschaften vermitteln.

Museum der Arbeit

Thesen und Bericht

von Rolf Bornholdt

Wenn sich Gewerkschafter mit diesem Thema auseinandersetzen, kommt fast automatisch die Frage hinzu: Welche Bedeutung haben Museen für die Arbeitnehmer? Museen sammeln, deuten und zeigen Gegenstände zu den verschiedensten Themen: Saurierskelette, afrikanische Masken, Gefäße aus Ton, Zinn oder Silber, mittelalterliche Madonnen, Gemälde von Picasso, Flugzeuge und Automobile, Maschinen und technisches Gerät. Von allen anderen kulturellen Einrichtungen unterscheidet sich das Museum durch seinen Bezug auf dreidimensionale Objekte. Originale Sachzeugnisse und die in ihnen aufgehobene oder an ihnen ablesbare Geschichte stellen die Besonderheit des Museums dar. Die Faszination, die von den Museumsobjekten ausgeht, gibt die Chance zur Vermittlung von Kenntnissen. Die Objekte können Emotionen, Erinnerungen oder Nachdenken bewirken, ihre Anschaulichkeit und gegebenenfalls ihre »Begreifbarkeit« stellen ein besonderes Potential für kulturelle Bildung dar.

In zwei jeweils mehrtägigen Veranstaltungen im Rahmen des Projekts »Geschichte von unten« bearbeiteten Kolleginnen und Kollegen aus Geschichtsprojekten und Museen die Themen:

– Wie können Museen einen Betrag zur Geschichte der Arbeit und des Alltagslebens leisten?

– Welche Fragen werden in traditionellen Museen nicht behandelt?

– Welche Themen interessieren uns als Gewerkschafter und sollen dargestellt werden?

Bis vor wenigen Jahren gab es in der Bundesrepublik weder in der Forschung noch gar in Museen die Themen »Arbeit«, »Alltagsleben« oder »Arbeiterbewegung«. Arbeitnehmer, die etwas über die täglichen Lebensverhältnisse, die Arbeitsbedingungen in den Werkstätten, Fabriken oder Kontoren vor fünfzig oder hundert Jahren erfahren wollten, suchten und suchen zumeist auch heute in den Museen vergeblich danach. Gleiches gilt für die Darstellung der Geschichte der Gewerkschaftsbewegung oder die Entwicklung der politischen Arbeiterbewegung.

In Hamburg wurde 1979 erstmals das Thema Arbeiterbewegung in einer Sonderausstellung im Museum für Hamburgische Geschichte behandelt. Ein Jahr zuvor zeigte das Historische Museum in Frankfurt/Main die Ausstellung »Arbeiterjugendbewegung in Frankfurt 1904 – 1945«. Zwei frühe Beispiele für das sich entwickelnde Interesse an einer Geschichte von unten. In beiden Fällen waren die Initiatoren Kollegen, die als Gewerkschaftsmitglieder im Museum tätig waren oder als Veteranen der Arbeiterbewegung am Thema Interesse hatten. Beide Ausstellungen behandelten das Thema Arbeiterbewegung bzw. Arbeiterjugendbewegung bezogen auf den jeweiligen Großstadtraum und knüpften damit an persönlich erinnerte Geschichte oder die vertraute Region an. Zwei Methoden, die sich in der gegenwärtigen Bewegung »Geschichte von unten« wiederfinden.

Die beiden Arbeitstagungen in Hattingen versuchten eine Standortbestimmung anhand der bisherigen Aussagen des DGB zur Kulturpolitik, zogen gewerkschaftliche Positionspapiere zu Einzelprojekten heran, sahen Pressemeldungen durch, befaßten sich mit dem Gutachten zum Museum der Arbeit in Hamburg, sowie mit den Projekten der Bundesregierung in Bonn und Berlin und analysierten Ausstellungsformen und Zielsetzungen von Museen.

Bei der zweiten Tagung im Januar 1987 wurden drei Fragenkomplexe in Arbeitsgruppen diskutiert:

– Was haben Gewerkschaften mit Kultur zu schaffen?

– Wer oder was herrscht in unseren Köpfen?

– Welche Aufgaben haben Museen, insbesondere ein Museum der Arbeit?

Was haben Gewerkschaften mit Kultur zu schaffen?

Was hat der DGB, was haben wir als Gewerkschafter mit Kultur zu schaffen? Was ist das überhaupt: Kultur?

Die Antwort eines Kollegen lautete: »Bei uns zuhaus war Kultur das, wo man hinging, Oper, Theater oder Schiller, Goethe.« Also: Kultur = Kunst?

Ein zweiter Versuch einer Begriffsdefinition: aus dem lateinischen Stammbegriff cultio = Bebauung, Ackerbau, das Land bebauen, Natur, natürliche Gegebenheiten kultivieren, die Natur den menschlichen Bedürfnissen, den Menschen den natürlichen Bedingungen anpassen. Also: Kultur = die Gesamtheit der Lebensäußerungen des Menschen, die zweite menschliche Natur, über das natürlich Vorgegebene hinaus. Menschliches Leben wäre demnach ohne Kultur unmöglich.

Die Anwendung des Begriffs »Kultur« in diesem Sinne fällt leicht beim Betrachten ferner »Kulturen«, z. B. bei Eskimos, wo wir bereit sind, jede Lebensäußerung als »Kultur der Eskimos« zu akzeptieren. Kultur fängt schon beim Lernen der Muttersprache an, bei Kinderspielen, nicht erst beim vollen Bücherschrank.

Die Schwierigkeit zu definieren, was denn Kultur sei, wurde noch größer, als die Begriffe Arbeiterkultur, Arbeiterbewegungskultur, Kultur der Arbeiter, Industriekultur, Alltagskultur, Hochkultur, Massenkultur, Volkskultur untersucht wurden.

Zu *Arbeiterkultur* sagt Tenfelde, daß ihre Wurzeln »in der Ausformung klassenspezifischer Daseinsformen« und »in den frühen kulturellen Manifestationen der Arbeiterbewegung«[1] zu finden sind. Sie kann in drei Wirklichkeitsbereiche unterteilt werden:

1. Arbeitsplatz im Gefüge von Arbeitsprozeß und Arbeiterorganisation;

2. Familie, Nachbarschaft, Kommune, Verein;

3. Arbeiterbewegungskultur im Zusammenhang mit der Arbeiterbewegung.

---

[1] Zitiert aus: Klaus Tenfelde, Vom Ende der Arbeiterkultur, in: Zeitschrift für Gesellschaft, Kunst, Politik im Ballungsraum, Heft Nr. 3, 1986.

Aus: Rundbrief Nr. 8,
S. 22 und 26.

Die Arbeiterkultur – die sich beispielsweise darin äußerte, stolz auf bestimmte Berufskleidung zu sein – gehört wesentlich der Vergangenheit an. Überlieferungen werden – nach Tenfelde – nicht mehr tradiert. So habe sich nach 1945 kaum mehr als die 1. Mai-Feiern erhalten, wobei sich die Art der Feiern veränderte. Ob die Traditionen der Arbeiterbewegung wirklich soweit verschwunden sind, wie hier gesagt wird, mag dahingestellt bleiben.

Spuren einer *Arbeiterbewegungskultur* wie die Büchergilde Gutenberg, die Ruhrfestspiele, Volksbühnen gibt es immerhin noch. Auch finden sich in Sportvereinen und Musikgruppen Hinweise auf ihre Gründung als Arbeiterkulturorganisationen. Arbeiterbewegungskultur zu definieren – als alles das, was die Bewegung, was die Organisationen der Arbeiter als kulturelle Einrichtungen für sich geschaffen haben – fiel relativ leicht.

Schwieriger war die Deutung der Begriffe *Industriekultur* und *Alltagskultur*. In der Diskussion wurde deutlich, daß der Begriff Industriekultur – dies zeigt zum Beispiel die bei Beck in München erschienene Reihe über Industriekultur in deutschen Großstädten – verwendet wird, um Kulturgeschichte im Zeitalter der Industrie zu beschreiben. Die Besonderheit der Massenproduktion und die serielle Herstellung von Gebrauchsgütern, die neuen Produktionsformen und -prozesse, die das Leben und das Bewußtsein entscheidend veränderten, sind bislang nicht zum Thema von Darstellungen zur Industriekultur gemacht worden. Dabei hat »die Serie« einen überall erkennbaren Einfluß auf die industrielle Gesellschaft bis hin zum Standardbewußtsein, dem gleichsam »gestanzten Bewußtsein«.

»Alltag«: Ist das jeder Tag für alle? Ist das der Werktag der Arbeiter? Wo bleiben der Feierabend und die Feste? Gehören sie dazu? Hatte das Bürgertum keinen Alltag? Das Wort »Kultur«, entsprechend verwendet, macht den verwirrenden Begriff Alltagskultur mehr als überflüssig.

Wie verwendet der DGB den Begriff »Kultur«?

Hierzu die Vorstellungen des DGB zur Kulturpolitik und Kulturarbeit: »Kultur ist die Gesamtheit der durch menschliche Arbeit geschaffenen materiellen und geistigen Werte und durchdringt alle Lebensbereiche.

Die menschliche Arbeit mit allen Fertigkeiten und Fähigkeiten, die sie ausbildet und voraussetzt, ist selber grundlegende kulturelle Leistung. Sie ist die Grundlage, auf der alle jemals gedachten, entdeckten und erforschten, erkämpften und geschaffenen Annehmlichkeiten des menschlichen Lebens aufbauen und auf der sich die Künste und kulturellen Ausdrucksformen erst entwickeln und entfalten konnten und können. Die Künste in ihren vielfältigen Ausdrucksformen, das Schul- und Bildungswesen, das Informationswesen bilden die kulturellen Kernbereiche.«

In dieser Definition bezieht der DGB zunächst alle Lebensbereiche in ihrer Gesamtheit als die Kultur konstituierend ein. Insbesondere trifft er die Feststellung, Arbeit sei grundlegende kulturelle Leistung. Er kommt dann aber sehr schnell dazu, der herrschenden Vorstellung, Kultur sei im wesentlichen Kunst, zu entsprechen. Damit nimmt der DGB sich selbst die Möglichkeit, eine umfassendere Vorstellung zu prägen und durchzusetzen. Durch die herrschende Auffassung ist eine Meinung über Kultur verbreitet, die dem bürgerlichen Ideal entspricht: Kultur sei das Gute, Wahre, Schöne, und dabei der Arbeit den Charakter einer grundlegend kulturellen Leistung abspricht. Für die jeweils Herrschenden ist es wichtig, Normen und Werte festzusetzen, um sich gegenüber den Beherrschten zu behaupten. Wer den Kulturbegriff prägt, übt eine Interpretationsmacht aus, die nicht hoch genug eingeschätzt werden kann. Wer beherrscht wird, versucht sich anzugleichen und übernimmt dabei Vorstellungen und Begriffe der Herrschenden.

Wer den Kulturbegriff eng faßt, kann ausgrenzen, was ihn stört, oder abwerten, was andere leisten. *Arbeit ist eine kulturelle Leistung.* Als Gewerkschafter müssen wir deshalb daran interessiert sein, uns an der Interpretation des Kulturbegriffs zu beteiligen, um der Arbeit ihren angemessenen Platz im Kulturbegriff zu sichern.

Kultur ist Lebensform, Lebensgestaltung und Lebensgewohnheit aller Menschen. Die Absicht, eine »Demokratisierung der Kultur« vorzunehmen, ist denkbar undemokratisch. Die dieser Absicht zugrundeliegende Vorstellung geht davon aus, daß bisher Kultur nur einem elitären Kreis der Gesellschaft eigen war, während jetzt »alle mal mitmachen dürfen«. Etwas ganz anderes ist es, die Künste und die mit ihnen verbundenen vielfältigen Formen der Bereicherung des Lebens allen zugänglich zu machen.

Wer oder was herrscht in unseren Köpfen?

»In einem geschichtslosen Land (gewinnt derjenige) die Zukunft, der die Erinnerung füllt, die Begriffe prägt und die Vergangenheit deutet.« (Michael Stürmer in der Zeitschrift »Das Parlament«.)

Unsere Wahrnehmung gegenwärtiger sozialer Verhältnisse wie unser Geschichtsbild werden geprägt von vielfältigen Einflüssen. Elternhaus, Schule, Presse, Rundfunk, Fernsehen, Filme, Geschichtswissenschaft und letztendlich auch Museen haben daran ihren Anteil.

Insbesondere die großen Ausstellungen der letzten Jahre zur Geschichte der Staufer, Wittelsbacher oder Preußen spiegeln das herkömmliche Geschichtsbild wider. Geschichte wird in diesen Ausstellungen überwiegend als Herrschaftsgeschichte begriffen oder soll – wie das Haus der Geschichte in Bonn und das Deutsche Historische Museum in Berlin – »sinnstiftend« das Bewußtsein prägen. In Berlin und Bonn geht es »um die Schaffung einer Stätte der Selbstbesinnung und Selbsterkenntnis«, erklärte Helmut Kohl am 27. Februar 1985 in seinem Bericht zur Lage der Nation, »wo nicht zuletzt junge Bürger unseres Landes etwas davon spüren können – und sei es zunächst auch nur unbewußt –, woher wir kommen, wo wir stehen und wohin wir gehen werden«.

Hier unternehmen die Konservativen den Versuch – mehr noch als dies schon immer geschehen – ein neues Selbstverständnis der Bürger herzurichten. Dieses Selbstverständnis läßt dann die Gesellschaft als Schicksalsgemeinschaft erscheinen, bei deren Erfolgen, Stärke und Ansehen in der Welt das Elend der einzelnen Bürger, die Arbeitslosigkeit, die ungerechte Verteilung des Reichtums und die unterschiedliche Verteilung der Macht verschwinden.

Die Gewerkschaften, wir als Gewerkschafterinnen und Gewerkschafter, sind nicht an der Größe unseres Landes, an Erorberungen, am Reichtum der Nation und ihrem Einfluß interessiert, sondern an dem Glück aller, an unseren Lebenschancen und deren Entfaltung. Wir wollen den Reaktionären mit ihrem festen Geschichtsbild und Wertesystem kein eigenes, festgefügtes Geschichtsbild entgegensetzen. Wir wollen an historischen Auseinandersetzungen deutlich machen, daß sie immer Ergebnisse von menschlichen Entscheidungen waren, die auch anders hätten ausfallen können; daß gesellschaftliche Zustände und Herrschaftsverhältnisse durch menschliches Handeln veränderbar sind und verändert wurden; daß Widerstand und solidarisches Handeln für die eigenen Interessen die rechtliche und materielle Situation verbessern, Unheil und Kriege verhindern können.

Für das Geschichtsbild, für die Wahrnehmung gesellschaftlicher Wirklichkeit, für die Prägung von Wertvorstellungen, haben Museen eine nicht zu unterschätzende Wirkung. Diese Tatsache ist den konservativen Kräften durchaus bewußt. Als in Hamburg zu Beginn der achtziger Jahre eine Demokratisierung der Leitungsstruktur der Museen angestrebt wurde, ging ein Aufschrei durch die konservative Presselandschaft: »Funktionärssturm auf das Museum« war der Tenor. Dabei ging es nur um die Beteiligung von Museumsmitarbeitern an der Leitung der Museen, nur das alleinige Entscheidungsrecht der Direktoren sollte eingeschränkt werden.

Während bereits das zaghafte Interesse von Gewerkschaften an der Institution Museum beargwöhnt wird, gibt es problemlos eine mehr oder weniger intensive Zusammenarbeit mit Unternehmen.

Auf einem Führungsblatt des Museums für Hamburgische Geschichte veröffentlichte die Norddeutsche Affinerie (die durch von ihr verursachte Umweltprobleme ins Gerede gekommen ist) einen Text zur Firmengeschichte, der – wie könnte es anders sein – nur Positives auch beim Umweltschutz zu vermelden hat.

Da führte die Hamburger Kunsthalle eine Ausstellung durch, die arg an eine Werbeveranstaltung für IBM erinnert. »Ein völlig neues Kommunikations-System (...) soll helfen, den Kunst-Erlebnishorizont zu erweitern und das Kunst-Verständnis zu vertiefen. Es erlaubt den Besuchern, ihre Empfindungen, Eindrücke, Assoziationen an einem neutralen Ort zu hinterlegen. (...) Dieser neutrale Ort ist der Personal-Computer. IBM unterstützt die Ausstellung ›Kunst im Netzwerk‹ mit acht IBM-PC.«[2]

Zwei beliebige Beispiele für die Zusammenarbeit der Wirtschaft mit Museen.

Man stelle sich einmal vor, die IG Metall würde an ein Museum im Ruhrgebiet herantreten mit der Forderung, man möge doch den von

---

2 Faltblatt zur Ausstellung »Kunst im Netzwerk«, Hamburger Kunsthalle, 1987.

Günter Wallraff beschriebenen Arbeitsverhältnissen der türkischen Kollegen bei Thyssen eine Ausstellung widmen.

Ein Beispiel besonders intensiver Zusammenarbeit zwischen Wirtschaft und staatlichen Organen ist das »Landesmuseum für Technik und Arbeit« in Mannheim.

»Die Wirtschaft unseres Raumes blickt mit großem Interesse auf die von der Landesregierung von Baden-Württemberg beschlossene Einrichtung eines Landesmuseums für Technik und Arbeit in Mannheim«, sagt Dr. Hans K. Göhringer, Präsident der Industrie- und Handelskammer und Vorsitzender des Museumsvereins für Technik und Arbeit, und stellt in der Monatsschrift Nr. 12/1983 der IHK gut elf Seiten für eine Veröffentlichung der Gedanken von Lothar Späth, Bürgermeister Gerhard Widder/Mannheim, Architekt Andreas Plattner und Museumsdirektor Dr. Lothar Suhling zur Verfügung. Dieses Heft diente dann einige Jahre als offiziell vom Museum verteiltes Konzept. Es manifestiert sozusagen die Einflußnahme auf die Planungen.

Das Seminar nutzte das Heft auch als Diskussionsgrundlage, weil es beispielhaft die konzeptionelle Übereinstimmung von Vertretern der Wirtschaft und Industrie mit der von Politiker und Museumsleitung deutlich macht. Wie beschrieben nun die Museumsinitiatoren die Ziele des Museums, und wie stellt sich ihr Verhältnis zu Technik und Arbeit dar?

Es überrascht bei der geschilderten Konstellation nicht, daß sozialgeschichtliche Themen eher am Rande behandelt werden. Daß es z. B. unterschiedliche Interessen zwischen Unternehmern und den bei ihnen beschäftigten Arbeitnehmern geben könnte, wird nicht einmal angedeutet. Eigentliches Thema ist: »Die Versöhnung von Mensch und Technik«.

Wie kann Technikgeschichte zur Förderung der Technikakzeptanz eingesetzt werden? »Die Versöhnung von Mensch und Technik (...) hat mittlerweile alle Lebensbereiche erfaßt; was wir auch tun, wohin wir uns wenden, überall begegnet uns die Technik. Parallel dazu ist der Vorbehalt gegenüber neuen technischen Entwicklungen, die Beklemmung vor den vielfach nur schwer abschätzbaren Folgen neuer Technologie gewachsen. Es ist unsere Aufgabe, diesen Entwicklungen entgegenzuwirken.« Die Kritik am Einsatz von Technik wird vor allem der

Unkenntnis zugeschrieben. »Einer der wichtigsten Gründe ist sicher, daß der Mensch ohne entsprechende Ausbildung die moderne Technik nicht versteht.«[3] Daß die Probleme der Arbeitslosigkeit und der Umweltzerstörung nicht primär eine technische, sondern eine Frage von Unternehmensentscheidungen ist, wird natürlich nicht gesagt. Vor allem scheint es darum zu gehen, das Vertrauen in die Entscheidungen der Staats- und Unternehmensführung wiederherzustellen.

Wer die Steigerung der Produktivität durch den Einsatz neuer Technologie und die daraus dann folgende Erhöhung der Zahl der Arbeitslosen durch die 35-Stunden-Woche ausgleichen will, braucht sicher keinen Nachhilfeunterricht in Technikgeschichte. Ein gut Teil der Umweltprobleme ließe sich durch Veränderung der Produktionspalette und durch den Einsatz vielfach bereits entwickelter technischer Anlagen bewältigen. Ob dies geschieht, wird an politischen und wirtschaftlichen Entscheidungen liegen. Wir meinen, daß das notwendige Korrektiv die Einflußnahme von Bürgerinnen und Bürgern, von Arbeiterinnen und Arbeitern, z. B. von Gewerkschaften sein muß.

Durch die gegenwärtigen Entwicklungen werden in der Tat die natürlichen Grundlagen unserer Existenz zerstört. Ziel sollte es aus unserer Sicht sein, daß künftig technische Entwicklungen befragt werden, ob sie wirklich die Lebensqualität erhöhen. Die in vielen Bereichen von Kollegen entwickelten Vorschläge zur Umstellung der Produktion könnten hierfür genutzt werden.

Neben der Frage: Wie nutzen Unternehmer staatliche Museen für ihre Zwecke? wurde im Seminar auch untersucht, wie Firmenmuseen arbeiten.

Museen wie das BMW-Museum in München haben das Ziel, Besucher von den Leistungen des Unternehmens sowie der Qualität der Produkte (hier dem BMW-Automobil) zu überzeugen. Für diese Überzeugungsarbeit stellen sich drei Aufgaben:

1. Die technische Perfektion des BMW-Automobils muß als gut und wünschenswert akzeptiert werden.

---

3 Zitiert aus: 1. »Aus der Geschichte lernen« von Dr. Hans K. Göhringer, 2. »Ein aus der Geschichte in die Zukunft weisendes Projekt Baden-Württembergs« von Lothar Späth, beides in: »Die Wirtschaft – Nachrichten der Industrie- und Handelskammer Rhein-Neckar« 12/1983.

2. Das Automobil als privates Fortbewegungsmittel muß entgegen kritischer Haltungen sowohl wünschenswert, notwendig als auch verantwortbar sein.

3. Eine mögliche »Technikfeindlichkeit« der Besucher soll zu einer Technikakzeptanz gewandelt werden, indem Probleme der industriellen Entwicklung, technische sowie soziale (z. B. Arbeitslosigkeit), als beherrschbar dargestellt werden.

In der Konzeption des BMW-Museums, bei der wir uns in der Diskussion auf das Buch »Zeitmotor« bezogen, wird die technische Entwicklung generell als technischer Fortschritt bewertet. Fragen nach Alternativen der technischen Entwicklung in der Geschichte werden nicht gestellt und sollten beim Besucher auch möglichst nicht aufkommen.

Durch die gewählte Begrifflichkeit, in der von »der Technik, die das Verhältnis des Menschen zur Arbeit verändert hat«, gesprochen wird, bleibt ausgeklammert, daß nicht jeder Mensch, sondern Vorstände von Unternehmen Entscheidungen treffen. Sie sind es, die entscheiden, eine technische Neuerung zu entwickeln und einzuführen oder nicht. Technische Innovationen, so scheint es, folgen einem Naturgesetz, ebenso das Funktionieren unserer Wirtschaftsordnung.

Hier ein Beispiel für den problemlosen Umgang mit neuen Entwicklungen:

»Frauen in der Industrie. Besteht für Frauen Chancengleichheit in Führungspositionen? Technik steht bei der Erziehung von Mädchen hinten an, was mit dazu beiträgt, daß Frauen in der Industrie schlechtere Chancen haben als Männer. Dazu kommt die Doppelbelastung Familie und Beruf. Aber durch neue Techniken und neue Medien werden immer mehr Arbeitsplätze nach Hause verlegt werden können.«[4]

Einen Vorteil haben die Firmenmuseen allerdings, wie wir sowohl bei unserem Besuch des Krupp-Museums in der Villa Hügel in Essen als auch bei der Durchsicht der Publikationen zum BMW-Museum in München feststellen konnten: Jeder Gewerkschafter wird schnell erkennen, wer mit welchem Ziel informiert.

---

4 »Zeitmotor«, Auf den Spuren der Zukunft, Ihr persönlicher Führer während der Ausstellung im BMW-Museum, o. J.

Welche Aufgaben hat ein Museum der Arbeit?

»»Wer baute das siebentorige Theben? In den Büchern stehen die Namen von Königen. Haben die Könige die Felsbrocken herbeigeschleppt? Und das mehrmals zerstörte Babylon – Wer baute es so viele Male auf? (...)« So läßt Bertolt Brecht seinen lesenden Arbeiter fragen. Doch wer gibt ihm in den Hamburgischen Museen eine Antwort? Die Drehbank und der Kohlensack, der Hafenkran und der Niethammer, die Wohnung im Gängeviertel, in Barmbek und in Rothenburgsort – wer stellt sie aus, wer kümmert sich darum? Bett und Stuhl, Brot und Hunger, Kindheit und Alter, Krankheit und Kälte – Schicksal ungezählter Arbeitermassen, wer hat das alles dokumentiert? Wer hat die Trümmer weggeschafft? Wer hat die Straßen und Plätze, die Schulen und Läden, die Betriebe und Wohnungen aufgebaut nach den Bomben? Wer hat den Kopf hingehalten – im Krieg, in der Inflation, in der Erwerbslosigkeit?

Hamburg – ›Hauptstadt der Deutschen Arbeiterbewegung‹ – wer hat diesen Begriff geprägt? Streiks, Unruhen, Demonstrationen und Proteste – wer hat sie organisiert? Wer zahlte die ›Unterstützung‹? Wer druckte und verteilte die Handzettel und Plakate, wer saß dafür hinter Gittern, wer bekam die Ausweisung (nach Amerika)? Diskussionen, Fahrten, Sing- und Tanzgruppen, Arbeitersport- und Arbeiterbildungsvereine, Arbeiterjugendbewegung – was ist daraus geworden? Wer jagte den Kaiser davon? Wer machte die Revolution?

Hoffnung, Kampf und Zuversicht – sind die Ziele der Arbeiterbewegung heute erreicht? Der Fortschritt in Industrie und Technik – was brachte er den Menschen ein? Mehr Freizeit, mehr Streß, schönere Wohnungen, zersiedelte Landschaft, mehr privaten Konsum, mehr Einsamkeit und Entfremdung?

Diese Fragen und Überlegungen haben auch ihre Bedeutung für heute. Viele Menschen (...) haben Sorgen mit der Arbeit, mit dem Arbeitsplatz, der Berufsausbildung, der Wohnung, der Familie. Anpassung oder dumpfe Unzufriedenheit mit den bestehenden Zuständen helfen da nicht weiter. Aber wer genaueres darüber weiß, wie unsere Wohnverhältnisse und unsere Arbeitswelt entstanden sind, wer erkennt, daß die bestehenden Zustände auch von Menschen gestaltet wurden, der findet auch den Mut und den Weg, sich mit seinen Nachbarn und Kollegen für die Verbesserung dieser Verhältnisse einzusetzen.«[5]

Dieses Plädoyer für ein Museum der Arbeit in Hamburg beschreibt auch heute noch zutreffend Positionen für ein solches Museum, mit denen sich Gewerkschaften identifizieren können. Hier werden Themen genannt, die uns interessieren, die in traditionellen Museen nicht oder zu wenig behandelt wurden.

Die Forderung nach der Darstellung dieses Teils der Geschichte, zuerst in Hamburg – vor allem vom DGB – erhoben, wird nun an vielen Stellen in der Bundesrepublik laut.

Aus Kiel berichteten die Teilnehmer vom geplanten Museum für Industrie- und Alltagskultur, zu dem der DGB gewerkschaftliche Forderungen erhoben hat.

Kolleginnen und Kollegen aus Hann.-Münden erzählten von dem Arbeiterkulturverein in dieser Kleinstadt, der sich um die Einrichtung eines »Museums der Arbeit« in dem zur Stadtmauer gehörenden Natermannturm bemüht, in dem lange Zeit Schrotkugeln hergestellt wurden.

Geschichtswerkstätten und Arbeitskreise berichteten von Stadtrundgängen zu Stätten der Arbeiterbewegung und zu alten Industrieanlagen und stellten ihre Arbeit vor.

In Bremen haben Geschichtsgruppen die Ergebnisse und Erfahrungen ihrer Entdeckungsreise durch Bremer Stadtteile und Betriebe in einer Ausstellung auf der Diele des Bremer Rathauses vorgestellt und hierzu eine Broschüre herausgegeben. Sie fordern ebenfalls ein Museum der Arbeit und des Alltags, in dem sie ihre Materialsammlungen und Forschungsergebnisse ausstellen können. In der Broschüre dazu heißt es: »Am Anfang dieser Arbeit stehen Kolleginnen und Kollegen, denen die Jubiläumsschriften ihres Betriebs nicht genügen, Bremer, die sich mit der Entwicklung ihres Stadtteils auseinandersetzen wollen, sowie politisch engagierte Veteranen der Arbeiterbewegung, die zur Aufarbeitung eines wichtigen Kapitels Bremer Geschichte beitragen.«[6]

Mit dem Projekt »Geschichte von unten« hat der DGB einen notwendi-

---

5 Zitiert aus: Kersten Albers, Klassenkampf im Museum, in: »Kultur für alle«, Oktober 1979.
6 Zitiert aus: »Entdeckte Geschichte«, Bremer Stadtteile und ihre Geschichte, Geschichtsgruppen stellen sich vor, Bremen 1986.

gen Schritt getan, um die Beschäftigung, die Auseinandersetzung mit der eigenen Geschichte zu fördern. Konsequent weitergeführt, wird dabei auch ein Beitrag geleistet, sich kritischer als bisher mit dem Geschichtsbild in den Museen zu befassen. Denn zum vollständigen Bild gehört auch die Darstellung des Lebens der Bauleute, Köche, Sklaven. Die Versäumnisse werden nicht mit der Schaffung eines Museums der Arbeit ausgeräumt, auch in den übrigen Museen bleibt zu fordern, daß die blinden Flecken im Bild der Vergangenheit beseitigt werden.

Dies gilt für die großen zentralen Museen ebenso wie für die regionalen Heimatmuseen. Gerade Museen mit regionalem Bezug kommt bei der Vermittlung authentischer Lebensverhältnisse und Arbeitsbedingungen eine hohe Bedeutung zu. Der Erhalt historischer Gebäude und Objekte vor Ort bietet für die Darstellung der sozialgeschichtlichen Zusammenhänge beste Voraussetzungen.

Ein hervorragendes Beispiel für ein Museum mit regionalem Bezug, das der Darstellung sozialgeschichtlicher Fragen nicht ausgewichen ist, stellt das mit dem Preis des Europarates ausgezeichnete Museum der Stadt Rüsselsheim dar.

Den gleichen Preise erhielt 1986 das Berliner Heimatmuseum Neukölln. »Das Neuköllner Stadtmuseum versteht sich als ein Museum für Stadtkultur und Regionalgeschichte. (...) Der Begriff Stadtkultur umschreibt verschiedene kulturelle Äußerungsformen, die durch die soziale, wirtschaftliche und politische Infrastruktur geprägt werden. Er bezeichnet die Gesamtheit des städtischen Lebenszusammenhangs, der sich auf der Grundlage seiner Arbeits- und Wohnverhältnisse, sowie durch die soziale Zusammensetzung der Bevölkerung historisch herausgebildet hat.«[7]

Der regionale Bezug bietet vor allem – wie dies auch in Neukölln mit Erfolg praktiziert wird – die einzige Möglichkeit der Beteiligung der Bürger an »ihrem« Museum. Beteiligung meint mehr als den sonntäglichen Besuch. Bereits bei der Aufgabenstellung sollte sie erfolgen.

Welche Aufgaben hat nach all dem ein Museum der Arbeit?

---

7 Faltblatt »Neukölln stellt sich seiner Geschichte, Das Jahr 1912«, Berlin-Neukölln, 1987.

»Aufgabe des Museums ist es, sich mit dem Thema Arbeit, insbesondere seit Beginn der Industrialisierung bis in die Gegenwart, zu befassen. Dargestellt werden sollen die verschiedenen Formen beruflicher Arbeit, der Lebensalltag der Arbeiter- und Angestellten-Familien, die Entwicklung der Arbeiterkultur und auch die Organisationen der Arbeiterschaft und die Kämpfe für Arbeiterinteressen. Dabei sollen stets die unterschiedlichen Arbeitsbedingungen von Frauen und Männern besonders berücksichtigt werden.«[8]

Die Rolle der Geschlechter in unserer Gesellschaft – vor allem durch die Frauenbewegung ins Bewußtsein gebracht – wird eine besondere Bedeutung in der Arbeit von Museen der Arbeit haben. Arbeit ist nicht nur als Erwerbsarbeit zu definieren, sondern muß in gleicher Weise die Arbeit der Frauen im Haushalt und bei der psychosozialen Betreuung der Familie einbeziehen.

Beim Aufbau dieser Museen wird gleichfalls die Dimension Mensch, Technik, Natur – die für unser Leben und Überleben die Grundlage darstellt – zu thematisieren sein.

»Als Grundlage für die Forschungs-, Ausstellungs-, Bildungs- und Kulturprogramme wird das Museum der Arbeit Aufgaben übernehmen, die zu den traditionellen Bereichen der Museumsarbeit gehören: Es wird sammeln, konservieren und restaurieren. Hierbei geht es insbesondere um

- gegenständliche Zeugnisse aus der Arbeits- und Lebenswelt (z. B. Arbeitsgeräte, Berufskleidung, Arbeitsschutzeinrichtungen u. ä.);
- bildhafte Zeugnisse aus der Arbeits- und Lebenswelt (z. B. aus privaten Fotosammlungen aus Firmenarchiven, aus Festschriften; filmische Darstellungen);
- mündliche und schriftliche Zeugnisse aus der Arbeits- und Lebenswelt (z. B. Interviews, Tagebücher, Mitgliedsbücher, Lohnabrechnungen usw.).[9]

---

8 Faltblatt des Museums der Arbeit in Hamburg, 1987.
9 Museum der Arbeit – Überlegungen für ein Konzept, 1985.

Zu ergänzen wäre diese Aufzählung um die Zeugnisse aus der gewerkschaftlichen und politischen Arbeiterbewegung.

Die Einrichtung eines Gewerkschaftsbüros oder Teile der Ausstattung einer DGB-Bildungsstätte, Fahnen, Transparente und Flugblätter usw.

All das, was im Museum an Bildern, Dokumenten und Objekten zusammengetragen wird, kann häufig erst dann Geschichten erzählen, wenn Kolleginnen und Kollegen ihre Erinnerung dazu geben. Die mündlichen Berichte haben für die Bearbeitung und spätere Darstellung von Themen unschätzbaren Wert. Sie stellen häufig die einzige historische Quelle dar. Erst wenn die Hausfrau sagt, wie die Waschmaschine oder der Kühlschrank die tägliche Hausarbeit verändert haben, wenn der Schriftsetzer berichtet, was für ihn der Bildschirmarbeitsplatz bedeutet, wenn der Dreher von der Arbeit an alten Drehbänken spricht, oder Kollegen von einem Streik um mehr Lohn erzählen, wird persönliche Erfahrung und Erinnerung zu darstellbarer Geschichte. Diese Einbeziehung oder besser gesagt: Beteiligung der Betroffenen muß ein wichtiges Ziel sein.

Vor fast zehn Jahren (1978) formulierte der französische Animateur Jean Hurstel: »Erst wenn die Menschen ihre Zeit und ihren Raum ›beherrschen‹, wenn sie ihre soziale und historische Identität gefunden haben, dann können sie auch sozial handeln.«[10]

Dafür, daß dies geschieht, müssen entsprechende Rahmenbedingungen geschaffen werden.

Geschichte von unten bedarf angesichts der kulturpolitischen Rahmenbedingungen einer aktiven Förderung, und Museen der Arbeit brauchen die intensive Parteinahme durch die Gewerkschaften.

Die soziale Lage der Menschen, die Kämpfe für mehr Rechte und gegen Unterdrückung lassen sich nicht ohne Parteilichkeit im Museum darstellen. Wer das Geschehen in der Museumslandschaft der Bundesrepublik aufmerksam verfolgt, erkennt, wie – gewollt oder ungewollt – die Position der Mächtigen unterstützt und gestärkt wird.

---

10 »Spüren, wer man ist«, von Dieter Kramer, »Vorwärts« Nr. 41/1978.

Als Gewerkschafter müssen wir die Notwendigkeit kritischer Geschichtsarbeit erkennen und die Chance begreifen, die die Darstellung der Geschichte der Arbeit in eigenständigen Museen als identitätsbildendes Moment der Arbeiterbewegung bietet. Der Besucher, die Besucherin eines solchen »Museums muß Einsichten in gesellschaftliche und wirtschaftliche Prozesse und Zustände erhalten und ihre Hintergründe und Ursachen erkennen können. Geschichte muß anschaulich und erfahrbar gemacht werden. Die Darstellung geschichtlicher Zusammenhänge wird um so wichtiger, als sie zur Einsicht der Veränderbarkeit gesellschaftlicher Verhältnisse beiträgt, d. h. Lehren aus der Geschichte nutzbar machen. Es müssen Parallelen zur heutigen Situation deutlich werden.«[11]

Gemeinsam und in enger Zusammenarbeit mit denjenigen, deren Geschichte Thema des Museums ist, müssen die Inhalte erarbeitet werden. Neben vielen interessierten einzelnen werden Museen der Arbeit vor allem mit Gewerkschaften und ihren Betriebsgruppen, den Volkshochschulen, der Erwachsenenbildungsorganisation »Arbeit und Leben«, Frauenbildungszentren, Ausländerinitiativen, Seniorenarbeitskreisen und mit örtlichen und betrieblichen Geschichtsgruppen eine Zusammenarbeit suchen und auf deren Unterstützung angewiesen sein. Insbesondere die Gewerkschaften müssen ihren Anspruch deutlich machen und ihre Einflußmöglichkeit nutzen.

Als gewerkschaftliche Forderung ist auch eine kollegiale Leitung der Institution anzumelden. Dabei kann auf die Erfahrungen in den Museumsräten der hamburgischen Museen zurückgegriffen werden.

Die Möglichkeiten zur Diskussion und zum Erfahrungsaustausch mit Kolleginnen und Kollegen, die das Projekt »Geschichte von unten« bot, haben wir dankbar für unsere Arbeit in Anspruch genommen. Wenn Gewerkschafter es für notwendig halten, sich mit der eigenen Geschichte auseinanderzusetzen, sind die Erhaltung und der Ausbau derartiger Diskussions- und Arbeitsforen nötig.

---

11 DGB-Position zum Museum für Industrie- und Alltagskultur in Kiel, 1987.

P.S.: Für diesen Bericht wurden außerdem Manuskripte und Protokollnotizen von Regine Bigga (Kiel) und Mitarbeitern des Museums der Arbeit, Hamburg, herangezogen.

Kontaktadresse.:
Rolf Bornholdt
c/o Museum der Arbeit
Maurienstr. 19
2000 Hamburg 60

Regionale Gewerkschaftsarchive
Die fehlenden Voraussetzungen historisch fundierter Gewerkschaftsarbeit vor Ort

von Jürgen Dzudzek und Manfred Scharrer

»Aus der Geschichte lernen« ist zweifellos zu einer äußerst beliebten Aufforderung bei gewerkschaftlichen Veranstaltungen geworden. Dieses Motto meint jedoch weniger, daß das eigene Tun in einen bekannten und durchsichtigen Entwicklungsprozeß eingeordnet werden soll, als vielmehr, daß aus historischen Ereignissen die »richtige« Konsequenz gezogen werden kann. Dieser weitgehend äußerliche und abstrakte Bezug auf Gewerkschaftsgeschichte ist jedoch untauglich zur Verbesserung gewerkschaftlicher Tätigkeit.

Der Blick auf die großen gewerkschaftlichen und politischen Ereignisse verkennt oft, daß die gewerkschaftliche Tätigkeit erst auf regionaler, lokaler und besonders betrieblicher Ebene konkret, d. h. erfahrbar wird. Gerade im Betrieb zeigt sich die Qualität gewerkschaftlicher Arbeit, und gerade hier macht sich der Mangel an historischem Bewußtsein besonders drastisch bemerkbar. Die gewerkschaftliche Tätigkeit bedarf besonders auf den unteren Ebenen der historischen Fundierung, und auf dieser Ebene muß historische Erfahrung ernst genommen werden.

Im Zusammenhang des Projektes »Geschichte von unten« ist deutlich geworden, daß die regionale, lokale und vor allem betriebliche Gewerkschaftsarbeit bislang kaum historisches Interesse gefunden hat. Deutlich geworden ist dabei auch, daß diesem Desinteresse ein wenig sorgfältiger Umgang mit den historischen und aktuellen Zeugnissen gewerkschaftlicher Tätigkeit entsprach und entspricht. Von Interesse war für die Gewerkschaftsgeschichtsschreibung in der Vergangenheit fast ausschließlich die Tätigkeit der Vorstände. Dem entspricht ein mehr schlecht als recht entwickeltes Archivwesen, das ausschließlich bei den Gewerkschaftsvorständen angesiedelt und weitgehend auf ihre Tätigkeit bezogen ist. Die Unterlagen über die regionale, lokale und betriebliche Gewerkschaftsarbeit sind oft dem Papierkorb oder dem Altpapierhandel überlassen. So werden tagaus tagein in fast allen Gewerkschaftshäusern von Flensburg bis Passau wesentliche Unterlagen für eine historische Betrachtung gewerkschaftlicher Arbeit weggeworfen. Dabei werden unersetzbare Dokumente und Unterlagen meist in Unkenntnis ihrer zeitlich übergreifenden Bedeutung vernichtet. Welche Ausmaße diese Vernichtung von Unterlagen hat, ist derzeit gar nicht abzusehen. Es ist jedoch keine grundlose Vermutung, daß der Schaden durch eigenes Verhalten in der Zeit nach dem Zweiten Weltkrieg größer ist als jener, den die Nazis bei der Zerschlagung der Gewerkschaften 1933 angerichtet haben. Umzüge oder Personalwechsel in einer Funktion sind oft Anlässe, bei denen wertvolle Materialien verlorengehen. Verheerende Auswirkungen haben oft gründlich gemeinte Aufräumaktionen bei Platzmangel, unübersichtlicher Materiallage oder Renovierungen. Vielfach fehlt eine systematische Ablage, die es ermöglicht, zwischen historisch wertvollen und wertlosen Materialien unterscheiden zu können. Aktenpläne sind oft nicht vorhanden oder nur unzureichend entwickelt.

Dieser Zerstörung von Zeugnissen, die später einmal Grundlage unserer Gewerkschaftsgeschichte sein werden, müßte Einhalt geboten werden. Es gilt, Voraussetzungen dafür zu schaffen, daß die regionale, lokale und betriebliche Gewerkschaftsarbeit ebenfalls historisch fundiert werden kann. Dazu sind folgende Maßnahmen zur Sicherstellung wertvoller Unterlagen erforderlich:

- Musteraktenpläne für Verwaltungsstellen, Betriebsräte und Vertrauenskörperleitungen sowie Ortsgruppen der verschiedenen Gewerkschaften;
- Einrichtung regionaler Gewerkschaftsarchive, die die Altakten, Bilder usw. der Bezirke, Orts- und Kreisverwaltungen, Betriebsräte, Vertrauenskörper usw. übernehmen und archivalisch aufbereiten und zugänglich machen;
- Hinweise für eine systematische Ablage sowie zur Vernichtung von Akten.

Besondere Bedeutung und Dringlichkeit kommt der Einrichtung von regionalen Gewerkschaftsarchiven zu. Sie müßten für jedes Bundesland flächendeckend errichtet werden. Wünschenswert wäre, wenn sie weiter differenziert nach Regionen und Großstädten aufgebaut werden könnten und somit wirklich den Charakter regionaler Gewerkschaftsarchive hätten. Denkbar wäre auch eine Verbindung mit anderen Archiven der Arbeiterbewegung, u. a. aus Kostengründen.

Regionale Archive müßten neben Gewerkschaftsakten und Materialien vor allem Anlaufstelle der bislang heimatlosen Betriebsrats- und Vertrauensleute-Akten sein.

Geschichtsarbeitskreise 100 Jahre 1. Mai

Seminarbericht

1989 jährt sich zum 100. Mal der Tag, an dem auf dem Internationalen Arbeiter-Congreß zu Paris (14. bis 20. Juli 1889) beschlossen wurde, an einem Tag im Jahr international für die gemeinsamen Forderungen der Arbeiterbewegung zu demonstrieren. Da die Aktivitäten zu diesem Feiertag sehr unterschiedlich gestaltet wurden, kann davon ausgegangen werden, daß fast jeder Ort mit einer aktiven sozialistischen Arbeiterbewegung eine eigene 1. Mai-Geschichte hat. Eine Geschichte »von unten« oder »vor Ort« bietet sich am Beispiel des 1. Mai geradezu an.

Wir haben zu diesem Thema vom 30. November bis 4. Dezember 1986 im Rahmen des DGB-Projekts »Geschichte von unten« an der Bundesschule in Hattingen ein Seminar durchgeführt. Die folgenden Protokollnotizen über Verlauf und Ergebnis des Seminars sollen dazu anregen, sich in die Aufarbeitung der 1. Mai-Geschichte aktiv einzumischen. Das Protokoll wurde von Gabriele Weiden, Hartmut Büsing, Klaus Dyck und Jens Joost-Krüger verfaßt. M. S.

Bericht

Das Seminar richtete sich besonders an Gruppen und Personen, die bereits zur regionalen Geschichte der Maifeiern arbeiten bzw. arbeiten wollen oder die an der Maifeiergeschichte als Einstieg in die Beschäftigung mit der Geschichte der Arbeiterbewegung vor Ort interessiert sind (siehe dazu die Ausschreibung des Seminars in den DGB-Rundbriefen 4 und 5).

Es zeigte sich allerdings, daß nur wenige der 18 Seminarteilnehmer und Seminarteilnehmerinnen gekommen waren, um Impulse zum Aufbau einer Geschichtsgruppe zu erhalten. Die Mehrzahl beschäftigte sich bereits beruflich und/oder in festen Gruppenzusammenhängen mit regionaler/örtlicher Arbeiterbewegungsgeschichte.

Zu Beginn des Seminars wurde von allen Teilnehmer(n)/innen die Notwendigkeit des Fortbestandes des Projekts Geschichte von unten über die bisher geplante und abgesicherte Dauer (Mai 1987) hinaus bekräftigt. Für den Aufbau neuer und die Unterstützung bereits bestehender gewerkschaftlicher Geschichtsgruppen wurden die Qualifikations-, Kommunikations- und Kooperationsangebote des Projekts für sehr wichtig und sinnvoll gehalten.

Der Seminarverlauf wurde wie folgt festgelegt:

1. Einführung in die Anfänge der Geschichte der sozialistischen Maifeiern und in die Geschichte der deutschen Arbeiterbewegung vor 1914 (Referat Manfred Scharrer),
2. Interpretation von Maifeiertexten und Maifeierlyrik;
3. Diskussion und Erweiterung der Maifeierthesen des Bremer Projekts »100 Jahre 1. Mai in Bremen«;
4. Diskussion und Bewertung bereits abgeschlossener Aufarbeitungen regionaler Maifeiergeschichten;
5. Der 1. Mai 1933 (Referat Manfred Scharrer);
6. Entwicklung und Leitfragen für die Aufarbeitung der Maifeiergeschichte von unten.

Als Interpretationshintergrund für regionale Maifeiergeschichten »von unten« erläuterte Scharrer, gewissermaßen mit einem Blick »von oben«, die Anfänge der Geschichte der nationalen Maifeiern im Zusammenhang mit den Entwicklungen und Auseinandersetzungen innerhalb der deutschen Arbeiterbewegung vor 1914. Ohne im einzelnen den ohnehin komprimierten Vortrag und die anschließende Diskussion zusammenfassen zu können, seien hier einige wesentliche Punkte festgehalten:

● Bereits zur Maifeierpremiere 1890 kommt es innerhalb der Sozialdemokratie zwischen der Reichstagsfraktion und der oppositionellen Gruppe der »Jungen« sowie mit einzelnen örtlichen Gewerkschaftsorganisationen zu Auseinandersetzungen um die Frage, ob der 1. Mai mit Arbeitsruhe (Streik) gefeiert werden soll. Die Haltung der Fraktion ist von Vorsicht und Zurückhaltung geprägt, die den realen Kräfteverhältnissen (ca. 5 % organisierte Arbeiter) Rechnung trägt und von der Angst einer Neuauflage des 1890 auslaufenden Sozialistengesetzes bestimmt ist. Die Triebkraft, aus dem zunächst einmaligen Fest- und Demonstrationstag 1. Mai eine alljährliche Einrichtung zu machen, ist in Deutschland in den örtlichen Organisationen zu suchen.

- Der trotz der abwiegelnden Haltung der Fraktion durchgeführte Hamburger Maifeierstreik und die nachfolgenden teilweise monatelangen Aussperrungen verdeutlichen den Gewerkschaften die Notwendigkeit eines zentralen Zusammenschlusses. Allerdings nahm der 1. Kongreß der Gewerkschaften Deutschlands 1892 der 1890 gebildeten Generalkommission der Gewerkschaften Deutschland wieder die Kompetenz, einen zentralen Streikfonds anzulegen, dessen Notwendigkeit an dem Hamburger Lehrstück erkannt worden war.

- Die Fragen, wer die Kosten der politisch motivierten Maifeierstreiks und die Folgekosten der Aussperrungen trägt, und ob der eigene Feiertag mit dem Mittel des Streiks durchgesetzt werden soll, beschäftigen von der Jahrhundertwende an verstärkt auf zentraler Ebene Parteitage und Gewerkschaftskongresse. Die Gewerkschaften – in ihrem Selbstbewußtsein gestärkt durch einen im Vergleich zur SPD weitaus stärkeren Mitgliederwachstum – bestreiten der politischen Organisation nach der Jahrhundertwende zunehmend den Führungsanspruch. Die Gewerkschaften zeigen sich in der Maifeierunterstützungsfrage immer weniger bereit, die Kosten der Auseinandersetzung um diesen Feiertag zu tragen. Wie in der Neutralitäts- und Massenstreikdebatte ging es auch in der Maifeierfrage um eine Neuformulierung des Verhältnisses von Partei und Gewerkschaften. In der Konsequenz blieb die Entscheidung über die Gestaltung der Maifeier den regionalen Arbeiterorganisationen überlassen und von regionalen Kräfteverhältnissen abhängig.

- In Kenntnis von Arbeiterautobiographien ist es fraglich, inwieweit diese Diskussionen überhaupt die »einfachen« Partei- und Gewerkschaftsmitglieder beschäftigten. Vermutlich waren diese wesentlich mehr an den kulturellen Angeboten der Maifeier interessiert.

- In der anschließenden Diskussion wurden einige Fragen aufgewor-

fen, die bei der Aufarbeitung der regionalen Maifeiergeschichte vor 1914 berücksichtigt werden sollten:
- Was veranlaßte Arbeiter zum Eintritt in die SPD?
- Welche Teile der Maifeier fanden das besondere Interesse der Teilnehmer/innen?
- Inwieweit und wodurch ist der Maifeier eine massendisziplinierende Funktion zuzumessen?
● Es wurde als hilfreich eingeschätzt, die Maifeier mit anderen regionalen/lokalen Arbeiterfesten zu vergleichen (z. B. mit Gewerkschaftsfesten).

Wie beginne(n) ich/wir ein Maifeierprojekt?
Leitfragen als Orientierungshilfe

Vorrangiges Ziel der Diskussion am 3. Tag des Seminars war die Entwicklung von Leitfragen für die Aufarbeitung der örtlichen Maifeiergeschichte aus der Perspektive »von unten«. Als Diskussionsgrundlage diente die Projektbeschreibung »100 Jahre 1. Mai in Bremen« (s. Dokument 6).

Die in dieser Projektskizze formulierten Ansprüche und Erwartungen in bezug auf die regionale Maifeiergeschichtsschreibung wurden in der Seminardiskussion mit Blick auf die betrieblichen und gewerkschaftlichen Geschichtsarbeitskreise »100 Jahre 1. Mai« als nicht einlösbar angesehen. Dieses gilt sowohl für die zeitliche (100 Jahre) als auch für die inhaltliche Dimension (kultur- und sozialgeschichtliche Aufarbeitung, z. B. die Frage des Symbolcharakters der roten Fahne). Vielmehr handele es sich bei dem Bremer Arbeitsvorhaben um ein Forschungsprojekt, das von eigens dazu angestellten Wissenschaftlern durchgeführt wird, und die deshalb ganz andere Möglichkeiten haben als Kollegen, die in ihrer Freizeit ein solches Projekt beginnen. An diesem Punkt entzündete sich eine längere Diskussion um die Rolle der Akademiker in gewerkschaftlichen/betrieblichen Geschichtsarbeitskreisen sowie um das Spannungsverhältnis zwischen »Geschichte von unten«/»Geschichte für unten«, auf deren Wiedergabe hier aber verzichtet wird.

Als methodische Konsequenz schlug Scharrer vor, daß sich die gewerk-

Aus: Kalender der DGB-Gewerkschaften 1986.

schaftlichen Geschichtsarbeitskreise auf die Aufarbeitung/Präsentation exemplarischer Maifeiern, die besonders interessant waren bzw. die Bruchstellen in der sozialistischen Maifeiertradition markieren, beschränken sollten (z. B. der 1. Mai 1932/1933 oder 1945/1946).
Als mögliche Arbeits- und Orientierungshilfe für sich bildende oder bereits gebildete »Maifeierprojekte« wurden folgende Leitfragen entwikkelt:

1. Vorbereitungen

– Träger der organisatorischen, politischen, kulturellen Vorbereitungen;
– Diskussion und Auseinandersetzung innerhalb der Arbeiterbewegung in Partei- und Gewerkschaftsorganisationen um Form, Inhalt und Funktion der Feier;
– innerbetriebliche Vorbereitungen, Konflikte um die Maifeierteilnahme;
– familiale Vorbereitungen auf den 1. Mai, welche Konflikte traten auf;
– nationale/regionale Einflüsse/Dominanz bei Maifeierentscheidungen;
– Vorbereitungen auf die Feier von Justiz, Polizei, Unternehmer (Verbote, Einschränkungen, Erlaubnisse),
– Reaktionen der bürgerlichen Presse.

2. Verlauf

– Anzahl der Maifeiern;
– Art und Anzahl der Kundgebungen, Veranstaltungen etc.;
– Teilnehmerzahlen, soziale Zusammensetzung der Teilnehmer/innen;
– Schwerpunkte der politischen Thematik, Agitation, Redner, Mai-Parolen;
– Demonstrationsrouten, Versammlungs-, Festorte, in welchen Stadtteilen?
– Ausstattung der Demonstration, Veranstaltungen, Teilnehmer/innen;

- Verhalten der Maifeiernden bzw. einzelner Gruppen, Beachtung der Verbote?
- Verhalten der Staatsgewalt gegen das Fest/Teile des Festes/spezifische Gruppen;
- Verhalten der Bürger am 1. Mai.

3. Folgen
- Strafrechtliche Verfolgung von Maifeiernden;
- ökonomische Sanktionen (Aussperrungen, Entlassungen);
- interne Auseinandersetzungen innerhalb der Arbeiterorganisationen und zwischen ihnen um Vorbereitung, Verlauf, Bedeutung und Wirkung der Maifeier;
- Mitgliederzuwachs bei den Arbeiterorganisationen;
- Steigerung der Auflagenhöhe der Arbeiterzeitungen.

Ausgehend von den erarbeiteten Kriterien einer idealen Mai-Feier-Geschichte wurde dann auf der Grundlage der Vorstellung folgender Projekte diskutiert:

- Ausstellung 1. Mai (1946–1986) in Melle (Arbeitskreis zur Geschichte der Arbeiterbewegung Osnabrück/Ortskartell Melle, vertreten durch Rita Siepelmeyer und Heiko Schlatermund).
- Dokumentensammlung zur 1. Mai-Geschichte in Wilhelmshaven/Rüstringen (Historischer Arbeitskreis des DGB Wilhelmshaven, vertreten durch Hartmut Büsing).
- Broschüre »Trotz alledem – Geschichte des 1. Mai 1933–1945« (DGB-Wiesbaden-Rheingau, vertreten durch Axel Ulrich).

Außerdem wurden in Arbeitsgruppen weitere Darstellungen zur örtlichen 1. Mai-Geschichte diskutiert.

Am Lehrstück des 1. Mai 1933 ging es dann exemplarisch um die Klärung der Fragen des Zusammenhangs zwischen Entscheidungen »von oben« (gemeint sind hier die Führungen der Arbeiterorganisationen) und ihre Auswirkung für das Verhalten der örtlichen Organisationen. Scharrer referierte einleitend zum Thema Verhalten der Gewerkschaftsführung (Zusammenfassung).

Er begann seine Ausführungen mit folgendem Zitat:

»Jeder Kampf will den Sieg, der Klassenkampf wollte die Einordnung der Arbeiterschaft in das Ganze der Nation, in die sozialistische Nation. Die junge Generation der deutschen Arbeiterbewegung hat in dem Klassenkampf niemals einen Interessentenkampf gesehen, sondern immer einen Kampf für die Gestaltung der Deutschen Nation. Der 1. Mai 1933 beweist uns, daß dieser opferreiche Kampf nicht vergebens war. Die Nation bekennt sich an diesem Tag zum Arbeiter als ihrer tragenden Gestalt und zum Sozialismus. Vom Nationalsozialismus unterschied uns keine andere Rangordnung der Werte Nation und Sozialismus, sondern lediglich eine andere Prioritätsordnung. Wir wollten erst den Sozialismus, um die Nation zu gestalten. Der Nationalsozialismus forderte und verwirklichte jetzt die Einheit der Nation, um auf diesem breiten und festen Fundament den deutschen Sozialismus aufzubauen.« (Walter Pahl, Der Feiertag der Arbeit und die sozialistische Arbeiterschaft, in: Gewerkschafts-Zeitung, Organ des Allgemeinen Deutschen Gewerkschaftsbundes, Nr. 17 vom 29. 4. 1933, S. 259.)

Die zentrale Fragestellung lautet: Wie konnte es zum gemeinsamen 1. Mai 1933 von Gewerkschaften und Nationalsozialisten kommen? Denn nicht erst seit dem 2. Mai 1933, als SA-Trupps die Gewerkschaftshäuser besetzten, viele Gewerkschafter mißhandelt und verhaftet und in Duisburg vier Gewerkschafter ermordet wurden, also die Gewerkschaften zerschlagen wurden, hatten die verantwortlichen Gewerkschaftsführer vor Augen geführt bekommen, welche Rolle der nationalsozialistische Staat der organisierten (sozialistischen) Arbeiterbewegung zugedacht hatte. Schon vor dem 2. Mai hatte es faschistische Übergriffe auf Gewerkschafter und Gewerkschaftshäuser gegeben (als Beispiel wurde der Überfall auf das Gewerkschaftshaus des Bergarbeiterverbandes in Bochum Anfang März 1933 genannt). Warum also dennoch die Bereitschaft zu einer gemeinsamen Maifeier? Und letztlich: Warum konnte der Aufstieg des Nationalsozialismus von seiten der Arbeiterbewegung derart ungehindert erfolgen?

Die gängige Erklärung, die Weltwirtschaftskrise sei die Ursache für den Rechtsruck in Deutschland gewesen, gibt auf diese Fragen keine ausreichende Antwort. Zu erklären wäre ja gerade, warum die Wirtschaftskrise nach rechts und nicht nach links geführt hat, zumal doch gerade die marxistische Theorie immer davon ausging, daß in ökonomischen Krisenzeiten der wahre Charakter des kapitalistischen Wirtschaftssystems deutlich würde und deshalb ein Linksruck stattfinden müsse. Die politische Wirklichkeit in Deutschland Anfang der dreißiger Jahre sah hingegen folgendermaßen aus: Explosionsartiges Anwachsen der NSDAP-Reichstagsmandate, 1930 von 12 auf 107 und 1932 von 107 auf 230 Mandate. Die Wahl 1932 brachte der NSDAP mehr Stimmen als beiden Arbeiterparteien SPD und KPD zusammen. Wird die Frage nach den Ursachen für diese Entwicklung gestellt, die Frage nach den Fehlern und Versäumnissen der Organisationen der Arbeiterbewegung, dann wird man vor allem auf die entscheidenden ersten Wochen und Monate der Novemberrevolution zurückgehen müssen. Besonders die nicht durchgeführte Zerschlagung der alten obrigkeitstaatlichen Machtstrukturen in Verwaltung, Justiz und Armee sollte verhängnisvolle Wirkungen zeitigen. Ausgehend von einer weitverbreiteten Ansicht, daß eine einige Arbeiterbewegung den Sieg der Nationalsozialisten hätte verhindern können, rückt die Spaltung der Arbeiterbewegung ins Blickfeld. Ein Teil des linken Flügels entschied sich im Verlauf der Novemberrevolution, mit der demokratischen Tradition des Sozialismus zu brechen und statt dessen eine »Diktatur des Proletariats« anzustreben, die sich zunehmend an das bolschewistische Modell anlehnte. Die KPD bekämpfte von Anfang an die demokratische Republik, für sie führte der Weg zum Sozialismus nur über die Zerschlagung dieser Republik. Dies bedeutete von Anfang an die schärfste Frontstellung gegen die SPD, für die die demokratische Republik die politische Form einer sozialistischen Gesellschaft war und die sich als der entschiedenste Verteidiger dieser Republik verstand. Scharrer sah im Kampf der KPD gegen die demokratische Republik die Ursache dafür, daß die Kommunisten eher mit den antidemokratischen Parteien von rechts zur Zerschlagung der Republik zusammengingen als mit der SPD gemeinsam diese Republik zu verteidigen. Exemplarisch für das Verhalten der KPD sei der »Rote Volksentscheid« gewesen. Hier hatte sich die KPD an den Versuch der Rechtsparteien angehängt, über einen Volksentscheid die preußische Regierung unter Otto Braun zu stürzen, also jene Regierung, die als das letzte Bollwerk gegen rechts begriffen wurde.

Eingehend auf die Spekulationen, daß die SPD und Gewerkschaften mit einem Generalstreik die Absetzung der Regierung Braun durch den Reichskanzler Papen hätte beantworten müssen, verwies Scharrer auf den Ausgang der preußischen Landtagswahl 1932, in der die Koalitionsregierung von Braun ihre parlamentarische Mehrheit verlor, nur noch geschäftsführend im Amt blieb, weil rechte und linke Antirepublikaner keine gemeinsame Regierung bilden konnt, und Otto Braun am 20. Juli 1932 (»Papenschlag«) bereits resigniert, »faktisch aufgegeben hatte«. Gleichwohl demonstrierte die SPD gegenüber einem eklatanten illegalen Akt der Reichsregierung ihre grenzenlose Legalitätsgläubigkeit.

Bei Spekulationen über die Möglichkeit des Generalstreiks und der Legende, nach der die Basis darauf gewartet hätte, daß die Führung das Zeichen zum Generalstreik gäbe (unbestritten ist dabei, daß einige Formationen des Reichsbanners und der Eisernen Front tatsächlich auf dieses Zeichen gewartet hatten), müsse die ökonomische Situation, die Stärke der Gewerkschaften und das Denken ihrer Führungen berücksichtigt werden. Die Massenarbeitslosigkeit führte zu einem drastischen Mitgliederrückgang, die Gewerkschaften hofften auf eine positive wirtschaftliche Wende, die sich sozusagen per se in einer Erstarkung der Organisationen ausdrücken würde, verfielen in eine Wartehaltung und verstärkten damit ihre Handlungsunfähigkeit. Auf dem Höhepunkt der wirtschaftlichen Krise, nach der in traditionellen linken Vorstellungen die Sozialisten das Ende des Kapitalismus einzuläuten hatten, war die Arbeiterbewegung weitgehend handlungsunfähig und demoralisiert. Wilhelm Hoegner, sozialdemokratischer Reichstagsabgeordneter, charakterisierte die Ohnmacht der Arbeiterbewegung so: »Der Glaube an die Erreichung des sozialistischen Endziels durch die Sozialdemokraten, ja der Glaube an den ernsten Willen der Parteiführer, dieses Ziel zu erreichen schwand dahin. Das Feuer der Begeisterung für dieses Endziel erlosch.« (Zitiert nach: Manfred Scharrer, Anpassung bis zum bitteren Ende, Die freien Gewerkschaften 1933, in: Ders., Kampflose Kapitulation, Reinbek 1984, S. 81.)

Die Resignation der Arbeiterbewegung, ihre Kampfunfähigkeit und daraus resultierend ihre mangelnde Kampfbereitschaft mögen zwar die Passivität von SPD und Gewerkschaften erklären, sie geben jedoch keine Antwort auf die Frage, warum seit Ende 1932 von den Gewerkschaften ein ideologischer Anpassungskurs an die NSDAP betrieben wurde. Scharrer sieht darin nicht nur eine defensive Taktik zur Rettung der Organisation, sondern teilweise eine echte Überzeugung (vgl. Anfangszitat). Nach den Wahlen vom 5. März 1933, die der NSDAP und ihren

Koalitionsparteien eine parlamentarische Mehrheit brachten, war die ADGB-Führung bereit, die gewerkschaftlichen Organisationen in den »Dienst des neuen Staates« zu stellen. Verhandlungen mit der NSBO (Nationalsozialistische Betriebszellen-Organisation) und der Aufruf zur Teilnahme an dem »Feiertag der nationalen Arbeit« folgten.

Die Hoffnung, durch Anpassung an die nationalsozialistischen Ideen und an den NS-Staat die Organisationen retten zu können, wurde am 2. Mai 1933 brutal zerschlagen.

Abschließend wurde dann über die Möglichkeit, Anregung für den Aufbau lokaler Geschichtsgruppen zu geben, diskutiert, und es wurden folgende Vorschläge formuliert (Stichworte):

- Anregung durch DGB-Bundesvorstand über DGB-Bezirke und -Kreise, Bildungs- und Organisationssekretäre, Geschichtsinitiativen zum 1. Mai zu gründen;

- Zusage einer Finanzierungshilfe durch den DGB;

- Angebot der Hans-Böckler-Stiftung, Stipendiaten im Rahmen des Praktikanten-Programms zur Aufarbeitung lokaler Geschichte anzuregen;

- Erstellung eines Fragenkatalogs als Orientierungsrahmen (Hilfestellung zur Methodik – keine Handlungsanweisung);

- Schwerpunktmäßiges Vorgehen unter Berücksichtigung lokaler/ regionaler Besonderheiten statt streng chronologische Aufarbeitung;

- bundesweite Veröffentlichung gelungener Arbeiten im Rahmen der 100-Jahr-Feiern durch den DGB (Bund Verlag);

- Geschichtsvereinsgründungen zur besseren Mittelbeschaffung;

- Angebot zur fachlichen Beratung durch den DGB.

Betriebsgeschichte von unten
Seminarbericht

Diese Tagung fand vom 21. bis 24. April 1987 an der Bundesschule in Hattingen statt und wurde im Rahmen des DGB-Projekts »Geschichte von unten« in Zusammenarbeit mit dem »Forschungsinstitut für Arbeiterbildung«, Recklinghausen, durchgeführt. Der folgende Bericht wurde auf der Grundlage der Protokolle von Günther Gerstenberg, Benedikt Weyerer, Uli Ludwig und Dieter Pfliegensdörfer erstellt und redaktionell überarbeitet von Bernd Faulenbach, Franz-Josef Jelich und Manfred Scharrer.

In einer allgemeinen einführenden Diskussion wurden zunächst folgende Leitfragen entwickelt:

– Wo wird betriebsgeschichtlich geforscht, und wer macht das?

– Woran liegt es, daß es so wenige Betriebsgeschichten »von unten« gibt? Liegt das auch an unserer Einstellung, an der Einstellung der Gewerkschaften?

– Wie können diese Schwierigkeiten überwunden werden?

– Worin liegt der Sinn von Betriebsgeschichte? Was bringt sie uns, den Kolleg(inn)en im Betrieb, den Gewerkschaften?

– Wie können bei der Aufarbeitung von Betriebsgeschichte Mikrostruktur Betrieb mit Makrostruktur Gesellschaft verbunden werden?

– Was bedeutet Betriebsgeschichte als Technikgeschichte für die Arbeiter, wie wirkt sie sich auf eine wandelnde Qualifikations- und Betriebsstruktur aus? Kann sie für gewerkschaftliche Strategien (betriebliche Mitbestimmung, Arbeitszeitverkürzung etc.) nützlich sein?

1. Projekt »Dokumentation der Gewerkschaftsgeschichte in Duisburg« (Jürgen Dzudzek)

Der Referent ist hauptamtlicher Mitarbeiter der IGM-Ortsverwaltung Duisburg und schwerpunktmäßig mit der Aufgabe betraut, die Gewerkschaftsgeschichte in Duisburg aufzuarbeiten und zu dokumentieren (vgl.: seinen Bericht in Dokument 11). Betriebsgeschichte ist dabei nur ein Teil seiner Tätigkeit. Betriebsgeschichte interessiert hier vor allem im Zusammenhang mit gewerkschaftlicher Betriebsarbeit, d. h. Betriebsrats- und Vertrauensleutearbeit. Die Erfahrungen hatten gezeigt, daß gewerkschaftliche Tätigkeit dringend einer historischen Fundierung bedarf.

In diesem Zusammenhang wird für Betriebe mit mehr als 100 Beschäftigten eine Dokumentation angelegt, die folgender thematischen Gliederung folgt:

Betriebsratsarbeit
Vertrauensleutearbeit
Werkzeitungen etc.
Allgemeine Gewerkschaftspolitik und
Betriebspolitik
Betriebsversammlungen
Produkte und Produktentwicklung

Die Hauptzielgruppe dieser Arbeit, die auch für betriebsnahe Bildungsarbeit Grundlagen schaffen soll, sind die im Bereich der Verwaltungsstelle tätigen Betriebsräte und Vertrauensleute.

2. Film »Pioniere der deutschen Technik«

Dieser Film zum 150jährigen Jubiläum der Firma Krupp bot ein geglücktes Beispiel, wie sich der Unternehmer mit Hilfe seiner Werbestrategen selbst gerne sehen würde: Sein Betrieb entsteht von kleinsten Anfängen her quasi naturwüchsig, unternehmerische Initiative läßt ihn sich zwangsläufig entfalten. Die Arbeiterschaft dient lediglich als Mittel zum Zweck, sie ist in diesen Prozeß eingepaßt.

Der Film war gleichwohl nicht eindimensional. Besonders die Widersprüchlichkeit von Bild, Sprache und Musik provozierte eine lebhafte und kontroverse Diskussion. Dies vor allem über die Frage, wie so ein Film den Anteil der Arbeiter angemessen aufzunehmen hätte. Die Diskussion endete mit Fragen, ob und wie Arbeitslosigkeit, Arbeitshetze, Unfallhäufigkeit, Zeitökonomie, entfremdete Arbeit, Disziplin etc. künstlerisch/dokumentarisch dargestellt werden könnten.

3. Projekt »Stahlwerke Bochum« (Franz Josef Jelich)

Das Projekt »Stahlwerke Bochum« ist als Pilotprojekt der betriebsnahen Bildungsarbeit vom »Forschungsinstut für Arbeiterbildung« in Recklinghausen durchgeführt worden. Der Untersuchungszeitraum erstreckte sich auf die Zeit vom Zweiten Weltkrieg bis heute. Ziele des Projektes waren,

a) die Perspektiven historischen Bewußtseins zu erweitern,

b) individuelle persönliche Geschichtsaufarbeitungen zu ermöglichen und

c) durch die Aufarbeitung der Betriebsgeschichte zur Bewältigung von gegenwärtigen Problemen beizutragen.

Im Zentrum des Projektes stand die Aufarbeitung von Arbeitserfahrungen, die u. a. durch den technologischen Wandel und Veränderungen der Arbeitsorganisation bestimmt wurden. Aufgabe des Projektes war aber auch die Entwicklung eines Modells demokratischer Geschichtsschreibung unter Beteiligung von Kollegen (»kommunikative Geschichtsforschung«). Die Didaktik war dabei geleitet vom Prinzip »entdeckenden und forschenden Lernens«. Das Gespräch mit den Kolleg/inn/en machte deutlich, daß sich neben der zyklischen Wiederkehr von Gleichem im Arbeitsprozeß lineare Veränderungen und Sprünge, Brüche etc. vollzogen haben.

Das Projekt erhielt u. a. dadurch seine Relevanz, daß dem Betrieb in vieler Hinsicht eine exemplarische Bedeutung für die Stahlindustrie im Ruhrgebiet zuzumessen ist.

In Absprache mit dem Betriebsrat wurden Kolleg/inn/en aus dem Betrieb angesprochen. Mit einer Gruppe von 10 bis 12 Leuten der verschiedenen Altersstufen, Qualifikationsstufen, der betrieblichen Hierarchie wurde der Prozeß der Veränderung der Arbeit und der Arbeitsorganisation anhand vorher ausgewählter Bilder kommunikativ aufgearbeitet. Die Ergebnisse der Arbeit wurden in Seminare der betriebsnahen Bildungsarbeit eingeführt. In diesen Seminaren wurden auf der Basis der Arbeitsergebnisse u. a. folgende Fragen erörtert:

- Wie haben wir die stattgefundenen Arbeitsveränderungen zu begreifen? Sind sie als Fortschritt für die Kollegen zu werten? Waren Betriebsrat und Gewerkschaften den jeweiligen Problemen gewachsen?
- Wie gehen wir heute mit den Fragen der Arbeitsplatzveränderungen um? Wie können Arbeitnehmervertreter im Aufsichtsrat darauf Einfluß nehmen? Inwieweit muß eine Änderung der Vertrauensleutearbeit stattfinden?

In der abschließenden Diskussion wurde hervorgehoben:

a) Ein solcher Arbeitskreis muß angeleitet und ständig begleitet werden;

b) es ist notwendig, umfassende zusätzliche Recherchen anzustellen, um über das Niveau bloßer Meinungsäußerungen herauszukommen;

c) die Zusammensetzung der Gruppe ist wichtig;

d) es gibt bisher bei den Gewerkschaften noch keine Infrastrukur für solche Projekte.

4. Projekt »Zeche Wilhelmine-Victoria«, Gelsenkirchen
(Fritz Seebauer)

Das Projekt, das seit dem Frühjahr 1986 existiert, wird von einem Jugendverein des Diakonischen Werks der ev. Kirche getragen.

Wenig Anklang brachte die Vorstellung des Projektes auf einem Stadtteilfest. Mehr brachte ein Artikel zum Projekt in der WAZ, auf den hin zu einem ersten Treffen über 30 Leute kamen, woraus sich ein Kern von 10 bis 12 Leuten bildete, der sich vierwöchentlich traf. Der Referent merkte an, daß seine Tätigkeit als Anleiter und Betreuer des Geschichtsarbeitskreises über die eigentliche historische Arbeit bis hin zur Altensozialarbeit reiche. Probleme tauchten bei der Strukturierung der Treffen auf (Tendenz, »nur« Anekdoten auszutauschen).

Von der Zechenleitung wurde in einer Broschüre für Neubergbauer die »Verbundenheit von Zeche und Belegschaft« betont, wobei ein harmonisierendes Bild der Sozialbeziehungen entworfen wird, das im Gegensatz steht zu den Berichten pensionierter Kolleg/inn/en des Arbeitskreises.

Bei der geplanten Ausstellung des Arbeitskreises der WV soll in zwei Längsschnitten vorgegangen werden. Der offiziellen Geschichtsschreibung soll die Arbeit der Bergleute gegenübergestellt werden, wobei als wichtige Quelle die Arbeit von Arbeiterfotografien und das Archiv bei der Handelskammer zur Verfügung steht.

Der Referent sieht seine Arbeit als ABM-Kraft in diesem Geschichts-AK als Organisator und Animator einer Geschichtsarbeit, die vorwiegend von den pensionierten Bergleuten geleistet wird. Gleichzeitig fungiert er als Archivar, aber auch als Sozialarbeiter.

Trotz der nostalgischen Tendenzen steht bei der Gruppe das Ziel, die Erfahrungen des »verarbeiteten Lebens auf der WV« an andere weiterzugeben, im Vordergrund.

Vielfach wird die Vergangenheit von den ehemaligen Bergleuten äußerst kritisch bewertet. Es findet ein Distanzierungsprozeß von der eigenen erlebten Geschichte auf der Zeche statt.

In der anschließenden Diskussion wurde festgestellt, daß bei diesem Projekt Stadtteilgeschichte und Betriebsgeschichte weitgehend identisch sind.

5. Projekt »Zeche Ewald, Herten-Süd« (Adolf Tenhaaf)

Der im Bergarbeiterstadtteil Herten-Süd bestehende Arbeitskreis zur Stadtteilgeschichte konzentriert seine Arbeit auf die Untersuchung der Geschichte der Zeche Ewald, da der Stadtteil stets eng mit der Zeche verbunden war. Dem aus ca. 15 Personen bestehenden Arbeitskreis gehören aktive Bergleute, Pensionäre, zwei ehemalige Betriebsräte und ein evangelischer Geistlicher an. Der Betriebsrat der Zeche ist über die Aktivitäten der Gruppe informiert. Arbeitskreistreffen finden alle vier Wochen statt. Eingeladen wird über eine Stadtteil-Info-Zeitung und durch persönliche Einladungen.

Die Arbeit der Geschichtsgruppe, die nur aus »Laien« besteht, also nicht von akademisch ausgebildeten Kräften begleitet wird, erstreckt sich vorwiegend auf die Abfassung von themenbezogenen Artikeln zur Zechengeschichte. Die Veröffentlichung erfolgt über die Stadtteil-Info-Zeitung, wo jeweils zwei Seiten für Artikel der Geschichtsgruppe reserviert sind. Bislang hat die Gruppe in zehn Exemplaren der Stadtteil-Zeitung ihre Arbeitsergebnisse vorgestellt.

Die inhaltliche Arbeit vollzieht sich unter chronologischen Gesichtspunkten. Für alle Perioden der Zechengeschichte wurden Themen gesammelt (bis zu 50), die sukzessive erforscht und dann in der o. g. Form veröffentlicht werden.

Der Arbeitskreis beschäftigt sich u. a. mit folgenden Themen:
- Zeche Ewald und Herten 1872
- Betriebs- und Arbeitsverhältnisse bis zur Jahrhundertwende
- Der erste Bergarbeiterstreik 1886
- Das Grubenrettungswesen auf Zeche Ewald
- Der Erste Weltkrieg, Streiks
- NS-Machtübernahme, Ausschaltung der Gewerkschaften
- Bergarbeiterwohnungsbau nach dem Zweiten Weltkrieg
- Neue Technologien
- Die ersten ausländischen Arbeitnehmer, Türken
- Die Gründung der Ruhrkohle AG
- Unfälle
- Zusammenlegung mit anderen Zechen
- Soziale Situation heute
- Bergmannslieder

(s. Dok. 18)

6. Projekt »Kriegsmarine-Werft, Wilhelmshaven« (Hartmut Büsing)

Seit 1981 besteht in Wilhelmshaven ein historischer Arbeitskreis. Die Anfänge der Geschichtsarbeit »von unten« reichen bis in das Jahr 1978 zurück. Ein Schwerpunkt des Arbeitskreises ist die Aufarbeitung der Betriebsgeschichte der staatlichen Marinewerft. Die Werftgeschichte ist zugleich Stadtgeschichte: Wilhelmshaven wurde ausschließlich für Marinezwecke gegründet. Marine und Werft haben folglich von Anfang an die Stadtgeschichte geprägt. Die gesamte Wirtschaft war auf den Werftbetrieb und seine Zulieferer ausgerichtet. Rüstungskonjunkturen bedeuteten Beschäftigung für den Schiffbau und zugleich Prosperität für die Stadt. Umgekehrt bedeutete die Zerschlagung der NS-Militärmaschinerie, die mit der Demontage der Werftanlagen 1950 beendet war, den (vorübergehenden) Niedergang des Wilhelmshavener Gemeinwesens.

In der Lokalpresse wird die Geschichte der Stadt stets als Geschichte der Marine abgehandelt, zumeist in unkritischer Form. Unter Einbeziehung der Werftgeschichte will der historische Arbeitskreis diesen beschönigenden Darstellungen etwas entgegensetzen. In ehrenamtlicher Tätigkeit erstellen die Gruppenmitglieder Materialien für Schulen und Erwachsenenbildung. Folgende, jeweils von verschiedenen Bearbeitern getragene Veröffentlichungen sind erschienen bzw. geplant:

- Wassersportvereinigung Jade
- Juden in Rüstringen
- KZs in Wilhelmshaven
- Die Revolution in Wilhelmshaven

Alle Veröffentlichungen berühren das Thema Werft und Werftarbeit: Die Wassersportler waren zumeist Werftarbeiter; der jüdische Kleinhandel versorgte die Schiffbauer mit Lebensmitteln; KZ-Häftlinge waren auf der Werft eingesetzt, und schließlich wurde auch die revolutionäre Erhebung 1918 von den Werftarbeitern mitgetragen.

Zur Aufarbeitung der Werftgeschichte im engeren Sinne sind zahlreiche Materialien archiviert und Interviews durchgeführt worden. (s. Dok. 12)

7. Projekt »Zwangsarbeit bei der Reichsbahn« (Horst Schneider)

Horst Schneider führt seit 1984 ein Forschungsprojekt über Zwangsarbeit bei der Deutschen Reichsbahn durch. Das Projekt erstreckt sich auf die gesamte Reichsbahnverwaltung. Exemplarisch werden u. a. die Verhältnisse in einem Lok-Werk, einem Wagenwerk, einer Bahnmeisterei und einem mittleren Bahnhof untersucht.

Die Aufarbeitung erfolgt in Form von Archivalienauswertungen und Befragungen. Bislang wurden Interviews mit 200 Personen durchgeführt. Die Befragungen erwiesen sich zunächst als schwierig. Erst nach einer gewissen Anlaufphase verbesserte sich die Auskunftsbereitschaft.

Die GdED scheint an dem Projekt nicht sonderlich interessiert zu sein, was mit der Brisanz des Themas zusammenhängen könnte. Vielleicht sieht die Gewerkschaft den »guten Ruf« der Bahn bedroht.

8. Betriebsgeschichtsschreibung »von unten«

Zur Methodologie des Ansatzes (Referat Bernd Faulenbach)

Warum Betriebsgeschichte?

Betriebsgeschichte ist keineswegs identisch mit Arbeitergeschichte, Gewerkschafts- oder Arbeiterbewegungsgeschichte. Gleichwohl liefern diese Bereiche historischer Forschung Bausteine für die Untersuchung betriebsgeschichtlicher Zusammenhänge.

Zentrum der Betriebsgeschichte ist der Betrieb, und zwar unter zwei Aspekten: einmal der Betrieb als Veranstaltung zur Gewinnerzielung, zum anderen als Ort, an dem Menschen arbeiten, leben und handeln. Beide Ebenen sind in der betriebsgeschichtlichen Arbeit zu berücksichtigen. Betriebsgeschichtliches Arbeiten ist bei den westdeutschen Gewerkschaften bislang wenig populär, im Gegensatz etwa zu England und Skandinavien. Ein wesentlicher Grund liegt in der Unterbrechung der Kultur der Arbeiterbewegung zwischen 1933 und 1945. Durch diesen Bruch entstand vielfach der Eindruck, als sei nur die große Geschichte wichtig, nicht aber die der eigenen Lebensumgebung. Diese Geschichte der eigenen Lebensumgebung gilt es wiederzuentdecken. Ein Vertrauensmann der Stahlwerke Bochum sagte dazu einmal: »Mir ist nicht klar gewesen, daß wir selbst eine Geschichte haben.« (Projekt Stahlwerke Bochum)

Auf der anderen Seite gibt es eine kaum übersehbare Masse unternehmerorientierter Wirtschafts- und Firmengeschichten, die entweder aus Public-Relations-Erwägungen oder mit dem Ziel der Identifikation der Belegschaften mit dem Betrieb angefertigt werden. Hierbei handelt es sich um klassische Geschichtsbetrachtungen »von oben«: Die Geschichte der Arbeiter bleibt ausgeklammert, die Betriebsverhältnisse werden harmonisiert, soziale Konflikte tauchen nicht auf. Zwar greift die »Gesellschaft für Unternehmensgeschichte«, das entscheidende Sprachrohr der unternehmerorientierten Firmengeschichte, hin und wieder auch sozialpolitische Themen auf, wichtige Teile des betrieblichen Geschehens bleiben in den Publikationen der Gesellschaft jedoch unterbelichtet. Die Nähe der GUG zur Industrie ist nicht zu übersehen. (Die Gesellschaft wird maßgeblich von großindustriellen Kreisen gefördert.)

Anders als die industrienahe Firmengeschichte sieht die Betriebsgeschichte von unten den arbeitenden Menschen nicht ausschließlich als Objekt, sondern auch als Subjekt. Der Betrieb stellt für den Beschäftigten einen zentralen sozialen Erfahrungsraum dar, der eng verknüpft ist mit dem Lebensschicksal des einzelnen. Diesem sozialen Erfahrungsraum muß auch ein soziales Gedächtnis zukommen, etwa über die Erfahrung technologischen Wandels oder über Qualifikationen, die nicht mehr benötigt werden.

Dimensionen und Fragestellungen der Beschäftigung mit Betriebsgeschichte

Ein grundsätzliches Problem, vor dem die meisten »Laien«-Kreise bei der betriebsgeschichtlichen Arbeit stehen, ist die Materialfülle. Um nicht von den Quellen erdrückt zu werden, sind daher zunächst vor Arbeitsbeginn drei Überlegungen von Bedeutung:

1. Was ist das grundlegende Interesse?

2. Wer ist der Adressat der Arbeit?

3. Was kann man machen, welche Quellen und Arbeitskapazitäten stehen zur Verfügung?

Ein realistischer zeitlicher Rahmen ist besonders wichtig. Ist das Arbeitspaket am Anfang zu groß geraten, reicht hinterher der Atem zur Bewältigung oft nicht aus.

Vor diesem Hintergrund ist das betriebliche Geschehen nach drei Seiten hin zu untersuchen:
1. Wirtschaftliche Entwicklung des Unternehmens,
2. technologisch-betriebsorganisatorische Entwicklung,
3. Löhne, Sozialleistungen, soziale Beziehungen.

Der Betrieb ist dabei allerdings nicht isoliert zu betrachten, sondern auch in seinen Beziehungen zur Region zu sehen. Die Geschichte des Betriebes ist mit der allgemeinen Geschichte, in wirtschaftlicher, sozialer und politischer Hinsicht zu verzahnen.

Im einzelnen ergeben sich für die arbeitnehmerorientierte Betriebsgeschichte folgende Fragestellungen:

Innerbetrieblich

– Lohnentwicklung (Lohnhöhe, Kaufkraft, Zuschläge),

– Veränderung der Arbeit (Intensität, Sicherheit, soziale Kosten),

– Entwicklung von Betriebsverfassung und Interessenvertretung,

– Veränderung der sozialen Strukturen und Beziehungen im Betrieb (Verhältnis zwischen Verwaltung und Produktion, Verhältnis Facharbeiter – Ungelernte, Verhältnis der Betriebsteile untereinander, Verhältnis Frauen – Männer, Arbeiter – Angestellte, deutsche – ausländische Kolleginnen und Kollegen),

– innerbetriebliche Konflikte, Streiks.

Außerbetrieblich

– Veränderung des Lebens im außerbetrieblichen Bereich (Freizeit),

– politische Strukturen (Gewerkschaften am Ort, Parteien).

Zusätzlich zu diesen inner- und außerbetrieblich angelegten Fragestellungen können noch weitere Felder des Unternehmerhandels einbezogen werden:

– Gewinne, Investitionen,
– neue Technologien,
– Produktionsprogramm, neue Produkte,
– innerbetriebliche Sozialpolitik.

Organisation der Beschäftigung mit Betriebsgeschichte

Betriebsgeschichtliches Forschen sollte immer als Gruppenarbeit organisiert sein. Wer als einzelner mit der betriebsgeschichtlichen Arbeit beginnt, begibt sich in die Gefahr, von der aufwendigen Quellensuche und Dokumentation überfordert zu werden. Von Vorteil ist es, die Forschung im Rahmen betriebsbezogener Bildungsarbeit zu organisieren.

Wichtig ist es, daß dem Arbeitskreis ein bis zwei Personen angehören, die über genügend Zeit verfügen, um Archive zu besuchen und Quellen zu sichten. Der Zusammenarbeit mit Historikern kommt in diesem Zusammenhang große Bedeutung zu. Auch können externe Gruppenmitglieder dazu beitragen, aus der Distanz zum Betrieb neue Fragestellungen aufzuwerfen. Dabei darf der wissenschaftlich vorgebildete Kollege aber nicht glauben, er müsse den betrieblichen Kollegen bzw. Kolleginnen alles beibringen; umgekehrt müssen die betrieblichen Gruppenmitglieder bereit sein, sich auf Hilfe von außen einzulassen. Nur auf diese Weise kann ein fruchtbarer Prozeß kooperativen Arbeitens in Gang gesetzt werden.

Politisch-gesellschaftliche Funktion von Betriebsgeschichte

Sicherlich dient die Beschäftigung mit Betriebsgeschichte einerseits der Befriedigung von Neugier. Zum anderen aber geht es dabei auch um die Aneignung betrieblicher Realität. Durch Betriebsgeschichte lernen Kolleginnen und Kollegen die Zusammenhänge ihres Betriebes kennen, begreifen ihr eigenes betriebliches Umfeld – und nicht nur ihr eigenes. Gleichzeitig vollzieht sich auch die Aneignung fremder Erfahrungen, die Wahrnehmung des kollektiven Gedächtnisses der Betriebsbelegschaften.

Die mit der Aufarbeitung von Betriebsgeschichte befaßten Kollegen lernen sich selbst in der Zeit kennen, ein Prozeß, der die Ausbildung sozialer Identität fördert. Die Auseinandersetzung mit Geschichte kann zwar keine Patentrezepte liefern, die – etwa für das Handeln der betrieblichen Interessenvertretung – bedeutsam werden. Wenn deutlich wird, daß Betriebsräte in der Vergangenheit der Entwicklung oft nur noch hinterhergelaufen sind, dann kann dies zum Überdenken der eigenen Handlungsstrategien führen und zur Eröffnung neuer Wege in der betrieblichen Auseinandersetzung beitragen. Offenheit und auch Selbstkritik sind wichtige Merkmale einer Geschichtsarbeit aus Arbeitnehmersicht. Geschichte soll und muß verunsichern. Gegebenenfalls muß auch die Revision bislang nicht hinterfragter Positionen von Gewerkschaften und Interessenvertretung im Betrieb in Erwägung gezogen werden.

(Das Forschungsinstitut Arbeiterbildung Recklinghausen wird in diesem Jahr eine Broschüre zur Methodologie der Betriebsgeschichte publizieren.)

9. Erfahrungen von »Arbeit und Leben Niedersachsen« mit Geschichtsprojekten (Referat Klaus Dera)

Klaus Dera berichtete von einem Versuch, »Betriebsgeschichte von unten« formell durch die Bildungsinstitution »Arbeit und Leben« anzuregen und anzuleiten.

In Anlehnung an die schwedische »Grabe-wo-Du-stehst«-Bewegung hatte »Arbeit und Leben Niedersachsen« (hier eine Studieneinrichtung alleine des DGB) eine interessenorientierte, demokratische Arbeitnehmerbildung beabsichtigt, bei der die Teilnehmer selbst in einen Prozeß forschenden Lernens eintreten. Die Geschichtsarbeit sollte die angesprochenen Arbeitnehmer zur Aufarbeitung ihrer Erfahrungen anregen, wobei den Referenten eher eine moderierende als lehrende und strukturierende Rolle zugedacht war. Biographisch erfahrenes örtliches Alltagsleben wurde so zum Gegenstand von historischer Bildungsarbeit, das den Teilnehmern die Aufarbeitung ihrer Lebenswelten ermöglichen sollte. Angeregt wurden in diesem Zusammenhang nicht nur Betriebsgeschichten, sondern auch Stadtteilgeschichten, Vereinsgeschichten etc. Als Hilfestellung erarbeitete man einen kleinen Leitfaden, in dem folgendes Schema für die Arbeit mit historischen Quellen und Darstellungen vorgeschlagen wurde:

- Sammeln
- Sichten
- Ordnen
- Vergleichen
- Bewerten
- Darstellen

Ziel war eine quellenhistorische, auf ein Produkt hin orientierte Geschichtsarbeit, die den beteiligten Arbeitnehmern eine aktive Planung und Gestaltung des Forschungsvorhabens zusprach.

Obwohl die »Grabe-wo-Du-stehst«-Initiative vom DGB-Landesbezirk und den Bezirksvorständen gutgeheißen wurde, kamen nur wenige betriebsgeschichtliche Projekte in Gang (Oldenburg, Salzgitter).

Aufgrund einer fehlenden kulturellen Infrastruktur der Gewerkschaften vor Ort sei die Arbeit vielfach eingeschlafen, da eine finanzielle und personelle Unterstützung der Vorhaben zumeist ausblieb. Nicht zuletzt aufgrund dieser Mißerfolge werde derzeit in Niedersachsen versucht, die Ortskartellarbeit neu zu beleben.

In der anschließenden Diskussion bestätigte Klaus Dera auch die während des Seminars mehrfach angesprochenen Hemmnisse betriebsgeschichtlichen Arbeitens: Restriktive Archivpolitik der Unternehmen, Skepsis der Betriebsräte gegenüber Geschichtsarbeit, desolate Quellensituation durch nicht vorhandene archivalische Sicherung der Betriebsrats- und Gewerkschaftsakten etc. Kritisch angemerkt wurde, daß das methodische Vorgehen nicht das Sammeln, sondern das Fragen zum Ausgang haben müsse, um eine quellenkritische Verarbeitung des Quellenmaterials zu ermöglichen; denn die Arbeit des Sichtens, Ordnens und Bewertens könne nur unter Zugrundelegung von Fragestellungen sinnvoll gedeihen. Klaus Dera sah jedoch in der Vorgabe von Fragestellungen die Gefahr, daß damit den Bildungsreferenten von Beginn an eine nicht mehr abzubauende Dominanz in der Arbeitsgruppe eingeräumt würde.